Mosaik
bei GOLDMANN

Buch

Im beruflichen und privaten Alltag gilt es, täglich eine Fülle neuer Informationen zu verarbeiten und mit rasanten Entwicklungen Schritt zu halten. Kurt Tepperwein zeigt, wie man sein geistiges Potenzial voll ausschöpfen und schneller und effektiver lernen kann. Er bietet erstaunliche Einblicke in die Funktionsweise von Gehirn, Gedächtnis und Unterbewusstsein und erklärt, von welchen Faktoren das Lernen abhängt. Auf dieser Grundlage erfährt der Leser, wie er mit Hilfe neuester Methoden mühelos seine Gedächtniskapazität, seine Konzentrationsfähigkeit und seine Lerngeschwindigkeit verbessern kann. Mit den praktischen Tipps für mehr Lust am Lernen und die richtige Arbeitsorganisation kann man in jedem Alter fit im Kopf sein.

Autor

Prof. Kurt Tepperwein war erfolgreicher Unternehmer und lange Jahre Unternehmensberater, ehe er sich 1973 aus dem Wirtschaftsleben zurückzog. Er wurde Heilpraktiker und Forscher auf dem Gebiet der wahren Ursachen von Krankheit und Leid. Seit 1984 ist er Dozent an der Akademie für geistige Wissenschaften. Seine Lebenshilfe- und Selbsthilfebücher wurden in viele Sprachen übersetzt.

Von Kurt Tepperwein außerdem bei Goldmann:

Das Geldgeheimnis (16380)
Geistheilung durch sich selbst (11738)
Bewusstseinstraining (21549)
Jungbrunnen Entsäuerung (14207)
Kraftquelle Mentaltraining (12141)
Der Weg zum Millionär (21551)
Wunder vollbringen durch Schöpferische Imagination (21642)

KURT TEPPERWEIN

Die Kunst mühelosen Lernens

Neue Lernmethoden machen es Ihnen leicht

Mosaik
bei GOLDMANN

Umwelthinweis:
Alle bedruckten Materialien dieses Taschenbuches
sind chlorfrei und umweltschonend.

Erweiterte und aktualisierte Auflage April 2002
Wilhelm Goldmann Verlag, München,
ein Unternehmen der Verlagsgruppe Random House GmbH

Umschlaggestaltung: Design Team München
unter Verwendung folgender Fotos:
Umschlag: Mauritius
Redaktion: Hans-Jürgen Schröter, Doris Bampi-Hautmann
Satz: Buch-Werkstatt, Bad Aibling
Druck: GGP Media, Pößneck
Verlagsnummer: 10459
kö · Herstellung: Max Widmaier
Printed in Germany
ISBN 3-442-10459-9
www.goldmann-verlag.de

9 10 8

Inhaltsverzeichnis

Einleitung

Seit es Leben gibt, ist dieses ständigen Veränderungen unterworfen. So lehrt es uns die Geschichte der Erde, des Pflanzen- und Tierreichs, des Menschen, der ganzen Natur. Alles ist in ständiger Wandlung begriffen.

»Alles fließt«, sagte HERAKLIT schon um 600 vor Christus, um die naturgesetzliche Entwicklung allen Lebens zu kennzeichnen. Und da dieser Prozess offensichtlich zielgerichtet ist, nennen wir diese Entwicklung Evolution.

Jede Entwicklung verläuft über Anpassungs- und Lernprozesse

Jede Entwicklung aber wird erst auf dem Boden von Anpassungs- und Lernprozessen möglich. Das gilt insbesondere für uns Menschen, für das Leben eines jeden Einzelnen.

Tatsächlich sehen wir uns unaufhörlich Hindernissen und Problemen gegenüber. Es scheint geradezu zur Bedingung unseres Lebens zu gehören, dass wir ständig mit Schwierigkeiten konfrontiert werden, und so besteht dann unsere Aufgabe darin, diese Schwierigkeiten möglichst souverän zu meistern, an ihnen zu wachsen, zu reifen und somit unsere Fähigkeiten optimal zu entwickeln.

Das heißt: Wir alle müssen ständig lernen. Als Kind haben wir gehen und sprechen gelernt, in der Schule dann lesen und schreiben. Später lernten wir Rad fahren, Schi laufen, schwimmen, tanzen und vieles andere mehr. Tatsächlich lernen wir ein Leben lang. Denn Lernen ist nicht nur das, was man in der Schule tut. Ein Astronaut muss lernen, sich in der Schwerelosigkeit zu bewegen und ein Raumschiff zu lenken. Wenn wir nicht unglücklich werden wollen, müssen wir lernen, uns den ständig sich verändernden Lebensumständen anzupassen. Der eine lernt Fremdsprachen, andere machen das Abitur, eine Lehre, die Meisterprüfung. Lernend entfalten wir unsere Fähigkeiten, lernend erwerben wir die unterschiedlichsten Fertigkeiten. Das alles ist nun einmal mit Lernen verbunden, ist ohne Lernen gar nicht möglich. Man kann sagen: Unser ganzes Leben vollzieht sich als ein Lernprozess, und erst dadurch erhält es Richtung und Sinn.

Die üblichen Lehrmethoden sind für die meisten Schüler nicht ideal

Die Art des Schulunterrichtes hat sich seit SOKRATES kaum geändert. Da steht jemand, der etwas kann, also etwas gelernt hat, und nun bereit ist, andere anzuleiten, vor einer Gruppe von Schülern. Mit Hilfe der Sprache versucht er, diesen Schülern einen bestimmten Stoff zu vermitteln. Nun ist es aber eine Tatsache, dass wir etwa achtzig Prozent dessen, was wir lernen, über die Augen aufnehmen. Der Unterricht findet jedoch weitgehend verbal, also in Worten, statt – ungeachtet der Tatsache, dass der akustische Lerntypus weit in der Minderzahl ist. Wer das Glück hat, zu diesem Typus zu gehören, für den ist die übliche Form des Unterrichts ideal. Die anderen haben Pech gehabt.

Nun könnte man doch erwarten, dass in den bald zweieinhalb Jahrtausenden seit Sokrates Methoden gefunden worden seien, die das Lernen erleichtern und vereinfachen. Ich habe mich sehr bemüht, solche Methoden zu entwickeln; doch zunächst war das Ergebnis eher enttäuschend. Mein erster Weg führte mich in die Bibliothek einer pädagogischen Hochschule, aber ich fand dort kaum brauchbares Material. Von einigen tausend Büchern enthielten nur ein paar wenigstens einige praktische Hinweise darauf, wie man das Lernen erleichtern kann. Mit anderen Büchern erging es mir ähnlich. Dieser Weg brachte mich also nicht weiter.

Das erstaunliche Potenzial des Unterbewusstseins

Eines Tages stieß ich auf ein faszinierendes Buch mit dem Titel *Die Macht Ihres Unterbewusstseins**. Hier erfuhr ich zum ersten Mal etwas über die immensen Möglichkeiten, die im Unterbewusstsein eines jeden Menschen schlummern, über brachliegende Fähigkeiten und Kräfte, die man durch geeignete Techniken wecken und entwickeln kann. Wenig später entdeckte ich dann, dass es auch Seminarveranstaltungen gab, deren Ziel es war, das Lernen mittels der Kräfte des Unterbewusstseins zu fördern. Darin erkannte ich einen neuen, viel versprechenden Weg, den ich seither konsequent verfolgt habe. Die Mobilisierung unseres unbewussten Potenzials ermöglicht es uns, leichter und schneller zu lernen, unsere Konzentrationsfähigkeit und Gedächtnisleistung zu erhöhen, ja sogar unsere Intelligenz zu steigern – und das ist neu und für jeden von uns von Bedeutung.

Übrigens ist wissenschaftlich erwiesen, dass der Mensch bestenfalls zwanzig Prozent seiner Hirnkapazität praktisch nutzt. Aber schon mit der Ausnutzung unserer rationalen Fähigkeiten steht es nicht zum Allerbesten. »Nichts auf der Welt ist so gerecht verteilt wie der Verstand«, sagt ein altes Sprichwort; »jeder glaubt nämlich, er habe genug davon.«

Das ist geistreich, aber falsch. Erstens genügt es nicht, Verstand zu »haben«, sondern man muss sich seiner auch bedienen, und sodann verfügt der Mensch noch über ganz andere geistige Fähigkeiten als seinen Verstand.

Tatsächlich verfügt jeder Mensch über ungeahnte Fähigkeiten und Kräfte, die er jedoch großenteils nicht zu nutzen weiß, da sie nur über das Unterbewusstsein aktiviert werden können.

---

* *Die Macht Ihres Unterbewusstseins* von Dr. Joseph Murphy, erschienen im Ariston Verlag, Genf.

Auch Sie verfügen über einen perfekten Computer: Ihr Unterbewusstsein, das besser und schneller arbeitet, als je ein von Menschenhand gebauter Computer es vermöchte, und dieser vollkommene Computer steht Ihnen am Tag vierundzwanzig Stunden lang zur Verfügung, ohne dass es Sie einen Cent kostet. Kaum ein Mensch macht sich jedoch auch nur einen Bruchteil dieses Potenzials zunutze. Das sollten Sie ändern!

Neueste wissenschaftliche Untersuchungen haben die nahezu unbegrenzte Lern- und Aufnahmefähigkeit unseres Unterbewusstseins erwiesen. Damit sind viele der traditionellen Lehr- und Lernmethoden hinfällig, jedoch nicht die lebenslängliche Notwendigkeit des Lernens selbst.

Wissen allein genügt nicht

Nach allgemeiner Auffassung verbürgt Wissen im Berufs- und im gesellschaftlichen Leben Erfolg und somit innere und äußere Sicherheit. Diese Ansicht ist zwar weit verbreitet, aber nichtsdestoweniger falsch; denn im Leben geht es ja um die Umsetzung dieses Wissens in die Praxis, um die Anwendung des erworbenen Wissens im Leben. Wissen als solches, ohne die Fähigkeit, es in der richtigen Weise einzusetzen, ist totes Kapital.

Leider wird an unseren Schulen in erster Linie auf Wissen Wert gelegt. Wie es optimal umzusetzen ist, das herauszufinden, ist jedem selbst überlassen. Nur wer dieses Problem für sich gelöst hat, gilt als tüchtig und erfolgreich.

Intelligenz ohne die Fähigkeit, vorhandenes Wissen adäquat und wirkungsvoll einzusetzen, ist wertlos. Dafür spricht auch die in letzter Zeit entdeckte Tatsache, dass sich die Intelligenz schon in einem sehr frühen Lebensstadium entwickelt. Ein vierjähriges Kind verfügt diesen Untersuchungen zufolge bereits über etwa fünfzig Prozent seiner potenziellen Intelligenz; mit acht Jahren sind schon achtzig Prozent der Intelligenz entwickelt, und mit siebzehn Jahren ist die Intelligenz voll ausgereift. Wenn trotz dieser Tatsache jedoch die leitenden Positionen in Politik und Wirtschaft nicht mit Siebzehnjährigen besetzt sind, dann eben deshalb, weil die Intelligenz ihren Wert erst durch die Erfahrung erhält.

Erfolgsfaktoren, die wichtiger sind als der Intelligenzquotient

Für den Erfolg sind neben Intelligenz und Erfahrung aber auch noch andere Faktoren entscheidend. So sind Motivation, Energie, Ausdauer und innere Harmonie wichtiger als ein hoher Intelligenzquotient. Von großer Bedeutung sind ferner Konzentrationsfähigkeit und ein gutes Gedächtnis. Kaum jemand weiß, dass jedermann über ein absolutes Gedächtnis verfügt. Dem Gedächtnis entfällt auch nicht die geringste Kleinigkeit. Ein Hypnotisierter kann sich beispielsweise genau daran erinnern, was er an einem bestimmten Tag vor zwanzig Jahren getan hat oder was an seinem ersten Schultag in der Schultüte war. Allerdings besteht zwischen den einzelnen Individuen ein Unterschied hinsichtlich ihres Vermögens, aus dem Datenspeicher des Unterbewusstseins Erinnerungen je nach Bedarf sofort abzurufen.

Schließlich ist es auch sehr wichtig, die dem jeweiligen Lernziel angemessene Methode auszuwählen. Die eine Methode entlastet besonders das Tagesgedächtnis, die andere ist eher dazu geeignet, innerhalb weniger Wochen eine Fremdsprache zu erlernen. Hinzu kommt noch die Disposition des einzelnen Lernenden, für den die eine Methode hilfreicher sein mag als die andere. Deshalb stelle ich Ihnen in diesem Buch verschiedene Lernmethoden vor, um Ihnen je nach Situation und Lernziel die Wahl des für Sie geeignetsten Weges zu ermöglichen.

In dem vorliegenden Buch werden wir uns auch mit den – sonst meist vernachlässigten – günstigsten Lernbedingungen beschäftigen sowie der Bedeutung von ausreichender Bewegung und richtiger Ernährung. Ebenso wichtig wie die gerade genannten Faktoren ist die Vermeidung von Angst, Stress und anderen Lernblockaden, deren Abbau die Lern- und Merkfähigkeit deutlich steigert und in vielen Fällen richtiges Lernen überhaupt erst möglich macht.

Dieses Buch erspart Ihnen Umwege und viel Zeit

Ob Sie sich nun aufs Abitur vorbereiten, Ihre Meisterprüfung ablegen oder sich auf das Staatsexamen vorbereiten möchten, all das lässt sich mit wesentlich geringerem Zeitaufwand schaffen, wenn Sie sich die Methoden, die dieses Buch Ihnen bietet, gründlich aneignen und sich der Ihnen entsprechenden Techniken konsequent bedienen.

In vielen Fällen wird es erst mit Hilfe solcher Methoden möglich sein, neben der vollen Berufsausübung noch einen Berufswechsel anzustreben oder nach Feierabend das Abitur nachzuholen beziehungsweise die Meisterprüfung vorzubereiten. Allerdings sollten Sie dieses Buch nicht einfach »überfliegen« und möglichst rasch zu Ende lesen, sondern in ihm ein Lehr- und Arbeitsbuch sehen, mit dessen Hilfe Sie Ihre persönliche Fortbildung zu optimieren vermögen. Es wird Ihnen dabei helfen, mehr Freude am Lernen zu finden und aus Ihren Bemühungen den größtmöglichen Nutzen zu ziehen; außerdem erspart es Ihnen Umwege und somit viel Zeit. Schließlich sollte ja das Leben nicht nur aus Lernen bestehen. Auch der Sport, ein Hobby oder einfach die Erholung nach getaner Arbeit brauchen ihre Zeit. Und die dafür notwendige Zeit bleibt Ihnen nur, wenn Sie verstehen, rationell zu lernen.

Daher ist es mein Anliegen und erklärtes Ziel dieses Buches, Sie instand zu setzen, in möglichst kurzer Zeit, auf möglichst angenehme Weise, möglichst viel zu lernen.

Danksagung

Seit vielen Jahren befasse ich mich mit der Erforschung neuer Lehr- und Lernmethoden. Seither habe ich in aller Welt berühmte und auf diesem Feld erfolgreiche Forscher aufgesucht und ihre Methoden studiert. Das Ergebnis dieser Studien möchte ich Ihnen nun in diesem Buch vorlegen.

Eigentlich alle Forscher, an die ich herantrat, haben mich offen über den letzten Stand ihrer Bemühungen informiert. So hatte ich besonders fruchtbare Kontakte zur Princeton University, zur Forschungsstelle für Mnemologie an der Karl-Marx-Universität in Leipzig, zum Ludwig-Boltzmann-Institut in Wien sowie zur Superlearning Incorporated in New York City. All diesen Institutionen und ihren Mitarbeitern möchte ich meinen Dank aussprechen.

Die einzige Ausnahme bildete Dr. Georgi Losanow, der Direktor des Instituts für Suggestologie und Suggestopädie in Sofia, bei dem ich 1972 hospitieren durfte, der sich aber redlich bemühte, mich von allem Wesentlichen fern zu halten. So hat es mich dann doch einige Jahre eingehender Nachforschungen gekostet, bis ich schließlich seine Methoden in allen Einzelheiten kannte.

Aufgrund der umfangreichen Vorarbeiten und meiner langjährigen praktischen Erfahrung bin ich davon überzeugt, Ihnen mit diesem Buch eine Anleitung dafür an die Hand zu geben, wie Sie sich in Zukunft Lerninhalte jeder Art fast mühelos aneignen können. Einen Anspruch auf Unfehlbarkeit oder Vollständigkeit will und kann ich allerdings nicht erheben. Manche der hier angeführten Methoden werden in zehn oder zwanzig Jahren durch noch bessere ersetzt worden sein. Wie ja bekanntlich schon HERAKLIT sagte: »Alles fließt.«

TEIL I

Der Weg vom Lernen zum individuellen Lernerfolg

Kapitel 1
Was ist Intelligenz?

Eine Begriffsbestimmung, die neue Schwerpunkte setzt

Unter Intelligenz versteht man allgemein die Summe unserer geistigen Fähigkeiten und, ihrer engeren Begriffsbestimmung nach, unsere Denk- und Erkenntnisfähigkeit. Im Leben des Einzelnen zeigt sich Intelligenz als die besondere geistige Fähigkeit, Wissen zu erlangen und mit ihm umzugehen. Sie bedient sich nicht nur der Sinneswahrnehmung und des logischen Denkens, sondern auch der Vorstellungskraft (Imagination), der Intuition und des Wachträumens.

Nach den neuesten Erkenntnissen setzt sich Intelligenz aus lauter Fähigkeiten zusammen, die jeder Einzelne von uns jederzeit bewusst steigern kann.

Guter Schüler, schlechter Schüler – was heißt das?

Es ist noch gar nicht so lange her, da brachte ein Schüler seinen Eltern recht unerfreuliche Nachrichten. Nachdem er, ohnehin etwas schwerfällig, nie ein besonders guter Schüler gewesen war, hatte man ihn nun endgültig der Schule verwiesen. In der Begründung hieß es: »Seine bloße Anwesenheit in der Schule wirkt störend und verdirbt den Respekt der anderen Schüler.«

Genau elf Jahre nach seinem ruhmlosen Abgang von der Schule veröffentlichte der junge ALBERT EINSTEIN – denn um diesen handelt es sich in dieser Geschichte – 1905 drei hoch bedeutende physikalische Abhandlungen. Wiederum zehn Jahre später begründete er die Allgemeine Relativitätstheorie. Aufgrund dieser umwälzenden Theorie wurde er zum Genie des zwanzigsten Jahrhunderts.

Nun ist es keineswegs so selten, dass ein schlechter Schüler in seinem späteren Leben großartige Leistungen vollbringt und, umgekehrt, ein guter Schüler im Leben versagt. Auch in meiner Klasse gab es einen Schüler, der besser war als alle anderen. Es gelang mir trotz aller Anstrengung nie, diesen Klassenprimus in seiner Leistung zu erreichen. Ich blieb ewiger Zweiter.

Viele Jahre später traf ich meinen ehemaligen Konkurrenten wieder. Ich hatte inzwischen all meine Jugendträume verwirklicht und sogar mehr erreicht, als ich mir damals hatte vorstellen können. Er aber war Buchhalter in einer Keramikfabrik und hoffte, eines Tages die Prokura zu erhalten. Dabei hätte ich geglaubt, er würde es mindestens zum Generalsekretär der UNO bringen.

Wer unabhängig von seinen Leistungen in der Schule in seinem späteren Leben seine Intelligenz weiterentwickeln will, der muss sich fordern. Er muss seine Intelligenz tagtäglich von früh bis spät trainieren. Er muss in Gedanken die verschiedenen Aspekte einer Situation oder eines Problems durchspielen, Alternativen prüfen und verwerfen, bis er schließlich den richtigen Einfall hat. Über die unvermeidlichen Fehler und Irrtümer auf dem Weg zum Erfolg sollte er sich nicht grämen. Und auf diesem Weg gilt es, immer wieder Neues dazuzulernen und Überholtes über Bord zu werfen. Erfolg hat nur, wer permanent umzulernen bereit ist.

Komponenten der Persönlichkeitsstruktur und die fünf Faktoren der Leistungsfähigkeit

Jeder Lerninhalt stößt auf die individuelle Persönlichkeitsstruktur des Lernenden. Diese Persönlichkeitsstruktur ist zudem noch dynamisch, das heißt, sie ist ständigen Veränderungen unterworfen. Sie setzt sich im Wesentlichen zusammen aus den nachstehenden Faktoren:

1. der Leistungsfähigkeit,
2. der Kontaktfähigkeit,
3. der Motivation und
4. dem geistigen Erbe.

Wir wollen uns hier im Besonderen mit der Leistungsfähigkeit auseinander setzen. Die Leistungsfähigkeit setzt sich wiederum entscheidend aus den folgenden Faktoren zusammen:

1. der Intelligenz,
2. der Konzentrationsfähigkeit,
3. der Begabung,
4. der Kreativität und
5. dem Gedächtnis.

Diese fünf Faktoren sind noch weiter zu differenzieren in:

Die Fähigkeit,

visuell Informationen aufzunehmen und zu verarbeiten:	praktische oder technische Dinge zu handhaben:	sprachliches Material geistig zu verarbeiten:	mit Zahlenmaterial, Gesetzmäßigkeiten und abstrakten Dingen umzugehen.
Optische Intelligenz	Praktische Intelligenz	Sprachliche Intelligenz	Rechnerische Intelligenz
Optische Konzentration	Praktische Konzentration	Sprachliche Konzentration	Rechnerische Konzentration
Optische Begabungen	Praktische Begabungen	Sprachliche Begabungen	Rechnerische Begabungen
Optische Kreativität	Praktische Kreativität	Sprachliche Kreativität	Rechnerische Kreativität
Optisches Gedächtnis	Praktisches Gedächtnis	Sprachgedächtnis	Rechnerisches Gedächtnis

Jede dieser Fähigkeiten ist bei jedem Einzelnen von uns unterschiedlich ausgeprägt, so dass es keine zwei Menschen gibt, die in dieser Hinsicht identische Voraussetzungen mitbrächten.

Lässt im Alter die Intelligenz nach?

Um es schon an dieser Stelle zu sagen: Intelligenz hat nichts mit dem Alter zu tun. Das beste Mittel, ein Nachlassen der Intelligenz mit zunehmendem Alter zu vermeiden, ist ständiges Lernen. Tatsächlich ist es zum Lernen nie zu spät, wenn möglich, sollte man jedoch schon früh damit anfangen.

Die beiden amerikanischen Forscher N. Bayley und N. Owen haben 422 Männer und 346 Frauen, die in einem früheren Test als hoch begabt eingestuft worden waren, viele Jahre später erneut einem Test unterzogen. Alle Testpersonen hatten in einem Zeitraum von zehn bis fünfzehn Jahren durchschnittlich zwölf Intelligenzpunkte hinzugewonnen. Dieses Ergebnis macht deutlich, dass geistige Spannkraft und Intelligenz sich sogar mit zunehmendem Alter steigern lassen, wenn sie nur durch entsprechendes Training aktiviert werden. Wer Lernen als lebenslangen Prozess begreift, hat gute Aussichten, wenigstens in geistiger Hinsicht bis ins hohe Alter hinein frisch und leistungsfähig zu bleiben.

Zusammenfassung

1. Intelligenz zeigt sich als die besondere geistige Fähigkeit, Wissen zu erlangen und damit umzugehen.
2. Schulleistungen lassen nur bedingt Schlussfolgerungen über die geistige Leistungsfähigkeit im späteren Leben zu. Viele Geistesgrößen waren schlechte Schüler.
3. Wer seine Intelligenz fördern will, muss sie ständig fordern.
4. Man muss nicht nur ständig Neues dazulernen, sondern gleichermaßen Überflüssiges vergessen können.

5. Die Leistungsfähigkeit eines Menschen besteht aus den folgenden fünf Komponenten: Intelligenz, Konzentrationsfähigkeit, Begabung, Kreativität und Gedächtnis.
6. Jede dieser Komponenten lässt sich unter vier Gesichtspunkten betrachten, das heißt, es gibt eine optische, eine praktische, eine sprachliche und eine rechnerische Intelligenz.
7. Um ein Nachlassen der Intelligenz mit zunehmendem Alter zu vermeiden, ist ständiges Lernen vonnöten.

Kapitel 2

Die Grundarten des Lernens und der kognitive Apparat

Wie schon KONFUZIUS vor zweieinhalbtausend Jahren feststellte, gibt es drei Grundarten des Lernens.

1. *Lernen durch Nachahmung:*
   Jedes Kind ist zunächst darauf angewiesen, gewisse Verhaltensweisen anderer nachzuahmen, ohne anfangs den Sinn dieses Verhaltens erkennen zu können. Nun ist es jedoch nicht möglich, jemanden hundertprozentig nachzuahmen, und noch weniger ist es möglich, ihn auf diese Weise in seiner Entwicklung, seinem Wissen und Können zu überholen. Gäbe es nur diesen Weg zu lernen, so nähme das Wissen ständig ab.
2. *Lernen durch Versuch, Irrtum und Erfolg:*
   Der amerikanische Psychologe EDWARD LEE THORNDIKE (1874–1949) hat mit dieser Art zu lernen bahnbrechende Versuche gemacht. Er steckte eine Katze in einen Käfig und stellte Futter davor. Natürlich versuchte die Katze, das Futter zu erreichen, und musste hierzu einen Weg finden, aus dem Käfig herauszukommen. Sie machte zunächst eine Reihe von Versuchen (Versuchsphase), von denen viele fehlschlugen (Irrtumsphase), bis endlich ein Versuch zum Erfolg führte (Erfolgsphase). Nun wusste die Katze, wie sie den Käfig jederzeit verlassen konnte, und sie fand den Weg umso schneller, je schmackhafter das Futter oder je größer ihr Hunger war (Motivation). Außerdem fand sie den Weg umso leichter, je häufiger der Versuch wiederholt wurde (Frequenzgesetz).

3. *Lernen durch Erkenntnis:*
Bei dieser Art des Lernens bedarf es keines Versuches mehr; vielmehr genügt es, die Möglichkeiten theoretisch zu durchdenken, um den besten Weg zur Lösung zu finden. KONFUZIUS sagt: »Der Normale lernt aus seinen Fehlern, der Kluge lernt aus den Fehlern der anderen, der Dumme lernt nicht einmal aus den eigenen Fehlern.«

Wir alle benutzen ständig sämtliche drei Grundarten des Lernens. Mit zunehmender geistiger Reife jedoch stützen wir uns mehr und mehr auf die dritte Art: das Lernen durch Erkenntnis. Erkenntnis gewinnt man durch Denken.

Die Prägung der Assoziationsbahnen im Säuglingsalter

Schon in den ersten Lebenswochen werden dem Säugling Reaktionen und Wahrnehmungsmuster eingeprägt, die das spätere Leben des Kindes entscheidend beeinflussen. Denn Wahrnehmen und Denken und somit auch Lernen und Vergessen sind abhängig von Assoziationsbahnen, die sich zu einem großen Teil schon in den ersten drei Monaten entwickeln und eine besonders differenzierte Struktur bilden, wenn der Säugling in dieser Zeit bereits geistig gefordert wird.

Während der ersten Monate nimmt das Kind die Welt optisch in Besitz. Eine Mutter kann daher für ihr Kind und dessen Intelligenz nichts Besseres tun als sich immer wieder mit ihm zu beschäftigen, ihm verschiedene Gegenstände zu zeigen, das Kind diese anfassen zu lassen und sie beim Namen zu nennen. Im Übrigen ist es sehr wichtig, schon mit Säuglingen möglichst viel zu sprechen. Gerade diese ersten Lebensmonate entscheiden darüber, welchem Lerntypus das Kind in Zukunft angehören wird; ob es – vorwiegend oder ausgeglichen – optisch, akustisch oder haptisch beziehungsweise kinetisch, also durch Anfassen oder Tun, lernen wird. Je mehr Wahrnehmungskanäle schon in der Kleinkindphase aktiviert werden, desto größer und vielseitiger sind die künftigen Lernchancen, desto vielfältiger kann Wissen aufgenommen, gespeichert und wieder abgerufen werden.

Leichter lernen durch Gefühlsbeteiligung und Mehrfachspeicherung

Sie sollten beim Lernen versuchen, positive Emotionen – wie Neugierde, Lust, Begeisterung – gegenüber Ihrem Lernstoff und im Hinblick auf Ihr Lernziel in Ihre Arbeit einzubringen. Das ist bereits ein erster Schritt zur Mehrfachspeicherung des Lernstoffs.

Ferner sollten Sie stets bemüht bleiben, bei allem, was Sie lernen, Querverbindungen zu bereits früher Gelerntem herzustellen, Zusammenhänge zwischen Theorie und Praxis zu erkennen und sich vor Augen zu führen, wie Sie das Gelernte in die Praxis umsetzen können. Auf diese Weise verknüpfen Sie Neues mit bereits Gelerntem und haben das Gelernte mehrfach gespeichert zu Ihrer Verfügung; so behalten Sie dann den Lernstoff wesentlich leichter.

Was merken wir uns am leichtesten?

Wie Untersuchungen an einem repräsentativen Querschnitt von Erwachsenen ergeben haben, behalten wir:

20 Prozent dessen, was wir nur gehört haben;
30 Prozent dessen, was wir nur gesehen haben;
50 Prozent dessen, was wir gehört und gesehen haben;
90 Prozent dessen, was wir selbst durchgeführt haben.

Natürlich berücksichtigt dieses Untersuchungsergebnis nicht, ob es sich bei der einzelnen Testperson um einen in erster Linie optisch, akustisch oder kinetisch (motorisch) ausgerichteten Typus handelt; das Testergebnis spiegelt also nur Durchschnittswerte wider. Diese zeigen jedoch eindeutig, dass optische Eindrücke besser haften bleiben als akustische und dass die Kombination beider Wahrnehmungsarten unser Erinnerungsvermögen stark steigert. Ins Auge springt schließlich ganz besonders eine Tatsache: Am allerbesten merken wir uns all das, was wir einmal selbst gemacht haben.

Die zwei grundlegenden Denkstrukturen

Denken, Lernen und Erinnern gehören, wie schon erwähnt, unabdingbar zusammen. Denken ohne die Fähigkeit, zu lernen oder sich an das Gelernte zu erinnern, wäre absolut sinnlos.

Nach Dietrich Dörner unterscheiden wir zwei grundlegende Denkstrukturen: die epistemische*, also die auf Faktenwissen bezogene, und die heuristische**, das heißt die Denkstruktur, auf der Kreativität und Erfindungsgeist beruhen.

Beim reproduktiven Denken, wie es in unseren Schulen verlangt und gefördert wird, spielt sich das Lernen überwiegend in der epistemischen Struktur ab; es geht also in erster Linie darum, sich Faktenwissen anzueignen. Das praktische Leben jedoch verlangt von uns zumeist kreatives Denken, das sich jedoch in der bei den meisten Menschen unterentwickelten heuristischen Struktur abspielt.

Wir sind aber ständig gezwungen, Entscheidungen zu treffen, Situationen miteinander zu vergleichen, Konsequenzen zu ziehen und uns veränderten Bedingungen anzupassen. All das gelingt nur mit Hilfe des kreativen, produktiven Denkens. Wie doch das Sprichwort lautet: »Nicht für die Schule, sondern für

---

* Epistemologie = Wissenschaftslehre, Erkenntnistheorie.
** Heuristik = Erfindungskunst

das Leben lernen wir!« Leider ist meistens das Gegenteil der Fall. Tatsächlich überlässt unser Schul- und Bildungssystem die Entwicklung des produktiven Denkens weitgehend dem Einzelnen. Vom Gelingen oder Misslingen dieses Lernprozesses hängt jedoch entscheidend Erfolg oder Misserfolg des gesamten späteren Lebens ab.

Die denkvorbereitenden Faktoren

Wenn wir jedoch schon vom Denken sprechen, dann sollten wir auch die denkvorbereitenden Faktoren erwähnen. Solche Faktoren sind:
1. das Wahrnehmungsvermögen,
2. die Beobachtungsgabe,
3. die Vorstellungskraft.

Der Entwicklungsgrad dieser geistigen Anlagen bestimmt Qualität und Umfang der Informationen, die uns überhaupt erreichen. Die Gesamtheit der so gewonnenen Eindrücke macht im Wesentlichen unsere individuelle Wirklichkeit aus. Auf der Grundlage dessen, was wir wahrnehmen und uns vorzustellen vermögen, entscheiden wir dann auch, welche der drei – im Folgenden dargelegten – Arten des Denkens für die Lösung unseres Problems die geeignete ist.

Die drei Arten des Denkens

Je nach subjektiven und objektiven Voraussetzungen praktizieren wir im Allgemeinen eine von drei verschiedenen Arten zu denken.

1. *Das intuitive Denken:*
   Die zum Erfolg führenden Schritte haben sich noch nicht eindeutig herauskristallisiert. Das intuitive Denken hat die Funktion, zunächst einmal das Gelände zu sondieren und ei-

nen gangbaren Weg aufzuzeigen. Die Lösung ergibt sich dabei meist ganz plötzlich in Form eines Gedankenblitzes.

2. *Das konsequente Denken:*
   Die Lösung ergibt sich aus einer progressiven Folge von Überlegungen, die aufeinander aufbauen, jedoch keineswegs den Gesetzen der formalen Logik zu gehorchen brauchen.
3. *Das strategische Denken:*
   Die Suche nach der besten einer Reihe von Möglichkeiten steht hier im Vordergrund.
   Welcher Art des Denkens wir uns im Einzelnen auch bedienen mögen, wir sollten mit keinem unmittelbaren Erfolg rechnen. Daher ist es wichtig, zu jedem auftauchenden Problem eine positive Haltung einzunehmen. Denn ständig mit Schwierigkeiten konfrontiert zu sein, gehört nun einmal zu den Bedingungen unseres Lebens. Unsere Aufgabe ist es, vor diesen Schwierigkeiten nicht zu kapitulieren, sondern an ihnen zu wachsen.

Die vier Schritte zur Lösung aller Probleme

Nehmen wir angesichts eines Problems eine positive Haltung ein, so erkennen wir häufig bereits spontan seine Lösung. Mitunter ist diese Lösung jedoch so unbequem, dass wir sie nicht erkennen wollen; oder wir erkennen sie zwar, haben aber nicht den Mut, die Lösung zu akzeptieren, oder die Kraft, sie durchzusetzen. Das viel bemühte »Schicksal« – und darauf können wir uns verlassen – schickt uns aber keine Probleme, die wir nicht lösen könnten, oder zu deren Lösung uns die Kraft fehlt. Jede Schwierigkeit enthält vielmehr die Aufforderung, ihre Lösung mit ganzer Kraft voranzutreiben. Sind wir dazu bereit, so erweisen sich die meisten Probleme als leicht lösbar.

Zur Lösung eines Problems haben sich die folgenden Schritte als sehr hilfreich erwiesen.

Erster Schritt – Konfrontation mit dem Problem:

Viele scheitern schon bei diesem ersten Schritt, da sie versuchen davonzulaufen. Dieser Versuch ist jedoch sinnlos; denn selbst wenn es uns vordergründig gelingt, dem Problem auszuweichen, so wird das Leben uns dieselbe Schwierigkeit in neuer Form vorsetzen, bis wir uns ihr stellen.

In diesem ersten Schritt sollten wir versuchen herauszufinden, worin eigentlich das Problem besteht, und es für uns definieren. Ist das Problem einmal definiert und in seinem Zusammenhang erkannt, so zeigt sich auch meistens schon ein Lösungsansatz. Danach sollten wir uns überlegen, welcher Lösung dieses Problem bedarf und wie sie zu verwirklichen ist.

Zweiter Schritt – Vorbereitung der Lösung:

In dieser zweiten Phase kennen wir zwar das Problem, wissen aber noch nicht, wie wir ihm beikommen können. Es handelt sich gewissermaßen um die »Inkubationsphase«, in der wir mit dem Problem umgehen, über die Einzelheiten nachdenken, alle erreichbaren Informationen überprüfen und diese dann dem Unterbewusstsein »zur weiteren Bearbeitung« übergeben.

Das geschieht am besten abends vor dem Schlafengehen. Bevor wir einschlafen, führen wir uns noch einmal alles vor Augen, was wir an Informationen zur Verfügung haben, und zwar in der Sprache des Unterbewusstseins, also bildhaft. Wir lassen die Informationen wie einen Film an unserem geistigen Auge vorüberziehen. Dabei schließen sich manche Lücken von alleine; dann lassen wir das Problem völlig beiseite und schlafen in Ruhe ein. Beim Aufwachen denken wir noch einmal über alles nach und prüfen, ob wir aus dem Unterbewusstsein weitere Informationen – oder gar schon die fertige Lösung – bekommen haben. Sodann ordnen wir neue Aspekte oder Informationen in das vorhandene Material ein und prüfen, ob sich daraus neue Möglichkeiten ergeben. Das können wir so lange fortsetzen, bis wir die ganze Lösung vor uns haben. Bisweilen ergeben sich jedoch mehrere Lösungsmöglichkeiten.

Dritter Schritt – Verifikation der Lösungsmöglichkeiten:
In dieser Phase denken wir noch einmal alle Lösungsmöglichkeiten durch und wählen die Beste aus. Das geht oft am einfachsten dadurch, daß wir so lange die jeweils schlechteste ausscheiden, bis nur noch eine übrig bleibt. In dieser Phase werden auch Teillösungen so lange erprobt, bis die gesamte Lösung klar vor uns liegt: Die Lösung hat in diesem Fall häufig den Charakter einer »Erleuchtung« oder eines »Aha-Erlebnisses«.

Vierter Schritt – Durchführung der Lösung:
In diesem letzten Schritt zeigt sich, ob die gefundene Lösung wirklich eine Lösung ist – oder doch nur ein unbrauchbares Hirngespinst. Wenn keiner der eingeschlagenen Wege zum Ziel führen sollte, fangen wir noch einmal beim ersten Schritt an. In den meisten Fällen aber können wir nun die gefundene Lösung in die Tat umsetzen, und dabei kommt es meist nur noch auf Genauigkeit, Geduld und Ausdauer an, will man nicht auf halbem Wege stehen bleiben. Ist das Problem gelöst, so müssen wir noch prüfen, was zu tun ist, um diese Lösung abzusichern, sie belastbar zu machen und zu festigen.

Keiner der vier Schritte darf oberflächlich ausgeführt werden, weil der nächste Schritt auf dem jeweils vorhergehenden aufbaut. So kann man beim zweiten Schritt noch so gewissenhaft vorgehen; es nützt alles nichts, solange man im ersten Schritt nicht gründlich genug gewesen ist und das Problem nicht exakt genug definiert hat. Lassen Sie sich in der Anfangsphase nicht von scheinbaren oder allzu offensichtlichen Lösungsmöglichkeiten täuschen.

Das einfachste Quiz der Welt

Beantworten Sie bitte einmal die folgenden Fragen:
1. Wie lange dauerte der Hundertjährige Krieg?
2. Aus welchem Land kommt der Peruanische Balsam?
3. Wie hieß George VI. mit Vornamen?
4. In welchem Land werden die so genannten Panamahüte hergestellt?
5. In welcher Jahreszeit spielt Shakespeares *Ein Mittsommernachtstraum?*

Die Antworten erscheinen so offensichtlich und einfach, dass wir den Fehler begehen könnten, darüber gar nicht erst nachzudenken. Hier sind die richtigen Antworten:
1. Der Hundertjährige Krieg zwischen England und Frankreich dauerte von 1337 bis 1453, also genau 116 Jahre.
2. Der Peruanische Balsam kommt aus El Salvador.
3. George VI. hieß mit seinem richtigen Vornamen Albert.
4. Die Panamahüte werden in Ecuador hergestellt.
5. Shakespeares *Ein Mittsommernachtstraum* spielt in der Walpurgisnacht, am 30. April, also im Frühling.

Ständiges Hinterfragen ist oberstes Gebot

Sie sehen, um Täuschungen zu vermeiden, müssen wir auch sicher, ja selbstverständlich scheinende Voraussetzungen noch einmal in Frage stellen und überprüfen. Sehr häufig lässt sich die Lösung eines Problems nur deshalb nicht finden, weil wir etwas als gesichert voraussetzen, das keineswegs sicher ist. Menschen, die ihre Probleme meistens erfolgreich lösen, haben also etwas, das die Erfolglosen nicht oder in nicht ausreichendem Maß besitzen, nämlich die Fähigkeit, alles in Frage zu stellen und jeden Bestandteil einer möglichen Lösung gründlich zu überprüfen. Das erfordert einige Sorgfalt, Ausdauer und Geduld, und man darf sich auf dem langen Weg zum Ziel nicht entmutigen lassen.

Sie sollten nie vergessen, dass die Lösung immer im Problem selbst verborgen liegt und dass man sie bei gründlicher Suche auch finden kann. Diese Methode, nämlich ein Problem zunächst einmal abzutasten und die Lösung gleichsam immer enger einzukreisen, können Sie systematisch trainieren, bis Sie sie schließlich vollkommen verinnerlicht haben. Ist es erst einmal so weit, dann wird es Ihnen Spaß machen, Ihre eigenen und – wenn nötig und erwünscht – die Probleme anderer Menschen zu lösen.

Was tun, wenn keine Lösung möglich erscheint?

Mitunter aber kommen Sie auch nach gründlichster Analyse der Situation zu dem Ergebnis, dass unter den gegebenen Umständen eine Lösung Ihres Problems nicht möglich ist. Das ist kein Grund zu verzagen. In einem solchen Fall müssen Sie nur die Fragestellung entsprechend erweitern.

1. Unter welchen Umständen wäre denn eine Lösung möglich?
2. Wie führe ich diese Umstände am schnellsten, einfachsten und sichersten herbei?

Schließlich aber gibt es tatsächlich Probleme, die sich aufgrund bestimmter unabänderlicher Bedingungen nicht lösen lassen. In einem solchen Fall sollten Sie die Frage prüfen, ob sich die bestehenden Schwierigkeiten nicht durch eine neue Haltung Ihrerseits überwinden lassen.

Sollten Sie beispielsweise mit Ihrer Schwiegermutter zusammenleben, die für Sie unerträglich ist, sich aber zwei getrennte Haushalte nicht leisten können, dann wäre es angebracht, Ihre Einstellung zu ändern. Führen Sie sich vor Augen, dass auch Sie wahrscheinlich nicht vollkommen sind und dennoch von Ihrer Umwelt erwarten, akzeptiert zu werden. Wenn Sie sich das klar machen, wird es Ihnen wahrscheinlich leichterfallen zu akzeptieren, dass Ihre Schwiegermutter ebenfalls das Recht hat, unvollkommen zu sein, und Sie werden sie in Zukunft so nehmen, wie sie nun einmal ist. Viel schneller als erwartet wird sich Ihr Zusammenleben als durchaus erträglich zeigen. Wenn Sie innerlich einem Menschen drei schwere Fehler gestatten, dann werden Sie sehen, dass man mit dem »Rest« ganz angenehm leben kann.

Ich kann Ihnen nicht versprechen, dass Ihr Leben von nun an ohne Schwierigkeiten verlaufen wird; aber ich kann Ihnen versichern, dass einer der hier aufgezeigten Wege, wenn man nur gewissenhaft alle Möglichkeiten prüft, immer zu einer Lösung führt.

Ein Test

Testen Sie doch einmal Ihre Fortschritte anhand einer kniffelig scheinenden Frage:

Ein Bauer hatte drei Söhne. In seinem Testament hinterließ er ihnen seine gesamte Habe, darunter auch siebzehn Pferde. Dem Testament zufolge sollte der Älteste die Hälfte, der Mittlere ein Drittel und der Jüngste ein Neuntel des Erbes erhalten. Doch da war nun guter Rat teuer; denn wie teilt man siebzehn Pferde durch drei. Nach dem letzten Willen des Vaters hätte der Älteste achteinhalb, der Mittlere fünfzweidrittel und der Jüngste nicht ganz zwei Pferde bekommen.

Die Brüder waren ratlos und gingen deshalb zu einem weisen alten Mann und baten diesen um Rat und Hilfe. Der Mann empfahl ihnen, sich ein Pferd auszuleihen, da es bei achtzehn Pferden leicht sei, ihre jeweiligen Ansprüche zu erfüllen. Er bot auch sogleich an, den Brüdern das fehlende Pferd zur Verfügung zu stellen. Da sie keine Möglichkeit sahen, das geliehene Pferd zurückzuerstatten, wollten die Brüder den Vorschlag zunächst nicht annehmen. Der alte Mann beruhigte sie jedoch, und so machten sie sich daran, die Pferde aufzuteilen. Der Älteste erhielt nun neun Pferde und war sehr zufrieden. Der Mittlere erhielt sechs Pferde und war ebenfalls zufrieden, und auch der Jüngste war über die ihm zugeteilten zwei Pferde höchst erfreut. Nachdem nun alle zu ihrem Recht gekommen waren, blieb jedoch ein Pferd übrig, worüber sie sehr erstaunt waren. Sie konnten nun dieses Pferd dem alten Mann zurückgeben.

Wie ist das möglich? Ich werde es Ihnen nicht verraten. Sie sollen ja – eingedenk dessen, was wir in diesem Kapitel erörtert haben – des Rätsels Lösung selber finden. Und natürlich erkennen Sie dann auch den Trick an der weisen Problemlösung.

Zusammenfassung

1. Die drei Grundarten des Lernens sind Lernen durch Nachahmung, Lernen durch Versuch, Irrtum und Erfolg und Lernen durch Erkenntnis.
2. In den ersten drei Lebensmonaten werden bereits wichtige Assoziationsbahnen angelegt. Das Beste, das eine Mutter für ihr Kind tun kann, ist, sich schon in dieser Zeit intensiv mit ihm zu befassen, es im Rahmen seiner Aufnahmefähigkeit zu fordern und auf diese Art sein Wahrnehmungsvermögen und seine Intelligenz zu fördern.
3. Lernfördernde Emotionen sind: Neugierde, Freude, Begeisterung und Faszination. Erinnern und Lernen werden durch Mehrfachspeicherung und Querverbindungen erleichtert.
4. Wir behalten im Durchschnitt:
   20 Prozent dessen, was wir nur gehört haben;
   30 Prozent dessen, was wir nur gesehen haben;
   50 Prozent dessen, was wir gehört und gesehen haben;
   90 Prozent dessen, was wir selbst durchgeführt haben.
5. Wir unterscheiden zwei grundlegende Denkstrukturen: die epistemische, also die wissensbezogene Denkstruktur, und die heuristische, also die Grundstruktur des kreativen Denkens. Für unseren Lebenserfolg ist kreatives Denken wichtiger.

6. Die denkvorbereitenden Faktoren sind: Wahrnehmungsvermögen, Beobachtungsgabe und Vorstellungskraft. Die Qualität dieser Faktoren entscheidet darüber, welche Informationen uns überhaupt und in welcher Weise sie uns erreichen.
7. Wir unterscheiden drei Kategorien des Denkens: das intuitive, das konsequente und das strategische Denken.
8. Durch eine positive Einstellung gegenüber einem Problem finden wir leichter eine Lösung. Die vier Schritte zur Lösung eines Problems sind:
   Erster Schritt: Konfrontation mit dem Problem;
   zweiter Schritt: Vorbereitung der Lösung;
   dritter Schritt: Verifikation der Lösungsmöglichkeiten;
   vierter Schritt: Durchführung der Lösung.
9. Scheint unter den gegebenen Umständen keine Lösung möglich, so müssen wir die Fragestellung erweitern:
   - Unter welchen Umständen wäre denn eine Lösung möglich?
   - Wie schaffe ich am schnellsten, einfachsten und sichersten diese Umstände?
10. Ist ein Problem auch so nicht zu lösen, dann muss man eventuell die eigene Einstellung gegenüber den Ursachen des Problems ändern.

Kapitel 3
Die lernvorbereitenden Faktoren

Auch Lernen will gelernt sein

Was immer wir können, haben wir einmal gelernt. Wir haben gehen, sprechen und schreiben gelernt, schwimmen, Rad fahren und rechnen, wir haben einen Beruf und ein oder zwei Fremdsprachen erlernt. Nur eines haben wir nicht gelernt, und zwar: wie man richtig lernt. Dabei sollte das eigentlich das Hauptfach an allen Schulen sein, denn die Fähigkeit zu lernen ist für unser ganzes Leben von entscheidender Bedeutung. Zwar lernen wir auf dem Gymnasium viele Jahre lang verschiedene Sprachen, kommen wir dann jedoch ins Ausland, so nützen uns unsere anhand starrer Regeln erlernten Sprachkenntnisse zunächst recht wenig.

Und doch: Blicken wir einmal zurück in die Geschichte, so sehen wir, dass die Kenntnisse eines heutigen Schülers vor tausend Jahren die größten Gelehrten in Erstaunen versetzt hätten. Damals waren die meisten Kaiser und Könige noch Analphabeten, und Rechenoperationen, die heute jeder Schüler beherrscht, waren erst seit der Einführung der arabischen Zahlen durchführbar. Daraus lässt sich ersehen, dass wir gerade erst angefangen haben, unsere Lernfähigkeit zu entwickeln und zu vervollkommnen.

Es ist jedoch enttäuschend zu sehen, wie langsam sich die Erkenntnis durchsetzt, dass es neuer Methoden des Lernens bedarf. Überall auf der Welt sitzen Schüler und Studenten in ihren Zimmern, in Bibliotheken, in Parks oder wo auch immer und lernen. Die Lerninhalte unterscheiden sich je nach politischen, gesellschaftlichen und historisch-kulturellen Bedingungen zum Teil erheblich voneinander; aber wie man lernt, ist praktisch überall gleich. Wir bestellen den Acker unseres Geistes wie arbeitsame Fellachen noch immer mit dem Holzpflug und versuchen derart, uns auf die Anforderungen des modernen Lebens vorzubereiten. Die meisten Schüler und Studenten von heute lernen so unrationell, dass es nur einer Minderheit gelingt, all das zu lernen, was man heutzutage braucht. Und so versuchen sie, im Schweiße ihres Angesichtes die unökonomischen Lernmethoden durch Fleiß auszugleichen. Sie alle glauben, Lernen sei notwendig mit Mühe verbunden – nach dem Motto »Ohne Fleiß kein Preis«. Dabei interessiert sich später niemand für die aufgewandte Mühe; was zählt, sind die Resultate.

Die meisten Studenten vernachlässigen ihre Gesundheit. Es bleibt ihnen keine Zeit, etwas für das Bewegungsbedürfnis ihres Körpers zu tun, keine Zeit, wenn sie rauchen, wenigstens anschließend das Zimmer zu lüften, keine Zeit, ein paar tiefe, gesunde Atemzüge zu tun. Von ihrem Gehirn erwarten sie jedoch permanente Höchstleistungen.

Dabei ließe sich die ganze Quälerei größtenteils vermeiden, würde man schon in der Schule *das Lernen lernen.* Die wesentlichen methodischen Probleme des Lernens sind gelöst. Zwar wissen wir noch nicht in allen Einzelheiten, welche biochemischen Vorgänge beim Lernen im Gehirn ablaufen, aber unser Wissen reicht aus, um aus dem Lernen – abseits aller Selbstquälerei – eine interessante, auf das praktische Leben vorbereitende Aktivität zu machen.

Intelligenz lässt sich erwerben

Wir wissen, dass Talente, Begabungen oder einfach Intelligenz, wenn überhaupt, dann nur in sehr begrenztem Maße erblich bedingt sind. Da solche Eigenschaften weitgehend erworben sind, sind sie auch lehr- und lernbar, und zwar bis ins hohe Alter hinein.

Dessen ungeachtet finden nur wenige Lernende einen Weg, sich diesen Umstand zunutze zu machen. Die meisten sind unfähig, sich das Lernen zu erleichtern und ihr eigenes Lernprogramm zu entwickeln. Gelingt es jedoch unter diesen Umständen einmal einem Individuum, effizientere Lernmethoden zu entwickeln und in der eigenen Lebenspraxis anzuwenden, so gilt ein solcher Mensch seiner Umwelt als Talent oder gar als Genie. Ich hatte Gelegenheit, die Arbeitsmethoden einiger Genies zu studieren, und war überrascht zu sehen, dass sie sich meist ganz einfacher Methoden bedienten, diese allerdings konsequent anwandten.

Es gibt also bestimmte Faktoren und Umstände, die das Lernen erleichtern, und andere, die es erschweren oder gar unmöglich machen. Natürlich ist es für Sie von großer Wichtigkeit, diese Faktoren zu kennen.

Welchem Lerntypus ordnen Sie sich zu?

Um optimal zu lernen, müssen Sie zunächst einmal wissen, ob Sie dem visuellen, dem akustischen oder dem motorischen Typus angehören. Achtzig Prozent der Menschen sind, wie schon erwähnt, visuelle Typen, das heißt, sie prägen sich am tiefsten ein, was sie sehen. Ein akustischer Typ behält am leichtesten, was er gehört hat, und eignet sich den Lernstoff am besten durch lautes Vorlesen und Wiederholen an. Der motorische Typ behält am besten, was er zuvor niedergeschrieben hat.

Das ist jedoch nur eine grobe Einteilung. Tatsächlich sind die meisten Menschen Mischtypen, die auf individuell unterschiedliche Weise lernen. Daher ist es für Sie wichtig herauszufinden, welchem Typus Sie angehören, damit Sie sich bewusst der besten Methoden bedienen können.

Wo lernen Sie am besten?

Es ist auch von großer Bedeutung zu wissen, wo man am besten lernt. Für viele ist das ihr eigenes Zimmer, und sie lernen am Schreibtisch, im Lehnstuhl oder im Bett. Andere lernen am besten in einer Bibliothek oder sogar im Kaffeehaus.

Ich hatte einmal einen Schauspieler als Patienten, der früher seine Rollen im Zug auf der Fahrt zwischen seinem Wohnort und dem Ort des jeweiligen Engagements auswendig gelernt hatte. Seit er aber an seinem Wohnort Köln fest engagiert war, fiel es ihm immer schwerer, seinen Text zu lernen. Meine anfänglichen Bemühungen blieben ohne Erfolg, bis ich herausfand, dass er die Geräuschkulisse eines fahrenden Zuges brauchte, um seine Rollen zu lernen.

Wir haben gar nicht erst versucht, dieses tief sitzende Engramm aufzulösen. Heute fährt er gelegentlich einmal nach Freiburg und zurück und lernt unterwegs seinen Text. Seither hat er keinerlei Schwierigkeiten mehr.

Einer meiner Freunde, der einen gemütlichen Bungalow besitzt, lernt am besten im Wartesaal des Hauptbahnhofs. Er braucht einfach eine anonyme Menschenansammlung um sich herum, um konzentriert arbeiten zu können.

Beide Männer haben ihren persönlichen, wenn auch ungewöhnlichen Lernstil gefunden. Auch Sie sollten versuchen herauszufinden, welche Umgebung auf Sie besonders lernfördernd wirkt. Die meisten Menschen haben sich im Gegensatz zu den beiden gerade erwähnten Beispielen darauf programmiert, jedes Geräusch als störend zu empfinden; und zwangsläufig können sie nur bei absoluter Ruhe lernen. Jedes vorbeifahrende Moped reißt sie aus ihrer Konzentration. Tatsächlich ist es jedoch durchaus möglich, sich zu sagen, dass Geräusche ein Ausfluss des Lebens sind und wir normalerweise ohne Geräusche gar nicht leben können. Ja, man kann sich durch entsprechende Suggestion sogar darauf programmieren, Geräusche als konzentrationsvertiefend zu empfinden.

Nutzen Sie Ihre Hochleistungsphase

Ein anderer wichtiger Faktor, den Sie nicht außer Acht lassen sollten, ist die Zeitqualität. Zeit hat nämlich nicht nur eine bestimmte Dauer, sondern immer auch eine ganz bestimmte Qualität. Es gibt Phasen, da wir zu Höchstleistungen imstande sind, und andere, in denen wir besser nur Routineangelegenheiten erledigen. Wenn wir jedoch unsere Hochleistungsphase mit unbedeutenden Tätigkeiten vertun oder umgekehrt versuchen, in Phasen geringer Leistungsfähigkeit gerade unser Bestes zu erbringen, so wird das Ergebnis natürlich zu wünschen übrig lassen.

Finden Sie daher heraus, ob Sie ein Morgen- oder ein Abendmensch sind und zu welcher Tages- oder Nachtzeit Sie am leistungsfähigsten sind. Erledigen Sie schwierige Arbeiten in Zukunft während Ihrer Hochleistungsphase.

Achten Sie auf Ihren inneren Rhythmus

Jeder Mensch hat seinen individuellen Rhythmus. Wenn keine Eingriffe von außen erfolgen, so wachen wir ungefähr täglich um dieselbe Zeit auf und werden am Abend immer um dieselbe Zeit müde. Wir werden jeden Tag etwa zu denselben Zeiten hungrig, und auch unsere Leistungskurve unterliegt diesem Rhythmus. Dieser uns eigene Rhythmus ist nur bedingt von äußeren Faktoren abhängig. Er ist ein aufgrund von Veranlagung und Lebensgewohnheiten tief in uns verankertes Auf und Ab. Auch völlig von der Außenwelt abgeschlossene Menschen behalten ihren Rhythmus noch für längere Zeit bei. Wissenschaftler haben in diesem Zusammenhang von »der inneren

Uhr des Menschen« gesprochen. In jüngster Zeit ist von der Lehre der Biorhythmik die Rede, der zufolge das Kräftepotenzial des Menschen Schwankungen unterliegt, die sich in der Gesundheit und Leistungsfähigkeit niederschlagen.

Leider sind zahlreiche Menschen – Berufstätige aufgrund der ihnen vorgeschriebenen Arbeitszeit, Schüler aufgrund des ihnen auferlegten Stundenplans – gezwungen, ohne Rücksicht auf ihren inneren Rhythmus ihrer jeweiligen Tätigkeit nachzugehen. Denken Sie nur etwa an Nachtschichtarbeiter, Flugpiloten oder in der Gastronomie Beschäftigte, deren ständig wechselnde Arbeitszeiten den Betroffenen nicht einmal jene Erleichterung gewähren, die im Laufe der Zeit sonst die Gewohnheit verschafft.

All das ändert jedoch nichts an der Tatsache, dass es vom inneren Rhythmus her für jeden Einzelnen von uns ideale Arbeits-, also auch Lernphasen und gleichermaßen ideale Entspannungsphasen gibt, die wir kennen und nach Möglichkeit einhalten sollten. Viele Lernwillige haben diese Möglichkeit. Prüfen Sie, ob das nicht auch für Sie zutrifft.

Schaffen Sie sich einen geregelten Tagesablauf

Andererseits heißt das Vorstehende natürlich nicht, dass man außerhalb seines Rhythmus nicht ebenfalls arbeiten beziehungsweise lernen kann. Die vorerwähnten Beispiele sprechen für sich. Im Übrigen ist ja ohnehin jeder Schüler täglich dazu gezwungen, denn kurz nach dem Aufstehen ist kaum jemand optimal aufs Lernen eingestellt.

Zu empfehlen ist einfach, den eigenen Rhythmus einzuhalten, soweit es eben möglich ist. Wenn Sie es sich zur Gewohnheit machen, täglich zu bestimmten Zeiten zu lernen, so steigern Sie auf jeden Fall Ihre Leistung. Der Organismus richtet sich mit der Zeit auf diesen Zeitplan ein, und Sie werden imstande sein, das unter den gegebenen Umständen Beste zu leisten. All diese Empfehlungen zielen letztlich nur darauf hin, Sie von der Wichtigkeit eines genau eingehaltenen Zeitplans zu überzeugen.

Achten Sie auf Ihr Zeitkapital

Wo aber lernen wir schon, mit der Zeit ökonomisch umzugehen? Dabei ist diese Fähigkeit mindestens genauso wichtig wie die Kunst der Menschenführung oder rhetorische Qualitäten; denn die Fähigkeit, die Zeit richtig zu nutzen, entscheidet zu einem erheblichen Teil über Ihren persönlichen Erfolg oder Misserfolg. Auch den richtigen Umgang mit der Zeit kann man erlernen.

Im Übrigen hat nur der Erfolglose niemals Zeit. Achten Sie einmal bewusst darauf, und Sie werden sehen, dass der wirklich Erfolgreiche für wichtige Dinge stets Zeit hat.

Sorgen Sie also dafür, dass niemand Ihnen Ihre Zeit stiehlt; Geld ist viel leichter zu ersetzen als Zeit! Die »gestohlene«, das heißt die von Ihnen vergeudete Zeit ist unwiederbringlich verloren. Es gibt Menschen, die es darin zur Meisterschaft gebracht haben, anderen die Zeit zu stehlen, womit sie natürlich ihre eigene Zeit ebenfalls verplempern. Solche »Zeitdiebe« gibt es überall.

Schützen Sie daher Ihr Zeitkapital; denn Zeit ist nicht nur Geld, Zeit ist Leben.

Meiden Sie destruktive Gefühle

Versuchen Sie auch, jede Angstanwandlung zu neutralisieren beziehungsweise positiv umzuleiten. Die Angst setzt im Menschen mittels eines uralten Fluchtmechanismus Hormone frei, die den Körper zwar in höchste Leistungsbereitschaft versetzen, zugleich aber schwerwiegende Lern- und Denkblockaden auslösen. Hüten Sie sich also vor Angsteinflüsterern wie: »Nun kommt aber etwas ganz Schwieriges« oder: »Das ist bestimmt sehr kompliziert.« Angst ist nun einmal der denkbar schlechteste Antrieb. Aber auch andere destruktive Emotionen wie zum Beispiel Ärger, Neid und Hass können das Lernen beeinträchtigen.

Deshalb sollten Sie regelmäßig Psychohygiene betreiben. Lassen Sie jeden Abend vor dem Schlafengehen den Tag noch einmal vor Ihrem geistigen Auge ablaufen. Bauen Sie destruktive Gefühlsregungen ab. Stellen Sie sich positiv ein und versuchen Sie, die Konflikte und Probleme des Tages aus der Distanz gelassen zu sehen. Kommt Zeit, kommt Rat. Tragen Sie Ihrem Unterbewusstsein auf, Ihnen einen Weg zu zeigen. Freuen Sie sich auf den nächsten Tag und fassen Sie zwei, drei konkrete Vorsätze, wie Sie den folgenden Tag optimal gestalten wollen.

Nein sagen und zuhören lernen

Wenn Sie lernen, nein zu sagen, dann vermeiden Sie auf diese einfache Weise schon viele Probleme und spätere Behinderungen. Fühlen Sie sich niemals verpflichtet, etwas zu tun, das Sie lieber ablehnen würden. Ein offenes Nein ist auch besser als ein halbherziges Ja.

Lernen Sie auch, richtig zuzuhören. Richtiges Zuhören ist ein aktiver Prozess, der in der Aufnahme von Informationen und der kritischen Auseinandersetzung mit Fremdmeinungen besteht; überdies müssen Sie auswählen, was für Sie wichtig und was unwichtig ist. Zugleich müssen Sie den Inhalt des Gehörten sofort mit Ihrem eigenen Wissen vergleichen und mit Ihren Ansichten in Beziehung bringen.

Richtiges Zuhören ist daher alles andere als ein passives Schlucken von Informationen, sondern vielmehr intensive

Geistesarbeit. Erfahren Sie als Zuhörer Neues, Interessantes, Fesselndes, so erfüllt Sie das mit Freude, und Sie erleben dabei bewusst, wie sich Ihr Horizont und unter Umständen vielleicht sogar Ihr Bewusstsein erweitern. Zuhören bringt oft mehr Gewinn als Reden – selbst oder gerade in geschäftlichen Besprechungen.

Umstände, die das Lernen erschweren

Beinahe ebenso wichtig wie die Nutzung aller Faktoren, die das Lernen erleichtern, ist es, all jene Umstände zu beseitigen, die es erschweren. Daher sollten wir uns dieser Umstände bewusst sein.

Zum Lernen gehört eine angenehme Zimmertemperatur. Ist es zu kalt, dann wird man seinem zitternden Körper mehr Aufmerksamkeit schenken als dem Lernstoff; ist es dagegen zu warm, so wird man träge.

Auch gilt nach wie vor das geflügelte Wort »Ein voller Bauch studiert nicht gern«, weil nach dem Essen dem Gehirn zu viel Blut für die Verdauung entzogen und dadurch eine optimale Leistung verhindert wird. Man arbeitet dann gewissermaßen nur mit halber Kraft. Gleichfalls kommt jedoch ein vor Hunger knurrender Magen dem Lernen nicht zugute.

In diesem Zusammenhang muss ich darauf hinweisen, dass ich sehr wohl weiß, was hungernde, in ungeheizten Zimmern hausende arme Studenten allen widrigen Umständen zum Trotz geleistet haben. An dieser Stelle stehen jedoch nicht die Höchstleistungen vom Schicksal benachteiligter, aber zielstrebiger Menschen zur Debatte, die »es dennoch schafften«. Wir beschäftigen uns hier mit Umständen, die dem Lernen förderlich beziehungsweise abträglich sind.

Auch die Beleuchtung spielt eine große Rolle. Zu helles Licht strengt die Augen an, und wir ermüden schnell. Dagegen schadet schwächeres Licht keineswegs den Augen, im Gegenteil: es trainiert die Augen, solange man sich dabei nicht anstrengen muss. Jede Anstrengung infolge zu schwachen Lichtes schadet demgegenüber den Augen und ist daher zu vermeiden.

Natürlich sollten wir auch darauf achten, dass es beim Lernen nicht an Sauerstoff, also an frischer Luft mangelt, denn unser Gehirn ist der größte Sauerstoffverbraucher des Organismus. Es verbraucht trotz seiner geringen Größe etwa zwanzig Prozent des insgesamt zur Verfügung stehenden Sauerstoffs. Wenn Sie gähnen müssen, so ist das keineswegs nur ein Zeichen dafür, dass Sie der Lernstoff langweilt. Meist fehlt es Ihnen dann einfach an Sauerstoff – oder auch an ausreichender Bewegung.

Viele Menschen leiden heute unter Bewegungsarmut und ihren Folgen. Manche Leute glauben tatsächlich, es genüge, nach dem Essen die – automatische – Uhr aufzuziehen. Dabei ist unser Körper ein ausgeklügelter Bewegungsapparat, der selbstverständlich nur bei ausreichender Bewegung funktionieren kann. Wir sollten daher dafür sorgen, dass wir zumindest einmal am Tag richtig ins Schwitzen kommen.

Die Bedeutung der richtigen Ernährung

Die richtige Ernährung trägt entscheidend zum Lernerfolg bei. Sie wissen sicher, wie wichtig die ausreichende Versorgung des Körpers mit Vitaminen, Mineralstoffen und Spurenelementen ist. Besonders Phosphor sei hier erwähnt. Wenn Sie zum Beispiel regelmäßig zwei- bis dreimal pro Woche eine Dose Ölsardinen essen, dann steigert sich Ihre Lern- und Merkfähigkeit erheblich. Und wenn Sie dreißig bis siebzig Gramm Lezithingranulat essen, wie Sie es in der Apotheke oder im Reformhaus bekommen, dann steigern Sie für etwa vier bis fünf Stunden Ihre Leistungsfähigkeit um etwa fünfundzwanzig Prozent, was besonders für Prüfungen, Konferenzen oder Verhandlungen nützlich sein kann. Lezithin ist ein eiweißreiches Nervenstärkungsmittel und enthält das wertvolle Cholin, das zur Bildung des Nerven- und Gehirnhormons Azetylcholin unerlässlich ist.

Schwerarbeiter brauchen zweifellos eine energiereiche Nahrung mit viel Eiweiß und Fett. Wer jedoch in einem bewegungsarmen Beruf tätig ist, also auch jeder Lernende, der sollte vor allem mit Fett sehr zurückhaltend sein. Übrigens sind viele Herz- und Gefäßkrankheiten auf einen zu hohen Fettgehalt der Nahrung zurückzuführen. Geistig Tätigen sind Salate, Gemüse und Früchte sehr zu empfehlen. Das Hauptproblem vieler Geistesarbeiter ist jedoch die Quantität: die meisten essen einfach zu viel. Was für unsere Großeltern etwa noch richtig gewesen sein mag, weil sie Bauern oder Schwerarbeiter waren, das ist bei unserer heutigen Lebensweise einfach falsch. Essen Sie ruhig, was Ihnen schmeckt, aber immer in Maßen.

Bei gesunder, abwechslungsreicher, nicht überreichlicher Kost ist es nicht erforderlich, zur Leistungssteigerung ständig alle möglichen Säfte oder Tabletten einzunehmen. Diese werden zwar in großer Zahl angepriesen, sind aber als Daueraufbau- oder -stärkungsmittel entbehrlich, wenn nicht sogar abträglich.

Was tun bei Lampenfieber oder Examensangst?

Es gibt allerdings Situationen, in denen es durchaus angebracht erscheint, ein harmloses Beruhigungs- oder Stärkungsmittel einzunehmen. Die hilfreiche Wirkung von Lezithin wurde bereits im vorigen Abschnitt erwähnt. Lampenfieber kann sich nachteilig auswirken. Was nützt es, wenn man den Prüfungsstoff an sich beherrscht, aber vor Aufregung nicht in der Lage ist, sein Wissen zur Geltung zu bringen?

Bei Lampenfieber jeder Art hilft recht zuverlässig Strophantus D 2, und zwar nimmt man eine Viertel- bis halbe Stunde vor dem entscheidenden Ereignis zehn bis fünfzehn Tropfen ein. Die Wirkung hält je nach Beanspruchung etwa eine bis drei Stunden an. Es empfiehlt sich jedoch, die Wirkung schon vorher auszuprobieren, damit man die eigene Reaktion auf das Mittel kennt und sich darauf verlassen kann.

Beim so genannten Examensfieber, das sich schon Wochen vor dem »großen Ereignis« durch Nervosität, schlechten Schlaf, Übererregung und Durchfall bemerkbar machen kann, hilft nach meiner Erfahrung Argentum Nitricum D 30. Hier genügen einmal zehn Tropfen alle zehn Tage. Die Wirkung hält tatsächlich bis zu vierzehn Tagen an.

Man kann auch Argentum Nitricum D 12 nehmen, wenn man der langen Wirkungsdauer nicht traut. Davon sollte man täglich einmal zehn Tropfen nehmen. Die höhere Dosierung hat die kürzere Wirkungsdauer.

Bleibt noch der Fall, dass jemand die Prüfung oder was immer das große Ereignis war, gut überstanden hat, aber nachher zusammenklappt, sobald die Anspannung nachlässt. In einem solchen Fall hilft Gelsemium D 6. Man nehme davon dreimal täglich zehn Tropfen. Dieses Präparat hilft auch, wenn jemand zum Beispiel nach einer Prüfung die Zeit bis zur Mitteilung des Prüfungsergebnisses nicht ertragen kann.

Empfehlungen, die das Lernen erleichtern

Grundsätzlich sollte man sich angewöhnen, sich einen Lernstoff möglichst plastisch vorzustellen, sich das zu Lernende möglichst bildhaft vor Augen zu führen, es also in die »Sprache des Unterbewusstseins«, das Bild, zu übersetzen. Ein Bild lässt sich besser einordnen und ist aus dem Gedächtnis leichter abzurufen als abstraktes Wissensgut.

Wie schon gesagt, gehören die meisten Menschen dem visuellen Lerntypus an. Sie lernen leichter anhand von Texten (und natürlich Bildern), die sie lesen beziehungsweise ansehen können, als durch Zuhören. Ausgeprägt visuelle Typen können sich später ganz konkret an die Seiten ihrer Skripten oder Lehrbücher – mit Kapitelüberschriften, Untertiteln und den einzelnen Textpassagen – erinnern.

Visuell-motorische Typen erleichtern sich das Lernen, indem sie wichtige Textstellen unterstreichen oder beispielsweise mit einem breiten hellgelben Filzstift grundieren und Anmerkungen oder Querhinweise beifügen, was ihnen später als wirksame Erinnerungsstütze dient.

Will man den Lernstoff wiederholen, so sollte man gegenüber dem ersten Lernen des Stoffes möglichst die Umgebung, die Tageszeit und die Reihenfolge und Form des Vorgehens verändern. So wird das Gelernte auf verschiedenen Assoziationsbahnen gespeichert und später einfacher erinnert.

Auch sollte man darauf achten, dass Ähnliches möglichst nicht hintereinander erlernt wird, weil hierbei eine so genannte Ähnlichkeitshemmung entsteht. Sie wird nach ihrem Entdecker, dem ungarischen Psychologen, Professor PÁL RANSCHBERG (1870 bis 1945), auch Ranschberg-Hemmung genannt. Dr. GEORGI LOSANOW hat sich auch mit dieser speziellen Form der Lernhemmung befasst und ist zu derselben Empfehlung gelangt.

Wenn Sie sich zeit- und kraftraubende Lernziele gesetzt haben und zum Beispiel einen Buchhaltungskurs absolvieren oder eine Fremdsprache erlernen wollen, so sollten Sie sich Freunde suchen, die gern lernen und dasselbe Ziel verfolgen wie Sie selbst. Es ist nicht erforderlich, dass diese Freunde »wandernde Lexika« sind; es genügt, wenn sie Freude am Lernen haben und alle Beteiligten sich gegenseitig dazu anregen, mehr, schneller, vor allem aber – was durch Gruppenarbeit begünstigt wird – spielerischer zu lernen. Lernen kann auf diese Art große Freude bereiten, auch wenn die meisten Lernenden es nur mit Arbeit und Anstrengung in Verbindung bringen. Außerdem spornt nichts so sehr an wie ein gesunder Wettbewerb.

Umlernen ist lebenswichtig

Dass ältere Menschen genauso lernfähig sind wie jüngere, wurde schon erwähnt. Die Leistung kann mit zunehmendem Alter sogar noch steigen, wenn wir unser Gehirn nicht verkümmern lassen und ständig an neuem Wissen interessiert bleiben. Ich kenne eine Dame, die noch mit zweiundsiebzig Jahren ihr Abitur gemacht hat, um ihrer Enkelin besser bei den Aufgaben helfen zu können.

In einer Zeit, da sich das menschliche Wissen etwa alle zehn Jahre verdoppelt, verändert sich auch unsere Umwelt so schnell, dass viele heute lebende Menschen während ihrer Lebenszeit gezwungen sein werden, einen anderen, einen völlig neuen oder sogar mehrere Berufe dazuzulernen. Zukunftsforschern zufolge wird es ungefähr fünfzig Prozent der heutigen Berufe schon in zwanzig Jahren kaum mehr geben, weil keine entsprechenden Arbeitsplätze mehr da sein werden. Schon für die jetzt geborene Generation wird es selbstverständlich sein, sich auf die vehemente technologische Entwicklung einzustellen und permanent um- beziehungsweise dazuzulernen. Das geht natürlich nur, wenn die heute üblichen Lernmethoden deutlich verbessert werden.

Mit einem Wort: Wir alle müssen lernen, uns umzustellen. Das fällt vielen Menschen ungeheuer schwer; doch die sich rasch verändernde Umwelt zwingt uns einfach dazu. Sicher ist, dass uns die notwendigen Anpassungen leichter fallen, je mehr Übung wir darin haben. Was heute noch beschaulich als

»Erwachsenenbildung« oder »Weiterbildung« stattfindet, wird bald schon eine Lebensnotwendigkeit für alle Menschen geworden sein.

Zusammenfassung

1. Lernen müssen wir ein Leben lang. Doch neue Erkenntnisse über das Lernen setzen sich nur langsam durch. Dabei wäre viel unnötige Mühe zu vermeiden, wenn an allen Schulen endlich auch das Lernen selbst gelehrt würde.
2. »Genie« zu sein bedeutet primär, die richtige Lernmethode anzuwenden.
3. Stellen Sie fest, ob Sie ein visueller, ein akustischer oder ein motorischer Lerntyp sind, und richten Sie Ihren persönlichen Lernstil entsprechend ein.
4. Beginnen Sie den Tag mit Freude, denn was wir ohnehin tun müssen, fällt uns dann viel leichter.
5. Programmieren Sie sich darauf, dass jedes Geräusch Ihre Konzentration vertiefen kann. Wenn Sie diese Suggestion mehrmals täglich – während eines Zeitraums von etwa einundzwanzig Tagen – wiederholen, wird sie sich zu Ihrem Vorteil durchsetzen.
6. Lernen Sie, mit Ihrer Zeit ökonomischer umzugehen. Achten Sie dabei besonders auf Ihren persönlichen Tagesrhythmus, so dass Sie nach Möglichkeit Ihre Hochleistungsphasen nutzen können.
7. Angst ist eine denkbar schlechte Lernhilfe. Bisweilen vermag sie die Lernfähigkeit völlig zu blockieren. Ebenso sind andere destruktive Emotionen wie Hass, Ärger und Neid dem Lernen äußerst abträglich. Man sollte derartige Emotionen deshalb durch Psychohygiene abbauen.
8. Lernen Sie, nein zu sagen. Das ist oft die einfachste Art, spätere Probleme zu vermeiden.
9. Achten Sie auf Ihren individuellen Rhythmus, und handeln Sie nicht ohne zwingende Notwendigkeit gegen ihn. Die besten Leistungen werden Sie erbringen, wenn Sie Ihre Hoch- und Tiefphasen in all Ihren Planungen sinnvoll berücksichtigen.
10. Lernen Sie, richtig zuzuhören. Erfassen Sie dabei das für Sie Wichtige, und prägen Sie es sich ein.

11. Achten Sie auf genügend Bewegung, und atmen Sie richtig, denn das Gehirn braucht eine ausreichende Versorgung mit Sauerstoff, um optimale Leistungen zu erbringen.
12. Sorgen Sie für die richtige Ernährung. Bei geistiger Arbeit sollte Ihre Kost abwechslungsreich, fettarm und nicht zu reichhaltig sein.
13. In schwierigen Situationen können folgende Medikamente helfen: Bei Lampenfieber: Strophantus D 2. Nehmen Sie davon zehn bis fünfzehn Tropfen etwa eine Viertel- bis eine halbe Stunde vor dem für Sie wichtigen Ereignis. Bei Examensangst: Argentum Nitricum D 30. Davon nehmen Sie alle zehn Tage einmal zehn Tropfen oder täglich einmal zehn Tropfen Nitricum D 12. Bei Folgestress: Gelsemium D 6. Hiervon dreimal täglich etwa zehn Tropfen einnehmen.

Kapitel 4
Motivation

Jedes Lernergebnis und jeder Lernerfolg sind in einem viel höheren Maße von der Motivation abhängig, als es den meisten Betroffenen bewusst ist. Je mehr man sich für einen bestimmten Stoff interessiert, umso leichter wird man ihn sich aneignen und das Gelernte auch behalten. Die Einstellung zum Lernstoff ist daher wichtiger als alle guten Vorsätze. Wer etwas gerne tut, dem gelingt auch meist, was er sich zum Ziel gesetzt hat.

Schüler und Studenten stehen heute meistens unter einem derartigen Leistungsdruck, dass sie häufig gar keine Gelegenheit mehr haben, eine persönliche positive Einstellung zu ihrem Lernstoff zu finden. Wir prägen uns aber vor allem dasjenige leicht und gut ein, woran wir ein echtes Interesse gefunden haben. Wenn man ständig dazu verurteilt ist, ohne persönlichen Bezug nur mechanisch zu lernen, dann wird sich das auf die Leistungen negativ auswirken. So hängen auch Motivation und Studienerfolg eng zusammen. Nach HENRY CLAY LINDGREN (1969) gaben erfolgreiche Studenten die nachfolgenden Gründe für ihren Erfolg an:

Gute Lerngewohnheiten	33 Prozent
Interesse	25 Prozent
Intelligenz	15 Prozent
andere Gründe	27 Prozent

Das Ergebnis dieser Umfrage zeigt ganz klar, dass die Motivation eine viel größere Rolle spielt als etwa die Intelligenz. Wenn Sie also im Leben etwas erreichen wollen, dann sollten Sie sich zuvor entsprechend motivieren.

Wie motiviert man sich am besten?

Die beiden besten Motivationen dürften »Freude an der Arbeit« und »Interesse an einer Sache« sein. Wer etwas mit Freude tut, der braucht keine weiteren Anreize mehr; die Freude ist ihm Belohnung genug. Was aber ist zu tun, wenn eben diese Freude fehlt? Man denke zum Beispiel an jemanden, der eine Ausbildung oder einen Lehrgang nur deshalb mitmacht, weil es das Arbeitsamt bezahlt. Wird seine Motivation nicht denkbar gering sein, und wird er seine Zeit nicht lediglich absitzen?

Wer aber genau weiß, was er will und warum er es will, der wird sein Ziel auch erreichen, denn er wird sich von sich aus bemühen, einen Weg zum Erfolg zu finden. So kann sich eine Motivation entwickeln. Denken Sie bitte einmal darüber nach: Haben Sie selbst eine Motivation, und wie wichtig ist Ihnen Ihr Ziel? Sind Sie bereit, für dieses Ziel auch Unbequemlichkeiten auf sich zu nehmen? Würden Sie auf einen Teil Ihrer Freizeit verzichten und sich für längere Zeit intensiv bemühen, das gesteckte Ziel zu erreichen?

Wenn Sie eine solche Motivation nicht haben und sich auch nicht plastisch vorstellen können, dass sich alle Ihre Anstrengungen und Verzichte letztlich lohnen werden, dann sollten Sie sich eine Enttäuschung ersparen und gar nicht erst versuchen, etwas zu erreichen. Denn nichts ist deprimierender, als aus voller Begeisterung etwas zu beginnen und es dann doch nicht zu Ende zu führen. Das entmutigt oft so sehr, dass man beim nächsten Mal gar nicht erst anzufangen wagt.

Bevor Sie also ein bestimmtes Ziel ansteuern, suggerieren Sie sich so intensiv wie möglich, dass Sie dieses Ziel trotz aller Unbequemlichkeiten unbedingt erreichen wollen. Geben Sie auf keinen Fall auf, bevor Sie Ihr Ziel erreicht haben, nicht einmal dann, wenn Sie auf halbem Weg erkennen sollten, dass Sie es im Grunde gar nicht mehr brauchen oder erreichen wollen.

Damit beweisen Sie sich jedes Mal aufs Neue, dass für Sie jedes gesteckte Ziel sicher erreichbar ist.

Mögliche Motivationen können sein: höheres Einkommen, ein größeres Auto oder der Sportwagen, den Sie schon immer fahren wollten, höheres Sozialprestige, das eigene Haus. Vielleicht wollen Sie auch jemandem – Ihrem Partner oder Ihrem Chef – einmal zeigen, was in Ihnen steckt, oder einfach nur mehr Entscheidungsfreiheit haben. Sind das nicht schon Beweggründe genug, sich einmal eine Zeit lang tüchtig anzustrengen? Aber machen Sie sich nichts vor: Der Beweggrund muss stark genug sein, um Sie auch wirklich zu »bewegen«.

Sie werden sich jetzt sicherlich schon vorstellen können, dass die Motivation eine sehr wichtige Voraussetzung für den Lernerfolg ist. Es liegt also an Ihnen, ob das Lernen für Sie zur täglichen Folter oder zum Vergnügen wird, denn das entscheiden Sie durch Ihre Einstellung. Sie können in jedem Fall davon ausgehen: Je stärker Ihre Motivation, desto größer Ihre Leistung. Zusätzlich werden Sie feststellen, dass Sie das Gelernte auch besser und länger behalten. Es lohnt sich also schon, vor einer schwierigen Lernphase etwas für die eigene Motivation zu tun.

Negative Motivationen vermeiden

Zunächst sollten Sie sich von allen Gegenmotivationen befreien. Alles, was später zu Konflikten führen kann, sollten Sie sich vorher bewusst machen und Ihre Haltung zweifelsfrei klären. Mitunter haben wir gegen etwas einfach nur eine Abneigung, die sich bei genauerer Überlegung auflöst, einfach deshalb, weil sie völlig unbegründet ist.

Erkennen wir also rechtzeitig alle negativen Motivationen und sagen uns ganz klar, dass sie unbegründet und unsinnig sind und uns nur zusätzlich Ärger und Mühe bereiten. Schon dadurch können sie aufgelöst oder zumindest gedämpft werden.

Es gibt aber andere negative Motivationen, die von außen kommen, zum Beispiel angedrohte Strafen oder Konsequenzen wie: »Wenn du bei der nächsten Prüfung wieder durchfällst, gibt es was hinter die Ohren.« Vielleicht sagt aber auch ein »Freund«: »Wenn du das nicht tust, bist du die längste Zeit mein Freund gewesen.« Diese Form der negativen Motivation war bis vor kurzem die Regel, und auch der Rohrstock hat auf diese Weise schon manche große Leistung aus Lernenden »herausgeprügelt«. Solche Methoden motivieren keineswegs zum Lernen, sie »motivieren« nur aus Angst vor Strafe.

Motiviert durch Belohnung

Einen zusätzlichen Lernantrieb kann man sich verschaffen, indem man sich beispielsweise sagt: »Wenn ich diese Lektion hier jetzt noch ganz schaffe, dann gehe ich anschließend zum Fußball«; oder: »Jetzt arbeite ich noch drei Kapitel durch; dann darf ich mir den Krimi anschauen.«

Wer wirklich motiviert ist, der wird sein Ziel mit größter Wahrscheinlichkeit auch erreichen. So wird ein Hungernder zum Beispiel alles daran setzen, etwas Essbares zu finden. Kann er seinen Hunger stillen, so ist er doppelt belohnt: Erstens wird sein elementares Bedürfnis befriedigt, und zweitens haben seine Bemühungen zum Erfolg geführt. Damit sind wir auch schon bei der wohl wichtigsten Motivation. »Nichts spornt so an wie der Erfolg«, sagt der Volksmund, denn jeder Erfolg spornt zu neuen Versuchen und – weiteren Erfolgen an.

Ansporn durch Neugier und Identifikation

Auch Neugier ist eine gute Motivation; sie ist nicht umsonst einer der stärksten Antriebe kleiner Kinder. Sie wollen unbedingt herausfinden, wie etwa dieses funktioniert und ob sie jenes nicht besser oder schneller können als ein anderer. Ein ebenso guter Anreiz ist es häufig auch, Vorbildern nachzueifern: Indem jemand versucht, einer bewunderten Person zu gleichen, sich ihren Qualitäten zumindest anzunähern, erreicht mancher das angestrebte Ziel. Man nennt diese Art des Vorgehens »Lernen durch Identifikation«.

Motiviert durch Musik

Auch Musik kann bestimmte Motivationen steigern. Wenn sie uns auf Wunsch zur Verfügung steht, kann sie sehr hilfreich sein. Voraussetzung ist natürlich, dass man die betreffende Musik wirklich schätzt und nicht als ablenkendes Geräusch empfindet. Störungen durch Nachrichten oder Radiokommentare sollten vermieden werden.

Belohnung durch angemessenes Eigenlob

Wenn es niemanden geben sollte, der Sie lobt, dann erkennen Sie ruhig auch einmal selbst Ihre Leistungen an und loben Sie sich ungeniert, wenn Sie ein Ziel oder Teilziel erreicht haben.

Doch sich selbst auf die Schulter zu klopfen hilft natürlich nur denen, die bereits gelernt haben, eine Leistung zu würdigen und auf eigene Lernleistungen stolz zu sein. Viele bedeutende Persönlichkeiten klopfen sich hin und wieder auf die eigene Schulter, und vermutlich ist mancher nur aufgrund permanenter Selbstermunterungen zu seinen Leistungen fähig.

Wenn Sie also eine lobenswerte Leistung vollbracht zu haben glauben, und mag sie auch noch so bescheiden sein, so leisten Sie sich ruhig ein angemessenes Eigenlob. Sie wissen am besten, wie sehr Sie sich bemüht haben, und das ist eine Anerkennung wert. Zwar sagt man: »Eigenlob stinkt«; aber dieser Ausspruch gilt nur dann, wenn man andere zum Mitloben veranlassen möchte. Jede Abhängigkeit vom Urteil der Umwelt aber setzt uns ohnehin Grenzen, und wir sollten uns schnellstens von solchen Abhängigkeiten freimachen.

Eine Gefahr ist allerdings mit der Motivation durch Belohnung verbunden, und zwar dass sie allmählich zur Überbelohnung führt. Bedenken wir schon kleine Leistungen mit hohen Belohnungen, dann werden wir möglicherweise immer mehr für immer weniger haben wollen. Andere aber werden unsere Leistung bestenfalls angemessen belohnen, und das kann zu Enttäuschungen führen. Wenn Sie sich also belohnen, dann angemessen und nur, wenn Sie es wirklich verdient haben.

Aus einem Fernziel mehrere Nahziele machen

Liegt ein Ziel in zu weiter Ferne, als dass eine Motivation wirklich greifen könnte, dann wandeln Sie Ihr Fernziel in mehrere Nahziele um. Setzen Sie sich einen Endtermin und teilen Sie die Zeit bis dahin gut ein in Tages-, Wochen- und Monatsziele, die für Sie erreichbar sind und die Sie auch unbedingt einhalten sollten, damit Sie der Erfolg Schritt für Schritt weiter motiviert.

Sich zu sagen »Wenn ich das jetzt lerne, habe ich es später einmal besser im Leben«, ist viel zu vage und zeitlich unbestimmt, als dass es Ihnen heute helfen könnte. Vorsatz und konkretes Ziel sollten also zeitlich möglichst nah beieinander liegen, denn im Allgemeinen überschätzen wir die Wirkungsdauer einer Motivation und stellen dann meistens bald fest, dass der Ansporn schnell nachlässt. Machen wir uns also nichts vor und geben wir uns immer wieder einen Grund weiterzumachen.

Hilfe durch Selbsthypnose

Auch mit Hilfe der Selbsthypnose kann man sich motivieren, indem man sich entsprechende Suggestionen gibt. Diese Suggestionen allerdings sollten stets positiv formuliert sein. Sagen Sie niemals zu sich: »Ich lasse mich nicht mehr entmutigen«, oder: »Ich schlucke alle Enttäuschungen hinunter.« Auch unscharf definierte Absichtserklärungen sollte man vermeiden, etwa: »Ich möchte mehr lernen«, oder: »Ich will mich in Zukunft stärker konzentrieren.«

Mit verneinenden Formulierungen verstärken Sie nur das Negative, und Ihre Absichtserklärungen bleiben blass und wirkungslos. Lösen Sie am besten sofort auch alle negativen Suggestionen auf, wie: »Wenn ich jünger wäre, dann würde ich ...«, oder: »Wenn ich mehr Geld hätte, dann könnte ich das und das tun.«

Hilfreich dagegen sind konkret gefasste aufbauende Suggestionen wie die folgende:

> »Ich entdecke mit Freude die Fähigkeiten, die in mir liegen. Ab sofort konzentriere ich mich immer auf das, was ich gerade tue, und jedes Geräusch vertieft meine Konzentration. Ich bereite mich auf alle Arbeiten und Prüfungen gründlich vor und bin stets ruhig und gelassen. An alles, was ich gelernt habe, kann ich mich jederzeit sofort erinnern; und ich gebe schnelle und richtige Antworten. Meine Aufmerksamkeit ist voll auf mein Ziel gerichtet, und meine Leistungen werden immer besser. Souverän meistere ich jede Situation und erreiche jedes gesteckte Ziel in der vorgesehenen Zeit.«*

Denken Sie immer an die Wirksamkeit der Aussage: »Wer, denkt, er kann, der kann!«

Nutzen Sie die Gelegenheit und schreiben Sie gleich einmal auf ein Blatt Papier, welche Motivationen Sie haben, das von Ihnen angestrebte Ziel zu erreichen.

---

* Zitiert aus *Die hohe Schule der Hypnose – Fremdhypnose, Selbsthypnose* von Kurt Tepperwein, Ariston Verlag, Genf.

Zusammenfassung

1. Jedes Lernergebnis ist in hohem Maße von der entsprechenden Motivation abhängig. Je stärker die Motivation, desto leichter fällt das Lernen, und desto positiver wird das Lernergebnis ausfallen.
2. Zu den starken Motivationen zählen insbesondere »Interesse an der Sache« und »Freude an der Arbeit«.
3. Bevor Sie sich wirksam motivieren, sollten Sie alle negativen Motivationen, wie zum Beispiel unbegründete Abneigung gegen etwas oder Angst vor Strafe und Konsequenzen, energisch bekämpfen und auszuschalten versuchen.
4. Die Aussicht auf Belohnung ist die vielleicht angenehmste Art der Motivation, denn sie wirkt in doppelter Weise: Nach getaner Arbeit kann man sich erstens zum Beispiel ein Fußballspiel oder einen Fernsehkrimi ansehen, und zweitens hat man das Gefühl, erfolgreich gewesen zu sein.
5. Kinder eignen sich komplizierte Zusammenhänge mit Hilfe motivierender Neugier und Identifikation an.
6. Auch Musik kann – planvoll eingesetzt – motivierend wirken, sofern sie nicht nur störende Geräuschkulisse ist.
7. Eine zuverlässige Art der Motivation ist ebenso das Eigenlob. Wenn sonst niemand Ihre Leistungen anerkennt, dann dürfen Sie sich hin und wieder ruhig selbst einmal loben. Übertreiben Sie aber dabei nicht.
8. Wandeln Sie ein großes Fernziel in mehrere kleine Nahziele um, damit Sie Schritt für Schritt an Sicherheit gewinnen und sich derart immer näher an Ihr großes Ziel heranarbeiten.
9. Nutzen Sie die Selbsthypnose zur Motivationssteigerung; aber achten Sie darauf, dass Sie nur positive Suggestionen anwenden.
10. Verschaffen Sie sich Klarheit darüber, warum Sie ein bestimmtes Ziel erreichen wollen und wie stark Ihre Motivation wirklich ist. Halten Sie Ihre eigenen Motive schriftlich fest, bevor Sie sich an die Arbeit machen. Fangen Sie jetzt damit an!

Kapitel 5
Konzentration

Was immer wir im Leben anstreben, wir erreichen es nur, wenn wir konzentriert auf unser Ziel hinarbeiten. Je konzentrierter wir dabei vorgehen, desto schneller und leichter gelangen wir ans Ziel. Immer mehr Menschen jedoch leiden unter Konzentrationsschwäche. Der Grund dafür könnte in der Überfülle an Informationen liegen und daran, dass uns keine Zeit mehr bleibt, diese Reizüberflutung zu verarbeiten. Vielleicht versuchen wir aber auch, auf zu vielen Hochzeiten gleichzeitig zu tanzen.

Konzentration erfordert Selbstbeschränkung

Wer seiner Arbeit konzentriert nachgehen will, darf sich nicht in blindem und wahllosem Aktivismus verzetteln. Konzentration erfordert die Beschränkung auf das Wesentliche. Wenn wir unsere Energie gezielt auf wenige Schwerpunkte richten, so kommt das unserer Konzentrationsfähigkeit insgesamt zugute.

Überprüfen Sie doch gleich einmal anhand der folgenden Zeilen Ihre Konzentrationsfähigkeit:

»Sie sind der Fahrer einer Straßenbahn mit fünfunddreißig Fahrgästen. An der ersten Haltestelle steigen sieben aus, an der Nächsten steigen elf Fahrgäste ein und sechs steigen aus. An zwei weiteren Haltestellen steigen je vier Gäste aus und zweimal fünf und einmal sechs steigen zu.«*

Wahrscheinlich haben Sie mitgerechnet, wie viele Fahrgäste

---

* Zitiert nach *Gedächtnis- und Konzentrationstraining* von Günther Beyer, Econ Verlag, Düsseldorf.

sich zum Schluss noch im Wagen befinden, aber die Frage lautet: Wie oft hat die Straßenbahn gehalten? Wissen Sie es? Und wissen Sie auch, wie der Fahrer der Straßenbahn heißt? Wenn nicht, dann lesen Sie die kleine Geschichte noch einmal aufmerksam durch. Da heißt es nämlich: »Sie sind der Fahrer der Straßenbahn ...«

Wie beseitigt man Konzentrationshindernisse?

Was aber kann man tun, um die eigene Konzentrationsfähigkeit zu stärken? Nun, zunächst einmal sollte man alle Konzentrationshindernisse beseitigen:

1. Wenn das Telefon klingelt:
   - ◇ Unwichtige Gespräche gar nicht erst aufkommen lassen.
   - ◇ Wichtiges sofort kurz und präzise erledigen.
2. Wenn jemand ungerufen das Zimmer betritt:
   - ◇ Nur kurze Informationen entgegennehmen.
   - ◇ Sonst mit dem Besucher einen Termin absprechen und ihn verabschieden.
3. Wenn Lärm stört:
   - ◇ Wenn möglich, Lärmquelle beseitigen oder Fenster schließen.
   - ◇ Lärm als Bestandteil des Lebens akzeptieren; sich kurz bewusst auf den Lärm konzentrieren, nicht »weghören«, und sich dann voll der Arbeit zuwenden.
   - ◇ Sich die Suggestion geben: »Jedes Geräusch vertieft nur meine Konzentration.«
4. Wenn man unter Zeitdruck steht:
   - ◇ Prioritäten setzen. Wichtiges zuerst erledigen.
   - ◇ Bewusst sorgfältig arbeiten, denn Hast führt zu Fehlern.
   - ◇ In Zukunft sich nicht mehr Arbeit vornehmen, als man wirklich schaffen kann. Ausreichend Pausen für Erholung und Unvorhergesehenes einplanen.

5. Bei störenden Gedanken:
   - ◇ Nicht angestrengt sich konzentrieren »wollen«. Störende Gedanken nicht aufgreifen, sondern ziehen lassen.
   - ◇ Möglichst viele Sinne mit der Aufgabe beschäftigen, das erschwert die Ablenkung.
   - ◇ Noch sorgfältiger arbeiten, das erhöht die Konzentration.
   - ◇ Regelmäßig Konzentrationsübungen machen.
6. Bei Überforderung:
   - ◇ Zunächst einmal eine Pause machen und sich erholen. Gedanken ordnen.
   - ◇ Arbeit neu einteilen.
   - ◇ In Zukunft mit der eigenen Kraft und Zeit ökonomischer umgehen.
   - ◇ Autogenes Training, Yoga oder Meditation betreiben und regelmäßig ausüben.
7. Wenn man zu viel auf einmal will:
   - ◇ Zuerst alles aufschreiben und so den Kopf freimachen.
   - ◇ Einen Zeitplan erstellen und eines nach dem anderen erledigen, das Wichtigste zuerst.
   - ◇ Jede Sache zu Ende führen.

Vermeiden Sie Störungen

Um sich richtig konzentrieren zu können, sollte man möglichst ungestört sein. Das gelingt natürlich am besten, wenn man allein in einem Raum und da vor Störungen sicher ist. In Räumen, in denen andere lebhaft miteinander diskutieren, kann sich allenfalls ein Yogi konzentrieren, jeder andere aber sollte sich dann entweder besser an der Diskussion beteiligen oder aber das Zimmer verlassen. Das heißt natürlich nicht, dass man sich beim Lernen wie ein Eremit zurückziehen sollte. Anwesende, die einen Raum mit Ihnen teilen, sollten jedoch möglichst ebenso ruhigen Beschäftigungen nachgehen wie Sie.

Sehr unangenehm ist es auch, wenn man sich zwar allein in seinem Zimmer aufhält, aber alle paar Minuten jemand hereinkommt. Drohen Ihnen Störungen solcher Art, dann schließen Sie Ihre Türe ab und hängen Sie zusätzlich ein großes Schild nach draußen: »Bitte nicht stören!«

Machen Sie es sich aber beim Lernen nicht zu bequem. Untersuchungen haben ergeben, dass leichte Muskelanspannung die Geistestätigkeit fördert. Wer sich also vollkommen entspannt, kann sich nicht gleichzeitig optimal konzentrieren. Auch wenn eine Couch oder ein noch so bequemer Lehnstuhl Sie einladen, bleiben Sie, wenn Sie eine optimale Konzentration Ihrerseits sicherstellen wollen, besser am Schreibtisch sitzen.

Konzentration auf Zeit

Niemand kann sich auf einen Lernstoff beliebig lange konzentrieren. Teilen Sie sich deshalb die Zeit in genau festgelegte Konzentrationsphasen ein. Am besten beginnen Sie mit zehn Minuten, wobei Sie sich mit Hilfe eines Weckers kontrollieren können. Arbeiten Sie während dieser zehn Minuten, ohne an die Zeit zu denken. Wenn Sie feststellen, dass Sie sich länger konzentrieren können, dehnen Sie die Phase beim nächsten Mal auf fünfzehn Minuten aus, um die Zeitspanne nach und nach bis auf dreißig Minuten zu steigern. Dann aber sollten Sie unbedingt eine Pause machen, auch wenn Sie sich noch frisch fühlen.

Sollten Ihnen bereits die ersten zehn Minuten zu lang erscheinen, dann beginnen Sie zunächst mit fünf Minuten und steigern Sie die Phasen von Mal zu Mal um je eine Minute. Worauf es jedoch vor allem ankommt: Konzentrieren Sie sich in dieser Zeit wirklich voll und ganz auf den Lernstoff ohne nach der Uhr zu schielen. Sie sollten die Dauer der Konzentrationsphasen völlig unbeachtet lassen, denn der Wecker erinnert Sie schon rechtzeitig.

So werden Sie allmählich erreichen, dass Sie sich zwanzig bis dreißig Minuten voll und ganz auf Ihr Lernprogramm konzentrieren können, auch wenn Sie es nicht als sonderlich spannend empfinden sollten.

Was tun bei Konzentrationsschwäche?

Sollten Sie feststellen, dass es Ihnen trotz gezielter Anstrengungen schwer fällt, sich zu konzentrieren, dann versuchen Sie bitte nicht, mit aller Energie gegen diese »Schwäche« anzugehen, sondern erarbeiten Sie sich durch systematische und ausdauernde Übung, beispielsweise nach der Methode der geplanten Zeiteinteilung, diese Fähigkeit auf gesichertem Wege. Sie werden von dem Erfolg Ihrer Bemühungen überrascht sein.

Ihre Konzentrationsfähigkeit kann jedoch auch überfordert werden, wenn zum Beispiel in der Schule oder in einer Vorlesung die Informationen schneller auf Sie einstürmen, als Sie sie verarbeiten können. Während Sie noch über das soeben Gehörte nachdenken, geht der Unterricht weiter, und Sie verlieren immer mehr den Faden. Wenn man in dieser Weise überfordert ist, geht so manche wichtige Information verloren. Mit einigem Geschick lassen sich jedoch daraus die wichtigen von den unwichtigen Informationen unterscheiden. Unwichtige verfolgt man in einem solchen Fall dann nur mit halbem Ohr, während man seine volle Aufmerksamkeit den wichtigen zuwendet. Wenn man die wichtigen von den unwichtigen Informationen zu unterscheiden gelernt hat, stellt man plötzlich überrascht fest, dass es so viele wichtige Informationen gar nicht gibt und dass es auch bei einer etwas langsameren Auffassungsgabe durchaus möglich ist, das Wesentliche mitzubekommen.

Da die meisten Unterrichtseinheiten in Schule und Universität mindestens fünfundvierzig Minuten dauern, unsere Konzentration aber nach maximal dreißig Minuten nachzulassen beginnt, müssen wir uns mit einem Trick behelfen. Dieses Tricks bedienen sich alle so genannten Konzentrationsgenies, und er besteht darin, das Geschehen nur mit halber Konzentration zu verfolgen und die volle Aufmerksamkeit nur dem zuzuwenden, was wirklich wichtig ist. Natürlich muss man auch diese Technik erst einmal lernen, beherrscht man sie jedoch, so kann man mühelos endlosen Gesprächen oder Vorträgen folgen, ohne etwas wirklich Wichtiges zu versäumen.

Darüber hinaus gibt es eine Reihe von einfachen, aber sehr wirkungsvollen Konzentrationsübungen. Hier eine kleine Auswahl:

1. Lesen Sie ganz langsam zwei Zeilen eines Buches Ihrer Wahl. Nehmen Sie sich beim Lesen für jede Silbe etwa zwei Sekunden Zeit. Sehen Sie während dieser zwei Sekunden nur diese jeweilige Silbe an und schweifen Sie mit dem Blick nicht ab. Das Bewusstsein wehrt sich zunächst gegen dieses ungewohnte Lesetempo, aber wenn man auf diese Weise zwei Zeilen gelesen hat, ist man innerlich ganz ruhig geworden und bereit und fähig, sich wirklich auf eine Sache zu konzentrieren.
2. Eine andere bewährte Konzentrationsübung besteht darin, sich ein bis zwei Minuten lang auf einen beliebigen Punkt an der Wand zu konzentrieren. Schauen Sie immer nur diesen Punkt an, und wenn Ihre Gedanken abschweifen, lenken Sie sie ganz bewusst immer wieder auf diesen einen Punkt zurück. Sagen Sie sich dabei in etwa das Folgende: »Ich sehe jetzt diesen Punkt; nichts anderes ist im Augenblick wichtig. Es gibt für mich jetzt nur noch diesen einen Punkt. Der Punkt und ich werden eins.«
   So erreichen Sie, dass die verschiedenen Gedanken, die unweigerlich an Ihrem geistigen Auge vorbeiziehen, sich zunächst auf einen Punkt reduzieren. Nun brauchen Sie nur noch die Augen zu schließen, und der Punkt ist verschwun-

den. Jetzt können Sie Ihre Gedanken auf den Gegenstand richten, der Ihre Aufmerksamkeit erfordert.

3. Wenn Sie ein wenig Geduld haben, kann ich Ihnen auch folgende sehr wirkungsvolle Übung empfehlen: Setzen Sie sich an einen Tisch, beide Hände zur Faust geballt, und legen Sie die Fäuste mit den Fingern nach oben auf die Tischplatte. Schauen Sie nun auf Ihren rechten Daumen, und strecken Sie diesen ganz langsam aus, so langsam, dass möglichst keine Bewegung zu erkennen ist. Betrachten Sie diesen Vorgang mit Ihrer ganzen Aufmerksamkeit, als sei er die wichtigste Sache auf der ganzen Welt. Lassen Sie sich für das Strecken des Daumens etwa dreißig Sekunden Zeit. Dann strecken Sie einen Finger nach dem anderen und beobachten das Strecken jedes einzelnen Fingers aufmerksam. Dieser Vorgang soll so langsam erfolgen, dass Sie zu keinem Zeitpunkt eine Bewegung erkennen. Wenn Sie auf diese Weise alle zehn Finger gestreckt haben, beginnen Sie damit, die Finger wieder einzeln einwärts zu krümmen, bis Sie die Hände wieder zu Fäusten geballt haben. Verfolgen Sie den Vorgang mit Ihrer ganzen Aufmerksamkeit. Wenn Sie diese Übung regelmäßig wiederholen, können Sie sich nach wenigen Wochen jederzeit leicht konzentrieren.

Wenn Sie nach einigem Training die vorstehend beschriebene Übung beherrschen, können Sie damit beginnen, den ganzen Vorgang nur noch in Ihrer Vorstellung ablaufen zu lassen. Bemühen Sie sich dabei um äußerste Konzentration. Sie können dann nicht mehr gedanklich abschweifen, weil jede Abschweifung zu einem »Filmriss« führen würde. Diese Übung sollten Sie regelmäßig mit geschlossenen Augen in Ruhe und ohne sich zu bewegen durchführen.

Meditation und Problemanalyse

Sind Sie in Ihrem Konzentrationstraining erst einmal so weit fortgeschritten, dann ist es nur noch ein kleiner Schritt zur nächsten Übung. Im Zuge dieser Übung meditieren Sie dreißig Minuten lang mit geschlossenen Augen über ein beliebiges Thema. Achten Sie darauf, dass Ihre Gedanken dabei möglichst ununterbrochen bei der Sache bleiben. Sollten Sie dennoch abschweifen, so lenken Sie die Gedanken sofort konsequent und ruhig auf den Gegenstand zurück. Sagen Sie sich dabei: »Jetzt nicht, jetzt konzentriere ich mich auf diesen Gegenstand.« Wiederholen Sie diesen Satz so lange, bis Ihre Konzentration von störenden Gedanken verschont bleibt.

Ich kann Ihnen noch eine andere Übung empfehlen, die neben der Konzentration auch die analytischen Fähigkeiten trainiert: Lesen Sie in Ihrer Lieblingszeitung oder -zeitschrift einen Artikel Ihrer Wahl, und achten Sie dabei besonders auf die vom Verfasser vertretenen Grundthesen. Noch während der Lektüre unterziehen Sie diese Grundthesen einer eingehenden Analyse und machen sich mit dem Inhalt so gründlich vertraut, als wollten Sie gleich anschließend mit dem Autor in eine qualifizierte Diskussion treten. Wenn Sie zu Ende gelesen haben, fassen Sie den Inhalt gedanklich noch einmal kurz zusammen; Sie können dabei ruhig laut sprechen. Gehen Sie in dieser Zusammenfassung auf alle wichtigen Gedanken des Textes ein.

Wenn Sie erst einmal einige Übung haben, genügt es auch, wenn Sie im Geiste mit dem Verfasser des Artikels direkt in ein geistiges Zwiegespräch eintreten, wichtig ist nur, dass Sie wirklich auf jeden einzelnen Punkt sorgfältig eingehen, weil Sie auf diese Weise langsam lernen, schon beim ersten Lesen eines Textes alle wichtigen Argumente aufzunehmen und auch zu behalten.

Meditation und Inspiration

Wenn Sie die beschriebenen Übungen eine Zeit lang regelmäßig praktizieren, werden Sie plötzlich feststellen, dass Ihnen während der Lektüre eines Textes oder im Gespräch spontan Argumente einfallen; denn diese Übungen verschaffen uns Zugang zu einem geistig-seelischen Bereich, aus dem wir oft blitzartig Inspirationen und Lösungen auch komplizierter Probleme erhalten können.

Sie können also auch ein bestimmtes Problem zum Gegenstand einer Meditation oder Analyse machen; dabei führen Sie sich die Teilaspekte des Problems sorgfältig vor Augen, um sich anschließend einige Minuten lang geistig zu versenken. Sie sollten jedoch während der Versenkungsphase das bearbeitete Problem ganz bewusst ablegen und wirklich loslassen. Nur dann wird sich der von Ihnen gewünschte Erfolg einstellen: Die Lösung Ihres Problems leuchtet plötzlich klar und deutlich vor Ihrem inneren Auge auf. Es kann aber auch passieren, dass sich Ihnen verschiedene Lösungsmöglichkeiten anbieten. In diesem Fall brauchen Sie nur noch mit Hilfe des Intellekts je nach Situation und Zielvorstellung die optimale Lösung auszuwählen.

Kommen Sie zu keinem befriedigenden Ergebnis, dann haben Sie sich wahrscheinlich nicht lange genug versenkt beziehungsweise Ihrem Unterbewusstsein nicht genügend Zeit gelassen, Ihr Problem zu bearbeiten. In diesem Fall empfiehlt es sich, die gesamte Übung vor dem Schlafengehen zu wiederholen und am nächsten Morgen noch einmal nachzufragen, ob nicht die Lösung inzwischen vorliegt. Es gibt kaum eine Schwierigkeit, mit der man auf diese Weise nicht fertig werden könnte.

Wie man Gedächtnis und Konzentrationsfähigkeit verbessern kann

Eine weitere für Anfänger wie Fortgeschrittene gleichermaßen geeignete Übung möchte ich Ihnen nicht vorenthalten. Stellen Sie eine schwarze und eine weiße Figur in beliebiger Anordnung auf ein Schachbrett. Nun schließen Sie die Augen und »sehen« vor Ihrem inneren Auge genau, auf welchen Feldern die beiden Figuren stehen. Dann erhöhen Sie allmählich die Zahl der Figuren, und zwar so lange, bis Sie sich in Gedanken das erste Mal irren.

Jetzt beginnen Sie erneut mit so vielen Figuren, wie Sie mit Ihrem inneren Blick problemlos erfassen können. Anschließend fügen Sie wiederum so lange neue Figuren hinzu, bis Ihnen der erste Irrtum unterläuft. Nach jeder neu hinzugefügten Figur sollten Sie vor Ihrem inneren Auge Position und Farbe aller auf dem Brett befindlichen Figuren bestimmen und das Ergebnis anschließend mit offenen Augen überprüfen.

Diese Übung unterstützt nicht nur Ihr Konzentrationsvermögen, sondern ebenso das Gedächtnis.

Wenn Sie noch ein Übriges tun wollen, um Ihre Konzentrations- und Lernfähigkeit zu steigern, dann sollten Sie regelmäßig reines Lezithin einnehmen. Amerikanische Forscher haben wissenschaftlich exakt nachgewiesen, dass der Lezithinbestandteil Cholin die Gehirnleistung innerhalb kurzer Zeit um fünfundzwanzig Prozent anhebt.

Lezithin ist in vielen Lebensmitteln enthalten, wie zum Beispiel Eigelb, Weizen oder Fisch. Im Körper wird der Wirkstoff Cholin schnell abgespalten. Die Wissenschaftler konnten in Hunderten von Versuchen nachweisen, dass dreißig bis siebzig Gramm Lezithin am Tag ausreichen, um dem Körper das für eine deutlich erhöhte Gehirnleistung notwendige Cholin zuzuführen.

Einige Konzentrationsübungen für unterwegs

Wenn die genannten Übungen für Sie im Einzelfall zu zeitaufwendig sein sollten, dann gibt es noch eine Reihe Zeit sparender Übungen, die Sie auch unterwegs praktizieren können:

1. Betrachten Sie die Auslagen eines Schaufensters. Während Sie weitergehen, rufen Sie sich dann alle Einzelheiten der Auslage wieder ins Gedächtnis. Rekonstruieren Sie den Anblick, der sich Ihnen geboten hat, noch einmal in allen Details vor Ihrem inneren Auge.
2. Wenn Sie beispielsweise im Auto unterwegs sind, können Sie eine Hausfassade eingehend betrachten und anschließend in Gedanken sämtliche Einzelheiten noch einmal durchgehen: Wie viele Stockwerke hatte das Haus? Wie viele Fenster? Welche Dachform? Wie sah die Eingangstür aus?
3. Schauen Sie einem Menschen, der Ihnen entgegenkommt, kurz ins Gesicht. Versuchen Sie sich dann an die Haarfarbe des oder der Fremden zu erinnern, an die Farbe der Augen, irgend etwas Auffallendes, die gesamte Erscheinung. Entsprechende Gedächtnisübungen lassen sich natürlich auch mit unbegrenzt vielen anderen Objekten anstellen.

Wenn Sie die gerade aufgezeigten Übungsmöglichkeiten wirklich wahrnehmen, werden Sie erstaunt sein, wie bald Sie schon in der Lage sein werden, sich jederzeit voll und ganz auf eine bestimmte Sache zu konzentrieren.

Zusammenfassung

1. Konzentration beruht auf einer strengen Auswahl der Interessen und auf der Beschränkung aufs Wesentliche.
2. Beseitigen Sie alle Konzentrationshindernisse, und lassen Sie störende Gedanken einfach vorüberziehen, ohne sie aufzugreifen.
3. Eine leichte Muskelanspannung fördert die Geistestätigkeit.

4. Niemand kann sich beliebig lange konzentrieren. Beginnen Sie daher mit einer zehnminütigen Konzentrationsphase und steigern Sie diese Phase allmählich auf eine Höchstdauer von zwanzig bis dreißig Minuten. Dann aber sollten Sie unbedingt eine kurze Pause einlegen.
5. Wenn Sie einem Vortrag oder einer Diskussion nicht folgen können, weil zu viele Informationen gleichzeitig auf Sie einstürmen, dann konzentrieren Sie sich nur auf das für Sie Wesentliche, während Sie Nebensächliches einfach »überhören«.
6. Wenn Sie zu unruhig sind, um sich voll zu konzentrieren, dann lesen Sie ganz langsam zwei Zeilen eines beliebigen Textes, wobei Sie sich für jede Silbe etwa zwei Sekunden Zeit nehmen sollten. Richten Sie dabei Ihre volle Aufmerksamkeit immer nur auf eine Silbe gleichzeitig. Das wird Sie innerhalb kurzer Zeit innerlich ruhig stimmen.
7. Anschließend können Sie Ihren Blick für ein oder zwei Minuten auf einen beliebigen Punkt an der Wand richten. Konzentrieren Sie sich dabei ausschließlich auf diesen Punkt und lassen Sie sich durch nichts ablenken, bis Sie nur noch diesen Punkt wahrnehmen. Dann ziehen Sie Ihre Aufmerksamkeit von jenem Punkt ab und richten sie auf die Aufgabe, die Sie sich gestellt haben.
8. Meditieren Sie dreißig Minuten lang über ein bestimmtes Thema, über dessen verschiedene Aspekte Sie schon vorher nachgedacht haben. Lassen Sie in der Meditationsphase die Gedanken, die Sie sich gemacht haben, auf sich wirken.
9. Führen Sie mit gewisser Regelmäßigkeit ein inneres Zwiegespräch mit einem Ihrer Meinung nach interessanten Gesprächspartner. Lassen Sie in diesem inneren Dialog Ihren »Partner« wirklich zu Wort kommen, und Sie werden feststellen, dass der »andere« durchaus nicht immer Ihrer Ansicht sein wird.
10. Nehmen Sie zur Unterstützung Ihrer Konzentrationsübungen täglich zwischen dreißig und siebzig Gramm reines Lezithin ein. Das darin enthaltene Cholin steigert die Gehirntätigkeit um etwa fünfundzwanzig Prozent.
11. Wenn Sie unterwegs sind, können Sie Ihre Konzentrationsfähigkeit trainieren, indem Sie beispielsweise die Auslagen in einem Schaufenster eingehend betrachten und sich anschließend sämtliche Gegenstände und ihre Anordnung genau ins Gedächtnis zurückrufen.

Kapitel 6
Das Gedächtnis

Wer viel lernt, weiß viel;
wer viel weiß, vergisst viel;
wer viel vergisst, weiß wenig;
wozu soll man da erst lernen?

Unser Gehirn ist ein wunderbares Organ. Am Anfang unseres Lebens beginnt es zu arbeiten und stellt seine Tätigkeit erst ein, wenn man beispielsweise aufsteht, um eine Rede zu halten!

Tatsächlich ist die beste Vorbereitung sinnlos, wenn das Gedächtnis im entscheidenden Augenblick versagt und es einem ergeht wie dem Redner, der ans Pult trat, sich mehrmals verlegen räusperte und dann sagte: »Meine sehr verehrten Damen und Herren. Als ich vor einer Stunde zu Hause noch einmal meinen Redetext durchging, da wussten nur der liebe Gott und ich, was ich jetzt sagen würde – jetzt weiß es nur noch der liebe Gott.«

In einer solchen Situation ist man natürlich, wie so mancher Redner es empfunden haben wird, dem Publikum auf Gedeih und Verderb ausgeliefert, und es bleibt nur die Hoffnung, dass die Zuhörer das Ganze mit Humor aufnehmen. Es gibt jedoch einige Möglichkeiten, dafür zu sorgen, dass man niemals in eine solch peinliche Situation geraten wird.

Die drei Begründer der Gedächtnisforschung

Unabhängig voneinander haben um die Jahrhundertwende drei Männer die experimentelle Gedächtnisforschung begründet:

◇ Hermann Ebbinghaus untersuchte in Deutschland, wie die Speicherung sprachlich vermittelter Inhalte vonstatten geht.

◇ Edward Lee Thorndike erforschte in Amerika die Mechanismen der Aneignung praktischer Verhaltensweisen. Seine bahnbrechenden Versuche mit Katzen sind in die Wissenschaftsgeschichte eingegangen.
◇ Iwan Pawlow arbeitete in Russland hauptsächlich auf dem Gebiet der bedingten Reflexe. Seine Versuche mit Hunden gehören zu den berühmtesten Experimenten der Wissenschaftsgeschichte.

Sinneswahrnehmung und Gedächtnis

Alles, was wir in unserem Gedächtnis speichern, müssen wir zunächst einmal wahrgenommen haben, und zwar mit den folgenden Sinnen:

1. *Gesichtssinn:* Unsere Augen nehmen nur einen kleinen Teil des gesamten Lichtspektrums wahr, und zwar den Wellenbereich zwischen 380 und 780 Nanometern (ein Nanometer ist ein Millionstel Millimeter).
2. *Gehörsinn:* Mit unseren Ohren nehmen wir Luftschwingungen in einem Frequenzbereich von maximal 16 000 Hertz wahr (ein Hertz entspricht einer Schwingung pro Sekunde). Wir hören also bis zu 16 000 Schwingungen pro Sekunde.
3. *Geruchssinn:* Mit der Nase nehmen wir chemische Substanzen wahr, die in der Luft verteilt sind; wir riechen sie.
4. *Geschmackssinn:* Mit Hilfe unserer Zunge unterscheiden wir in aller Regel essbare Substanzen je nach Aroma, Konsistenz und anderen Kriterien; wir schmecken sie.
5. *Gefühlssinn:* Unsere Haut registriert Druck-, Wärme- und Kältereize und setzt uns auf diese Weise über unsere äußere Situation in Kenntnis.

Streng genommen besitzen wir noch einige andere Sinne, wie zum Beispiel den Gleichgewichtssinn, worauf wir jedoch in diesem Zusammenhang nicht einzugehen brauchen.

Über die Nervenbahnen versorgen die Sinne das Gehirn mit einer Fülle von Informationen, von denen viele für uns unwichtig sind. Daher sollten wir uns davor hüten, unser Gedächtnis mit solchem Ballast zu beschweren.

Lernen Sie zu vergessen

An dieser Stelle möchte ich Ihnen einen Vorschlag machen, der zunächst ein wenig befremdlich klingt: Lernen Sie zu vergessen!

Ja, Sie haben richtig gelesen; zu einem guten Gedächtnis gehört die Fähigkeit zu vergessen. Alles, was Ihnen nicht jederzeit zur Verfügung stehen muss, sollten Sie sich notieren, um so Ihr Gedächtnis zu entlasten. Denn solange Sie etwas in den Händen halten, können Sie nicht manuell arbeiten, und solange Sie den Kopf voll haben, können Sie nichts Neues aufnehmen.

Trainieren Sie Ihre Aufmerksamkeit

Außerdem sollten Sie Ihre Aufmerksamkeit trainieren. Richten Sie Ihre Aufmerksamkeit voll auf das, was Sie sich einprägen möchten, und machen Sie sich von dem jeweiligen Lerninhalt eine bildliche Vorstellung. Dieser Vorgang erfordert nur einen Bruchteil einer Sekunde.

Wenn Sie wirklich Ihre gesamte Aufmerksamkeit auf den Gegenstand Ihres Interesses richten, so können Sie das, was Sie sich eingeprägt haben, nicht mehr vergessen. Denn grundsätzlich hat niemand ein schlechtes Gedächtnis; die meisten Menschen wissen nur nicht, wie man mit seinem Gedächtnis richtig umgeht. Die »Sprache« des Unterbewusstseins ist nämlich die bildhafte Vorstellung, und wenn Sie lernen, alle Eindrücke in Bilder umzusetzen oder mit bildlichen Vorstellungen zu assoziieren, dann werden Sie kaum noch etwas vergessen. Man kann diese Art zu lernen so weit verinnerlichen, dass sie zu einem Automatismus wird.

Im Übrigen sollten Sie immer darum bemüht sein, auch zu verstehen, was Sie sich geistig aneignen wollen. Je verständlicher etwas ist, desto leichter lässt es sich einprägen. Halb oder nicht richtig verstandene Zusammenhänge sollten Sie nochmals überdenken, und zwar so lange, bis Sie wirklich wissen, worum es geht.

Assoziations- und Transformationstechnik

Es gibt zwei grundlegende Techniken der Gedächtnisschulung: die Assoziations- und die Transformationstechnik.

Mit Hilfe der Assoziationstechnik kann man vor dem inneren Auge Bilder erzeugen, die bestimmten Sachverhalten oder Lerninhalten zugeordnet sind beziehungsweise sich bei Nennung bestimmter Begriffe spontan einstellen. Solange es sich um anschauliche Lerninhalte handelt, funktioniert diese Technik ohne Schwierigkeit. Probleme tauchen jedoch auf, wenn es um die Aneignung abstrakter Zusammenhänge geht.

In diesem Fall müssen die abstrakten Begriffe mittels der Transformationstechnik zunächst einmal mit bildhaften Vorstellungen verknüpft, das heißt, sie müssen umgeformt werden. Zur Veranschaulichung solcher Begriffe ist beispielsweise die Körpersprache geeignet.

Wege der Veranschaulichung

Zustände und Haltungen wie Mitleid, Angst, Toleranz, Ehrgeiz und ähnliche lassen sich vor dem inneren Auge leicht mit Körperhaltung oder Gesichtsausdruck in Verbindung bringen. Man stellt sich einfach Haltung und Ausdruck eines Menschen vor, der offensichtlich Angst hat oder zum Beispiel vom Ehrgeiz verzehrt wird. In der Verknüpfung mit solchen Bildern kann man sich auch abstrakte Begriffe leicht einprägen.

Wie aber kann man sich abstrakte Begriffe einprägen, die sich auf diese Weise nicht darstellen lassen? Ganz einfach: Nennen Sie einen beliebigen abstrakten Begriff und achten Sie darauf, welches Bild sich Ihr Unterbewusstsein von diesem Begriff macht. Das Unterbewusstsein formt sich von allem ein Bild, weil es alle Eindrücke in bildhafte Vorstellungen umwandelt.

So kann es sein, dass Ihr Unterbewusstsein Sie drängt, sich beispielsweise unter dem abstrakten Begriff »Vaterland« genau die Landschaft vorzustellen, in der Sie Ihre Kindheit verbracht haben. Es kann Ihnen aber auch genauso gut einen bestimmten Ausschnitt aus einer Landkarte nahe legen, den Sie im Geiste sehen. »Gewissen« assoziiert Ihr Unterbewusstsein vielleicht mit Vorstellungen von Himmel, Hölle oder Fegefeuer. Versuchen Sie also gar nicht erst, eine »gewollte« Assoziation herbeizuzwingen, sondern akzeptieren Sie gleich das erste von Ihrem Unterbewusstsein angebotene Bild.

Wie man sich Namen und Gesichter einprägt

Vielen Menschen fällt es schwer, sich Namen und Gesichter einzuprägen. Ein amerikanischer Freund hat mir einen Weg gezeigt, wie man dieses Problem ganz einfach löst. Dieser amerikanische Bekannte war ein persönlicher Freund des früheren US-Präsidenten John F. Kennedy gewesen. Von Kennedy heißt es, dass er sich mindestens zwanzigtausend Namen und Gesichter einprägen konnte und niemals einen Namen verwechselte. Als mein Freund den Präsidenten einmal nach seinem Geheimnis fragte, verriet dieser es ihm unter der Bedingung, mein Freund dürfe davon keinen öffentlichen Gebrauch machen. Erst nach Kennedys Tod fühlte sich mein Freund von

diesem Versprechen entbunden, und so verriet er mir, was ich an dieser Stelle an Sie weitergeben möchte.
Kennedy hatte es sich zur Gewohnheit gemacht, sich jede Person, die ihm vorgestellt wurde, wie auf einem Polizeiphoto vorzustellen. Auf einem solchen Photo hält der Fotografierte ein Namensschild in der Hand. Auf diese Weise gehen Bild und Name eine so enge Verbindung ein, dass beide in der Vorstellung untrennbar zusammengehören.

Stand nun eine Person, die sich der Präsident derart eingeprägt hatte, vor ihm, so tauchte in seiner Vorstellung sofort der Name auf. Meldete sich umgekehrt jemand mit Namen am Telefon, so assoziierte Kennedy damit augenblicklich das richtige Gesicht.

Ich habe es mir, seit ich nun diese Methode kenne, zur Gewohnheit gemacht, genauso vorzugehen, und ich bin sehr gut damit gefahren.

Zwei weitere Methoden des Gedächtnistrainings

Wenn Sie sich wichtige Dinge regelmäßig ein paar Minuten nach der Erstaufnahme noch einmal ins Gedächtnis rufen, so trägt das erheblich zu einer weiteren Stärkung des Gedächtnisses bei. Diese Wiederholung verstärkt die assoziative Verknüpfung zwischen Lerninhalt und Lernsituation und erhöht auf diese Weise die Fähigkeit des Gedächtnisses, den entsprechenden Inhalt bei Bedarf bereitzustellen.

Ganz allgemein gedächtnisstärkend wirkt es, wenn Sie regelmäßig zu beliebigen Zeitpunkten versuchen, sich genau an alles zu erinnern, was Sie während der vergangenen fünf Minuten eigentlich im Einzelnen getan haben. Halten Sie sich dabei alle Einzelheiten vor Augen und üben Sie so lange, bis Ihnen dieses Programm keine Schwierigkeiten mehr bereitet. Dann steigern Sie den Schwierigkeitsgrad und fragen sich: »Was habe ich in der letzten Stunde gemacht? Wie fing heute der Tag an? Was war gestern? Was habe ich vergangene Woche getan?« Nach einiger Übung werden Sie überrascht feststellen, wie deutlich Sie sich an alle Details erinnern können, ohne sich überhaupt bewusst irgendwelche Einzelheiten eingeprägt zu haben.

Erinnern durch »Rückversetzung«

Wenn wir etwas scheinbar ganz vergessen haben, so bedeutet das keineswegs, dass es uns wirklich völlig und für alle Zeit entfallen ist. Im Hypnosezustand ist es möglich, einen Menschen um beispielsweise zwanzig Jahre »zurückzuversetzen«. Der Hypnotisierte kann sich an längst vergessen geglaubte Einzelheiten erinnern und sogar an Tatsachen und Vorgänge, die ihm zum damaligen Zeitpunkt gar nicht bewusst geworden sind. So habe ich einmal einen Hypnotisierten gefragt, wie viele Schritte die Toilette von seinem damaligen Platz in der Klasse entfernt gewesen sei, und er gab mir darauf eine präzise Antwort. Dabei hatte er während seiner Schulzeit die Anzahl der Schritte niemals bewusst registriert.

Offensichtlich werden unsere Erinnerungen chemisch aufgezeichnet, uns fehlt jedoch häufig der Code, um diese Aufzeichnungen abzurufen. Schließlich können wir uns in einer Prüfung nicht in der Zeit »zurückversetzen« lassen, um so dem Lernstoff »näher« zu sein. Folglich müssen wir uns darum bemühen, Fakten und Zusammenhänge, auf deren Kenntnis wir auch in Zukunft angewiesen sein werden, so zu speichern, dass sie uns bei Bedarf augenblicklich zur Verfügung stehen. Nur wenn wir darin erfolgreich sind, werden wir unseren beruflichen und privaten Anforderungen gewachsen sein. Es besteht jedoch kein Grund zur Beunruhigung, da jeder Mensch über ein vollkommenes Gedächtnis verfügt, in dem alle von den

Sinnesorganen registrierten Eindrücke gespeichert sind. Es gilt nur, den richtigen Zugang zu diesen Daten zu gewinnen.

Wenn wir etwas vergessen haben, so befinden wir uns gleichsam in der Situation eines unordentlichen Menschen, der etwas sucht, von dem er genau weiß, dass es irgendwo in der Nähe sein muss; ihm fällt jedoch nicht mehr ein, wohin genau er das gesuchte Objekt gelegt hat. Oftmals liegt uns ein Wort buchstäblich »auf der Zunge«, und dennoch verlieren wir es wieder, bevor wir es mit unserem Bewusstsein zu fassen bekommen. Wir sollten deshalb danach streben, indem komplizierten System unseres Gedächtnisses Ordnung zu halten.

Ultrakurzzeit-, Kurzzeit- und Langzeitgedächtnis

Unser Gedächtnis ist nämlich nicht der einfache Speicherraum, als den wir es uns vorstellen, sondern es funktioniert auf drei Ebenen zugleich:

1. *Das Ultrakurzzeitgedächtnis:*
   Es wandelt die Sinneseindrücke in ein dem elektromagnetischen Feld vergleichbares Energiefeld um und hält sie zwischen dreißig Sekunden und – maximal – fünf Minuten fest. Findet ein Eindruck keine Assoziationsbahn, welcher er sich angliedern könnte, so löst sich das Energiefeld auf, und der Eindruck erlischt ungespeichert. Dieser Fall kann eintreten aus mangelndem Interesse, wegen fehlender Assoziationsmöglichkeiten oder aufgrund von Informationen, die stärker sind und den schwächeren Eindruck überlagern. Dann bleibt einfach keine Zeit, die schwächeren Informationen zu speichern, und das sie enthaltende elektromagnetische Feld löst sich auf.

   Alle Informationen werden einer Überprüfung auf ihren emotionalen Gehalt hin unterzogen, bevor sie an das Großhirn weitergeleitet werden. Wird die Information als unangenehm eingestuft, so kann sie aufgehalten und nicht weitergeleitet werden. Sie tritt dann nicht in unser Bewusstsein ein. Gleichermaßen kann eine Information bei dieser Überprüfung als bedrohlich eingestuft werden, und schon bevor sie das Großhirn erreicht, kommt es zu einer emotionalen Reaktion. Das ist zum Beispiel der Fall, wenn wir »unüberlegt« reagieren. Wir handeln dann spontan, ohne vorher über die Folgen unseres Handelns nachzudenken. Schon bei der Informationsaufnahme treten also bestimmte Mechanismen in Aktion, die darüber entscheiden, ob und wie eine Information unser Kurzzeitgedächtnis erreicht.

2. *Das Kurzzeitgedächtnis:*
   Es speichert alle Informationen, die für das Verständnis eines Sinnzusammenhangs notwendig sind. Das setzt natürlich voraus, dass diese Informationen die richtigen Assoziationsbahnen erreicht haben und verstanden worden sind. Unser Kurzzeitgedächtnis ermöglicht uns beispielsweise das Lesen, weil es aus dem zeitlichen Nacheinander der Aufnahme von Schriftsymbolen ein gedanklich-logisches Nebeneinander macht. Einzelne Buchstaben, Silben und Wörter ergeben für sich genommen ja noch keinen Sinn. Ohne diese Funktion wäre es unmöglich, auch nur das einfachste Gespräch zu führen, weil wir nur unzusammenhängende Silben und Wörter verstehen würden.

Allerdings verfügt auch das Kurzzeitgedächtnis nur über eine relativ geringe Speicherkapazität und ist bestenfalls geeignet, zum Beispiel eine siebenstellige Zahl festzuhalten. Daher kann man sich eine siebenstellige Telefonnummer für die Dauer eines Ganges von einem Zimmer ins nächste gerade noch merken. Handelt es sich dagegen um eine achtstellige Zahl, so muss man sie sich schon notieren, es sei denn, man wendet bewusst oder unbewusst eine bestimmte Merktechnik an. Man kann längere Zahlen beispielsweise in Zweiergruppen zerlegen, wobei man dann im Fall einer Achtergruppe nur noch vier Informationen zu behalten braucht.

Das Kurzzeitgedächtnis ist im Übrigen sehr störungsanfällig, und neue Eindrücke überlagern sehr schnell »ältere« Informationen. Einen guten Schutz gegen derartige Überlagerungen stellt die sofortige Wiederholung der erhaltenen Information dar.

3. *Das Langzeitgedächtnis:*
Es speichert all die Informationen, die sämtliche vorgeschalteten Instanzen erfolgreich passiert haben. Es hat zwar eine unbegrenzte Aufnahmefähigkeit, jedoch ist die Zahl der Informationen, die zu einem gegebenen Zeitpunkt gleichzeitig gespeichert werden können, nicht sehr groß. Dafür geht jedoch nichts, was einmal im Langzeitgedächtnis Aufnahme gefunden hat, jemals wieder verloren. Die Fähigkeit, solche Informationen wieder abzurufen, ist jedoch individuell höchst unterschiedlich ausgeprägt. Man kann sie jedoch trainieren.

Wenn Sie sich etwas wirklich einprägen wollen, so müssen Sie es über die ersten zehn Minuten hinüberretten, damit es vom Langzeitgedächtnis gespeichert wird. Diese Speicherung vollzieht sich mit Hilfe eines chemischen Codes, das heißt wahrscheinlich mittels der Veränderung bestimmter Molekularstrukturen. Wir wissen sogar, dass es sich bei dem Informationsträger um Desoxyribonuklein- oder Ribonukleinsäure handelt, deren molekulare Struktur derjenigen der Chromosomen entspricht, in denen ja bekanntlich unsere Erbinformationen gespeichert sind. Diese Moleküle hat man sich als sehr lange Ketten vorzustellen, deren Glieder jeweils ein freies Ende haben, woran sozusagen weitere Informationen »angehängt« werden können. Die Reihenfolge, in der das geschieht, entscheidet über die Struktur der Information.

So funktioniert, in groben Zügen umrissen, unser Langzeitgedächtnis. Eine Information erreicht das Langzeitgedächtnis nur, wenn sie zuvor ungestört die Ebenen des Ultrakurzzeit- und des Kurzzeitgedächtnisses passiert hat; denn Störungen auf den anderen Ebenen verhindern, dass die Information überhaupt ankommt. Mit solchen »Lernhemmungen« werden wir uns an anderer Stelle noch ausführlich beschäftigen.

Die vier Arten des Vergessens

Was geschieht nun eigentlich, wenn wir etwas vergessen? Zunächst sei einmal festgestellt, dass es vier Arten des Vergessens gibt:

1. Wir können vergessen, uns bestimmte Informationen überhaupt einzuprägen.
2. Wir können unbequeme Informationen bewusst oder unbewusst verdrängen.
3. Uns können aus einem Informationszusammenhang Einzelheiten entfallen.
4. Wir können unfähig sein, im Langzeitgedächtnis gespeicherte Informationen abzurufen.

Nur nützliche Informationen sind leicht zu behalten

Entscheidend dafür, ob wir eine Information behalten oder vergessen, sind ihr Sinn und der Nutzeffekt, den wir von ihr erwarten. Wenn wir wissen, wofür wir lernen, fällt es uns wesentlich leichter, uns einen bestimmten Stoff einzuprägen. Zumindest sollten wir uns einen Nutzen vorstellen können; denn die persönliche Beziehung zu einer Information lädt diese zusätzlich emotional auf, wodurch sie wesentlich leichter die Barrieren des Ultrakurzzeit- und Kurzzeitgedächtnisses überwindet und sicherer im Langzeitgedächtnis haften bleibt.

Wenn der Lernstoff jedoch keines unserer Bedürfnisse befriedigt, also für uns keinen unmittelbaren Wert erkennen lässt, so wirkt sich das lernhemmend aus, und die entsprechenden Informationen erreichen erst gar nicht das Langzeitgedächtnis.

Reduzieren Sie die Anzahl der Informationen durch Bildung von Zweiergruppen

Eine der besagten Klippen, nämlich die geringe Speicherkapazität Ihres Kurzzeitgedächtnisses, können Sie umgehen, indem Sie jeweils zwei Informationen zu einer Gruppe zusammenfassen. Sie verbinden dabei eine unbekannte Information mit einer bekannten, bereits haftenden, wodurch sich die neue Information umso leichter wieder abrufen lässt. Diese Zweiergruppen sind eine große Hilfe und erleichtern es uns, das Potential unseres Gedächtnisses besser auszuschöpfen.

Besteht jedoch keine Möglichkeit, Neues mit Altem zu assoziieren, dann sollten Sie Neues mit Neuem verbinden.

Das hat zwei Vorteile. Erstens erreichen Sie dadurch eine bessere Ausnutzung Ihres Kurzzeitgedächtnisses, das ja bekanntlich nur sieben Informationseinheiten zur gleichen Zeit speichern kann, und zweitens erhöht sich Ihre Chance, sich an das neu Gelernte zu erinnern, da eine der beiden neuen Informationen gewöhnlich leichter abzurufen ist und automatisch ihren »Partner« mitbringt.

Nehmen wir einmal die folgenden Begriffe:

Freiheit	–	Banane
Regen	–	Dauerlutscher
Taschentuch	–	Reederei
Werkstatt	–	Abschied
Buddha	–	Fahrplan

Diese Begriffspaare weisen zunächst jeweils keinerlei inneren Zusammenhang auf, und daher ist es schwierig, sie sich einzuprägen. Wenn wir aber jedes dieser Begriffspaare in einem bildhaften Zusammenhang miteinander verknüpfen, dann ist es wesentlich einfacher, die einzelnen Paare in Erinnerung zu behalten:

Freiheit und *Banane* können wir zu dem Vorstellungsbild zusammenfassen: Die Freiheitsstatue in New York isst eine Banane.

Regen und *Dauerlutscher* lassen sich in dem Vorstellungsbild verbinden: Ein kleiner Junge mit einem Dauerlutscher in der Hand steht im Regen.

Taschentuch und *Reederei* ergeben das Vorstellungsbild: Eine Frau steht am Fenster und winkt mit einem Taschentuch, auf dem in großen Buchstaben »Reederei« steht.

Werkstatt und *Abschied* fügen wir in der Weise zusammen, dass sich ein Liebespaar vor einer Werkstatt voneinander verabschiedet.

Buddha und *Fahrplan* ergeben das Bild: Eine Buddhastatue studiert am Bahnhof einen Fahrplan.

Je ungewöhnlicher eine solche assoziative Verknüpfung, desto unauslöschlicher haftet sie in unserem Langzeitgedächtnis und desto leichter lässt sie sich abrufen. Außerdem können Sie auf diese Weise zehn Begriffe zu fünf Gedächtniseinheiten zusammenfassen, die in der Bildersprache des Unterbewusstseins gespeichert, jederzeit leicht abrufbar sind.

Auch Zahlen sollte man sich in Zweiergruppen einprägen. Wenn Sie sich eine zehnstellige Telefonnummer merken möchten, so gerät Ihr Kurzzeitgedächtnis in Schwierigkeiten. Zerlegen Sie diese Zahl jedoch in fünf Doppelgruppen, so lässt sie sich wesentlich leichter behalten. Aus 7354829637 wird dann 73–54–82–96–37. Diese Kombination können Sie sich wesentlich leichter einprägen.

Die Bedeutung des Zeitfaktors für die Verknüpfung von Assoziationsgliedern

Umfangreiche Untersuchungen haben ergeben, dass unsere Gedächtnisleistung von verschiedenen Faktoren abhängig ist, über die wir in den vorhergehenden Abschnitten bereits gesprochen haben. Neben dem Nutzwert und der sinnvollen Strukturierung und Aufteilung des Lernmaterials gibt es aber noch einen weiteren Faktor, der entscheidend zu unserem Lernerfolg beiträgt, und das ist die Zeitrelation zwischen Frage und Antwort, Signal und Handlung, Information und Erklärung. Der Zeitabstand zwischen der jeweiligen »Einblendung« dieser beiden Glieder des Lernvorgangs sollte möglichst eine halbe Sekunde nicht überschreiten. Denn nur unter dieser Voraussetzung kommt nämlich eine optimale Verknüpfung der beiden Assoziationsglieder zustande. Zahlreiche mit Menschen und Tieren angestellte Versuche stützen heute diese Auffassung.

Erinnern wir uns beispielsweise an das geradezu klassische Experiment Iwan Pawlow, der einen Hund mit Hilfe einer Versuchsanordnung, in welcher dem Tier in unmittelbarem Anschluss an das Ertönen eines akustischen Signals Futter angeboten wurde, dahingehend konditionierte, dass das Tier schließlich schon automatisch Speichel absonderte, sobald das Signal ertönte.

Halten wir fest: Assoziationsglieder, die nicht innerhalb von einer halben Sekunde miteinander verknüpft werden, bleiben oberflächlich oder gar nicht im Gedächtnis haften.

Dynamisches Lernen

Wenn wir den Unterricht in unseren Schulen mit der soeben dargelegten lernpsychologischen Selbstverständlichkeit konfrontieren, dann stellen wir fest, dass gerade dort, wo sie am dringendsten gebraucht würden, die entsprechenden Lehr- und Lernmethoden noch keinen Eingang gefunden haben.

In der Schule entsteht normalerweise zwischen Frage und Antwort eine längere Pause, die anscheinend dazu dienen soll, dem Schüler Gelegenheit zum Nachdenken zu geben. Aber genau das ist falsch und behindert oder verhindert sogar eine gesicherte Informationsspeicherung. Je größer die Zeitspanne zwischen der jeweiligen Speicherung der beiden Assoziationsglieder, desto unzureichender die assoziative Verknüpfung. Bei einem allzu großen zeitlichen Abstand kommt nämlich überhaupt keine assoziative Verbindung mehr zustande.

Genauso verhält es sich mit schriftlich dargebotenen Informationen. Der Lehrer schreibt beispielsweise fremdsprachige Wörter oder Sätze an die Wandtafel, um anschließend die Bedeutung oder allgemeine Erklärungen hinzuzufügen. Zwar stehen in diesem Fall beide Assoziationsglieder gleichzeitig den Schülern vor Augen, aber die Dynamik, die Vitalität ist aus ihnen entwichen und damit alles, was eigentlich erst Lernen ermöglicht.

Des Weiteren ist klar erwiesen, dass Mensch und Tier nur lernen, wenn ihnen der Stoff quasi in Form von Bewegungsabläufen dargeboten wird. Der Grund dafür ist, dass jede Veränderung von Körperhaltungen sich als Ereignis im Bewusstsein niederschlägt. Deshalb ist auch der »Totstellreflex« so wirkungsvoll, weil dabei jede Bewegung unterdrückt wird, so dass es für das Gegenüber in gewisser Hinsicht gar nichts wahrzunehmen gibt und somit auch kein Anreiz für eine – wie immer geartete – Reaktion entsteht.

Nun gibt es zwei Möglichkeiten, die im Sinne der gerade gegebenen Definition »tote« Informationsvermittlung neuerlich zu dynamisieren.

1. Man erzeugt die mangelnde Dynamik in der eigenen Fantasie. Das heißt, man verknüpft die beiden Teile eines Lernvorgangs, also zum Beispiel Frage und Antwort, in der Vorstellung innerhalb von einer halben Sekunde unauflöslich miteinander. Das Unterbewusstsein kann ja bekanntlich zwischen Realität und Vorstellung nicht unterscheiden, folglich ist es egal, ob die Verknüpfung eine reale oder eine nur vorgestellte ist.
   Auf diese Weise kann man toten Lernstoff sozusagen wieder beleben und sich unter günstigen Voraussetzungen einprägen. Wir können uns sogar bildlich die Lehrer-Schüler-Situation vorstellen, wobei wir der Schüler sind, der, wie aus der Pistole geschossen, die richtige Antwort gibt. Schließlich stellen wir uns noch vor, wie wir vom Lehrer für die richtige Antwort gelobt werden. Auch diese Vorstellung nimmt das Unterbewusstsein für Wirklichkeit, wodurch unsere Motivation und die Freude am Lernen zunehmen. Wir lernen somit auf der Basis eines »imaginären Erfolgserlebnisses«.
2. Wir sprechen die beiden Glieder des Assoziationszusammenhangs mehrmals laut oder in Gedanken in schneller Folge vor uns hin. Auch auf diesem Wege lässt sich die mangelnde Dynamik revitalisieren, und beide Glieder werden dauerhaft miteinander verknüpft. Man kann auch beide Methoden kombinieren und sich lediglich vorstellen, wie man zum Beispiel eine neue Vokabel und ihre deutsche Bedeutung mehrfach laut wiederholt.

Natürlich muss man es üben, mit Hilfe der Vorstellungskraft zu lernen. Aber eigentlich haben wir ja fast alles, was uns heute selbstverständlich ist, einmal üben müssen. Die Fähigkeit, die Vorstellungskraft in dieser Weise zu Hilfe zu nehmen, muss sich so weit verselbstständigen, dass wir uns dieser Technik schließlich automatisch bedienen. Versuchen Sie einfach, sich alles, was Sie lernen wollen, möglichst plastisch vorzustellen, und zwar so lange, bis Ihre Fantasie Ihnen automatisch das entsprechende Bildermaterial bereitstellt. Wenn Sie so vorgehen, werden Sie allgemein als besonders lernbegabt gelten.

Kinesik als Lernhilfe

M. D. BERLITZ, der Begründer der gleichnamigen Schulen, wusste um die Bedeutung der Anschaulichkeit für das Lernen und entwickelte auf dieser Basis seine Methode der Sprachvermittlung. Danach wird dem Schüler keine Übersetzung fremdsprachlicher Wörter und Texte in die eigene Sprache abverlangt, sondern der Lehrer spricht von Anfang an ausschließlich in der Sprache, die der Schüler erlernen möchte. Der Lehrer begleitet seine sprachlichen Ausführungen jedoch unmittelbar mit einschlägiger Gestik und praktischen Beispielen. Auf diese Weise kommt es zu einer sehr engen Verknüpfung von sprachlichen Lauten und Symbolen mit ihrer praktischen Bedeutung, und der Unterricht ist voll Dynamik und von einer Vielzahl nützlicher Lernreize durchsetzt.

Die Kinesik (nichtverbale Kommunikation, also insbesondere Körpersprache) ist nun das Medium, das der Vermittlung beispielsweise von in abstrakte Begriffe gekleideten Empfindungen wie Angst, Wut und Mitleid dienstbar gemacht wird. Die Körpersprache lässt sich in drei Aspekte unterteilen: Mimik, Gestik und Verhalten. Mit Hilfe dieses Spektrums von Ausdrucksmöglichkeiten kann man praktisch alle Begriffe und elementaren Lebensvorgänge anschaulich machen.

Wenn Sie einmal Schwierigkeiten haben sollten, einen Begriff mit einer Vorstellung in Verbindung zu bringen, dann befragen Sie einfach Ihr Unterbewusstsein. Das Unterbewusstsein hat nämlich für jeden Ihnen bekannten Begriff ein Bild, da es sich notwendig von allem, womit es konfrontiert wird, ein Bild machen muss. Wenn Sie also nach einem Vorstellungsbild zu einem Begriff suchen, dann sprechen Sie das entsprechende Wort mehrmals laut, leise oder in Gedanken aus und warten Sie, bis Ihnen Ihr Unterbewusstsein die bildliche Umsetzung des Begriffes zeigt.

Zwei schwierige Unterrichtssituationen

Es gibt zwei Unterrichtssituationen, die das Lernen erschweren. Wir sollten uns daher bemühen, aus diesen zunächst unbefriedigenden Situationen das Beste zu machen:

1. Werden im Unterricht pro Zeiteinheit zu wenige Informationen geboten, dann langweilt man sich und schaltet nach einiger Zeit ganz ab, so dass selbst die spärlich fließenden Informationen verloren gehen. In einem solchen Fall gibt es nur eine Möglichkeit: Wir beschäftigen uns ausgiebig mit jeder einzelnen der wenigen Informationen, die uns erreichen. Dabei stellen wir uns vor, was wir damit anfangen und wie wir das Gelernte optimal für unsere Zwecke einsetzen können. Gleichzeitig verfolgen wir mit »halbem Ohr« den fortlaufenden Unterricht, wie schon dargelegt wurde.
2. Werden dagegen pro Zeiteinheit zu viele Informationen geboten, so führt das zu einer Überforderung des Lernenden. In diesem Fall können wir nur mehr einen Teil des Gehörten verarbeiten und geraten in Gefahr, entmutigt zu werden, zu resignieren und schließlich ganz abzuschalten. Das muss jedoch nicht sein. Es genügt, einen strengeren Maßstab an die Informationen anzulegen und selektiv vorzugehen. Man prägt sich dann nur noch das Wichtigste ein und lässt, während man mit dem besagten »halben Ohr« dabei ist, die weniger wichtigen Informationen einfach an sich vorbeiziehen.

Wenn Sie sich der beiden hier beschriebenen Techniken bedienen, werden Sie in Zukunft ohne Schwierigkeiten mit Unterforderung wie mit Überforderung fertig werden und das Beste aus jeder Situation machen.

Strukturieren Sie Ihren Lernstoff

Wir müssen uns stets vor Augen halten, dass der persönliche Nutzwert einer Information wesentlich darüber bestimmt, ob sie im Langzeitgedächtnis haften bleibt oder nicht. Man kann davon ausgehen, dass es normalerweise weder »Gedächtnisstärke« noch »Gedächtnisschwäche« gibt, sondern nur Menschen, die mit ihrem Gedächtnis besser oder schlechter umgehen können. Unter diesem Gesichtspunkt sollten wir uns mit einer weiteren wichtigen Technik vertraut machen, und zwar mit der optimalen Strukturierung des Lernstoffes.

Wenn Sie beispielsweise eine Sprache erlernen wollen, so sollten Sie in Ihrem Übungsbuch niemals zwei Lektionen unmittelbar nacheinander durcharbeiten. Es ist besser, zwischen zwei Unterrichtseinheiten sich mit etwas ganz anderem zu beschäftigen oder wenigstens gedanklich kurz abzuschalten, als übergangslos von einer Einheit zur nächsten überzugehen.

Und gleich noch ein Lerntipp: Versuchen Sie nicht, mechanisch auswendig zu lernen, sondern finden Sie einen Weg, sich den Stoff, während Sie sich mit ihm beschäftigen, direkt zu erarbeiten. Achten Sie auf Gesetzmäßigkeiten oder auf Ähnlichkeiten mit bereits Gelerntem, um auf diese Weise starke assoziative Verknüpfungen herzustellen. Versuchen Sie, die Struktur Ihres Lerngegenstandes zu durchdringen; und falls Sie keine deutliche Struktur vorfinden sollten, so entwickeln Sie eine, die es Ihnen erleichtert, eine konkrete Beziehung zu Ihrem Stoff zu gewinnen. Derart lässt sich auch ein spröder oder wenig interessanter Lernstoff dem Gedächtnis einprägen.

Schon 1927 bewies HERBERT WOODROW die Überlegenheit des strukturierenden Lernens. Er bildete zwei Gruppen von

Schülern, die beide sinnlos aneinander gereihte Silben lernen mussten. Die erste Gruppe lernte wie gewohnt auswendig, wogegen die zweite Gruppe Anregungen erhielt, wie man diesen Stoff rhythmisch gliedern und ihm eine eigene Struktur geben könne. In den anschließenden Tests zeigte sich, dass die zweite Gruppe bedeutend besser und schneller lernte als die erste, weil sie sich auch weiterhin dieser vorteilhaften Technik des Strukturierens bediente.

Erinnern leicht gemacht

Vor einigen Jahren hörte ich zufällig von einem Gedächtniskünstler, der in der Lage sei, vor Publikum sechzig Begriffe, die ihm nur einmal genannt wurden und die für ihn unsichtbar auf einer Wandtafel hinter seinem Rücken geschrieben standen, fehlerlos in beliebiger Reihenfolge vorwärts und rückwärts zu wiederholen. Ich war sehr beeindruckt. Es gelang mir, seine Anschrift zu erhalten. Er erklärte mir, diese Fertigkeit bedürfe keiner besonderen Begabung, sondern jeder könne sie sich innerhalb von nur etwa einer Woche aneignen.

Wenn man sich beispielsweise sechzig Begriffe oder Namen einprägen wolle, brauche man dazu sechzig Bilder. Jeden Begriff verbindet man sodann auf anschauliche Weise mit einem der Bilder. Das erste Bild, das sich der besagte Mann vorstellte, war eine Teetasse. Wenn er sich nun das Wort Banane einprägen wollte, so musste er sich das Bild der Teetasse mit einer Banane darin vorstellen. Es genügt schon, sich ein solches Bild für eine Sekunde vor Augen zu rufen, um es nicht mehr zu vergessen.

Ein Nachteil dieser Methode ist, dass man sich zunächst die sechzig Bilder und ihre Reihenfolge merken muss. Um dieser Schwierigkeit abzuhelfen, habe ich eine Methode entwickelt, wie man von vornherein nur solche Bilder nimmt, die auf eine bestimmte Weise schon Zahlwörter in sich enthalten, wodurch die Frage nach der Reihenfolge sich erübrigt. Hier die von mir entwickelte Reihenfolge:

1. Ein EINSames Haus
2. ZWEIsamkeit (Liebespaar auf Parkbank)
3. DREImastsegler
4. Ein KlaVIER
5. Die FÜNF Finger einer Hand
6. Ein SECHStett (Gesangsgruppe)
7. Ein SIEBENschläfer (Murmeltier)
8. Eine ACHTerbahn
9. Kegelklub – alle NEUNe
10. Die ZEHN kleinen Negerlein
11. ELF Elfen
12. ZWÖLF Jünger
13. Schlüsselanhänger mit der DREIZEHN
14. Ein Glas Bier – VIERZEHNtel Liter
15. Ein Fuß – FÜNF ZEHEN
16. Staatsanwalt – Mädchen bis SECHZEHN
17. Mädchen – mit SIEBZEHN hat man noch Träume
18. Mann – mit ACHTZEHN ist man volljährig
19. Gebiss– neue Zähne = NEUNZEHN
20. Greis – man müsste noch mal ZWANZIG sein

Diese Methode entbindet von der Notwendigkeit, sich die Reihenfolge der Bilder einzuprägen, weil ihre Reihenfolge evident ist.

Kommt es einmal vor, dass ich mir an einem bestimmten Tag mehr als zwanzig Namen, Termine oder Sachverhalte merken muss, dann beginne ich bei einundzwanzig von vorne, das heißt, ich stelle mir zwei einsame Häuser vor, beim zweiundzwanzigsten »Gedächtniseintrag« zwei Liebespaare und so fort. Auf diese Weise kann man leicht hundert »Eintragungen« speichern: zwischen einundzwanzig und vierzig verdoppelt man einfach die auf den jeweiligen Bildern dargestellten Gegenstände; von einundvierzig bis sechzig verdreifacht man die Gegenstände und rahmt sie mit einem Dreieck ein; von einundsechzig bis achtzig nimmt man jedes Bild mal vier und fasst es in ein Viereck; nach demselben Prinzip verfährt man auch zwischen einundachtzig und hundert, das heißt, man verfünffacht einfach alles.

Die dreiundzwanzigste »Eintragung« merkt man sich also beispielsweise mit Hilfe von zwei nebeneinander angeordneten Dreimastseglern; für »Eintragung« siebenundvierzig stehen drei Siebenschläfer in einem Dreieck; für Nummer siebenundsiebzig vier Mädchen in einem Viereck und so fort.

Vor kurzem hatte ein Teilnehmer an einem meiner Seminare eine Idee, wie man diese Methode noch weiter vereinfachen kann. Er schlug vor, man solle nur in Zwanziger-Schritten arbeiten und bei jedem neuen Schritt zu dem üblichen Bild einen Greis hinzufügen. Einundzwanzig wäre danach das einsame alte Haus mit einem Greis davor, vierundachtzig das Klavier mit vier Greisen und so weiter. Ich habe diese Methode ausprobiert, und sie funktioniert. Sie ermöglicht es, bis zu hundert »Gedächtniseintragungen« zu speichern, und vielleicht ließe sich mit ihrer Hilfe diese Zahl sogar noch erhöhen.

Nun müssen Sie nur noch lernen, die genannten Bilder wiederverwendbar zu machen, das heißt, die Ihnen zu einem gegebenen Zeitpunkt assoziierten »Eintragungen« zu löschen, um Platz zu schaffen für neue, aktuellere »Eintragungen«. Zu diesem Zweck müssen Sie sich deutlich vorstellen, wie Sie mit bestimmten Bildern assoziativ verbundene »Eintragungen« entfernen und bei Bedarf durch neue ersetzen. Je intensiver Sie sich diese Prozedur vorstellen, desto leichter gelingt Ihnen diese Ablösung.

Wenn Sie sich einmal mit der vorstehend beschriebenen Technik vertraut gemacht haben, werden Sie feststellen, welch gute Dienste sie Ihnen Tag für Tag leisten wird, und Sie werden darauf nicht mehr verzichten wollen. Weiterhin wird Ihnen klar werden, dass der Einzelne letztlich selbst darüber entscheidet, ob er über ein »gutes« oder ein »schlechtes« Gedächtnis verfügt. Von Natur aus sind wir alle mit einem optimalen Gedächtnis ausgestattet. Wir müssen nur lernen, uns seiner Kapazität zu bedienen.

Zusammenfassung

1. Drei Männer haben um die Jahrhundertwende die experimentelle Gedächtnisforschung begründet: der Deutsche HERMANN EBBINGHAUS, der Amerikaner EDWARD LEE THORNDIKE und der Russe IWAN PAWLOW.
2. Nur das bleibt in unserem Gedächtnis haften, was wir mit unseren Sinnesorganen wahrnehmen. Gedächtnistraining ist daher zugleich Schulung der Wahrnehmung.
3. Lernen Sie vergessen. Alles, was für Sie längerfristig gesehen nicht von Bedeutung ist, sollten Sie aufschreiben, damit Sie Ihren Kopf für Wichtiges frei haben.
4. Wenn Sie sich etwas merken wollen, so lenken Sie Ihre volle Aufmerksamkeit darauf, und stellen Sie es sich sofort bildhaft vor.
5. Erlernen Sie die Assoziationstechnik, also die bildhafte Verknüpfung eines neuen Lernstoffes mit bereits Gelerntem, und außerdem die Transformationstechnik, das heißt, entwickeln Sie die Fähigkeit, abstrakte Begriffe in die Bildersprache umzusetzen. Dabei sind die Mittel der Körpersprache, also Mimik, Gestik und Verhalten, eine große Hilfe.
6. Wenn Sie sich Gesichter oder Namen einprägen wollen, dann stellen Sie sich ein Foto der betreffenden Person vor, an dessen unterem Rand der Name deutlich ausgedruckt ist.
7. Trainieren Sie Ihr Gedächtnis, indem Sie versuchen, sich daran zu erinnern, was Sie vor fünf Minuten, vor einer Stunde oder gestern getan haben.
8. Genau genommen gibt es drei Funktionsbereiche des Gedächtnisses: das Ultrakurzzeitgedächtnis, das Kurzzeitgedächtnis und das Langzeitgedächtnis. Alles, was die Klippen der beiden ersten Ge-

dächtnisfunktionen passiert hat, wird mittels chemischer Vorgänge auf der molekularen Ebene dauerhaft dem Langzeitgedächtnis integriert.

9. Es gibt vier Arten zu vergessen: man kann vergessen, sich etwas einzuprägen; man kann etwas verdrängen; man kann bestimmte Details vergessen; und schließlich kann man etwas Bestimmtes wissen, jedoch unfähig sein, es abzurufen.
10. Die begrenzte Speicherfähigkeit des Kurzzeitgedächtnisses lässt sich erweitern, indem man neue Informationen mit bereits bekannten zu Zweiergruppen zusammenfügt.
11. Je ungewöhnlicher eine Vorstellung ist, desto besser haftet sie im Gedächtnis.
12. Wenn man die zwei Glieder eines Assoziationszusammenhangs miteinander verbindet, so sollte man zwischen dem ersten und dem zweiten Schritt nicht mehr als eine halbe Sekunde verstreichen lassen, das heißt, man sollte auf eine Frage gleich die Antwort geben oder der Konstatierung eines Sachverhalts unmittelbar die Erläuterung oder Erklärung folgen lassen. Nur so bleibt die Information optimal im Gedächtnis haften.
13. Unsere Motivation und die Freude am Lernen lassen sich mit Hilfe eines »imaginären Erfolgserlebnisses« steigern.
14. Wenn Sie sich die im letzten Abschnitt dieses Kapitels dargelegte Technik der »Gedächtniseintragung« zu eigen machen, können auch Sie bis zu hundert verschiedene Namen, Daten und wichtige Sachverhalte nach nur einmaligem Hören vorwärts und rückwärts wiederholen.

Kapitel 7
Zielbestimmung und richtiges Planen

Jeder Mensch, der sich ein Ziel gesetzt hat, muss dieses Ziel zunächst einmal klar bestimmen. Er muss sich daher fragen: Wo stehe ich heute und wo will ich in einem Monat, einem Jahr, in zehn Jahren stehen und was will ich insgesamt in diesem Leben noch erreichen? Erst danach ist er imstande, Antworten zu finden auf weitere Fragen wie beispielsweise: Welche Teilziele muss ich auf dem Weg zu dem angestrebten Lebensziel erreichen, was muss ich erlernen, beschaffen, welche Hilfsmittel brauche ich, was davon habe ich bereits, wie komme ich an das noch Fehlende, wer kann mir dabei helfen? Und vieles andere mehr.

Die kurzfristige und die langfristige Planung

Um dieser Vielfalt Herr zu werden, muss man also eine lang- und eine kurzfristige Planung entwickeln:

1. Die langfristige Planung soll klären, welche Mittel man benötigt, um das selbst gesteckte Ziel zu erreichen, und wie man diese Mittel optimal einsetzen kann.
2. Die kurzfristige Planung gilt mehr den Feinheiten, zum Beispiel der Einteilung des Tages in Arbeitsperioden und Pausen und der Zeit, die man für Erholung und Abwechslung braucht.

Man muss sich also fragen:

◇ Wo stehe ich jetzt?
◇ Was will ich erreichen?

- ◇ Was muss ich zu diesem Zweck lernen?
- ◇ Wie lässt sich das am besten erlernen?
- ◇ Wo lässt sich das am besten erlernen?
- ◇ Welche Eigenschaften muss ich entwickeln und stärken?
- ◇ Was muss ich mir abgewöhnen?
- ◇ Welche Hilfsmittel benötige ich (zum Beispiel Bücher, Schallplatten, Kassetten, Karten und so weiter)?
- ◇ Wo bekomme ich diese Hilfsmittel?
- ◇ Wie finanziere ich sie?
- ◇ Wieviel Geld muss ich bereitstellen?
- ◇ Wie lässt sich das zusätzlich verdienen?
- ◇ Wer leiht es mir?
- ◇ Wie zahle ich es zurück?
- ◇ Wer unterstützt mich?
- ◇ Welche Hindernisse könnten auftauchen?
- ◇ Wie kann ich sie beseitigen?
- ◇ Welche Teilziele gibt es zu erreichen?
- ◇ Was muss ich vermeiden?
- ◇ Welchen Fehler könnte ich machen?
- ◇ Wie stärke ich meine Motivation?
- ◇ Wie komme ich am sichersten, schnellsten, besten an mein Ziel?
- ◇ Was muss ich in welcher Reihenfolge tun? (Wichtig ist es, eine Prioritätenliste aufzustellen.)

So erkennen Sie Ihr Real-Ich

Der erste Schritt auf dem Weg zu Ihrem Ziel besteht darin, Bilanz zu ziehen:

1. Wie bin ich?
2. Was habe ich bis jetzt erreicht?

Um Ihre Ich-Bilanz zu ziehen, teilen Sie am besten ein Blatt Papier durch einen senkrechten Strich in zwei Hälften; links tra-

gen Sie alle positiven Eigenschaften ein, die Sie sich zuschreiben, rechts die negativen.
Dabei fragen Sie sich:
◇ Wie schätze ich selbst meine Charaktereigenschaften, Talente, Fähigkeiten und meine Motivationen ein?
◇ Wie sehen mich die anderen? Dazu befragen Sie Ihre Familie, Ihre Freunde, Ihre Bekannten, das heißt alle Personen, auf deren Urteil Sie Wert legen.

Vergleichen Sie nun Ihre Selbsteinschätzung mit dem Urteil der anderen. Die Ergebnisse werden zwar selten übereinstimmen, aber meistens haben beide Seiten Recht; jede sieht die Dinge nur von einem anderen Standpunkt aus.

Ziehen Sie eine Bilanz Ihrer Lebensumstände

Wenn Sie auf diese Weise zu einem Bild Ihrer Persönlichkeit gelangt sind, sollten Sie eine Bilanz Ihrer allgemeinen Lebensumstände ziehen. Dazu gehören: Ihre Familie, die Wohnung, der Wohnort, Freunde, Bekannte, Nachbarn, Berufskollegen; Einkommen, Vermögen, Haus, Kapitalanlagen; Gesundheit und was Ihnen sonst an Wichtigem einfällt.

Verfahren Sie hinsichtlich dieser Beurteilung Ihrer Lebensumstände genauso wie bei der Persönlichkeitsanalyse und unterscheiden Sie positive und negative Bedingungen. Vergleichen Sie danach Ihre eigene Einschätzung mit Fremdbeurteilungen.

Verschaffen Sie sich Klarheit über Ihre Ziele

Wenn Sie nun zu einer realistischen Einschätzung Ihrer Persönlichkeit und Ihrer Lebensumstände gelangt sind, dann sollten Sie sich klarmachen, welche Ziele Sie eigentlich hinsichtlich Ihres Familienlebens, Ihrer Wohnung, des Wohnorts, Ihrer Freunde und Bekannten, Ihres Einkommens, Ihres beruflichen Werdegangs und Ihrer Gesundheit genau verfolgen wollen. Vor allem sollten Sie eine klare Vorstellung von Ihrem großen Lebensziel haben.

Schritte zur Verwirklichung Ihrer Ziele

Setzen Sie sich sodann für die Erreichung bestimmter Ziele Fristen, und zwar für morgen, für nächste Woche, für den nächsten Monat, für das nächste Jahr. Was wollen Sie in fünf Jahren erreicht haben, was in zehn?

Außerdem sollten Sie sich fragen, was zur Erreichung Ihrer Ziele kurzfristig notwendig ist, welche Talente Sie fördern, welche Fähigkeiten Sie trainieren, welche schlechten Angewohnheiten Sie ablegen sollten.

Bei der Realisierung solcher Planziele geht natürlich jeder Einzelne seinen eigenen Weg. Es gibt Menschen, die ihren Tagesablauf bis ins letzte Detail durchplanen, andere ziehen es vor, je nach Situation zu entscheiden. In dieser Hinsicht muss jeder seinen persönlichen Stil entwickeln.

Man sollte jedoch so großzügig planen, dass unvorhergesehene Zwischenfälle nicht gleich den ganzen Rhythmus stören, wenn eine Arbeit einmal mehr Zeit in Anspruch nimmt als ursprünglich geplant. Mit einem Wort: Planen Sie gründlich, aber nicht pedantisch, weil Sie sonst leicht den Zweck Ihrer Planung aus den Augen verlieren.

Wer sich Notizen macht, entlastet sein Gedächtnis

Über diese Frage kommt es oft zu Meinungsverschiedenheiten. Der eine meint, es sei besser, sich ganz auf den Stoff zu konzentrieren und lieber aufmerksam zuzuhören, als sich durch Mitschreiben ablenken zu lassen; ein anderer hält dem entgegen, man könne doch nicht alles behalten, und was man schwarz auf weiß habe, das könne man zu Hause nach Belieben in Ruhe durcharbeiten. Auch ich bin dieser Meinung. Was spricht nun dafür, sich Notizen zu machen?

- ◇ Man behält einen freien Kopf und hat somit mehr Energien für andere notwendige Aufgaben. Was man schriftlich fixiert hat, kann man getrost »vergessen«, da es ja jederzeit auffindbar ist. Im Übrigen ist es eine Tatsache, dass wir nach erstaunlich kurzer Zeit auch Dinge vergessen, von denen wir beim Lernen der Überzeugung waren, sie seien sicher gespeichert. Das liegt daran, dass neue Eindrücke die alten überlagern und abschwächen.
- ◇ Das richtige Mitschreiben kommt sogar unserer Aufmerksamkeit zugute, weil es uns zwingt, schon beim Anhören Wichtiges von Unwichtigem zu unterscheiden und nur das Wichtige festzuhalten. Außerdem zwingt das Mitschreiben zur Konzentration und verhindert Ablenkung. Hinzu kommt, dass sich etwas, das man schriftlich fixiert hat, viel tiefer einprägt, und man es somit, ohne darauf angewiesen zu sein, dennoch im Kopf hat.

Aus meiner persönlichen Erfahrung heraus kann ich also nur empfehlen, sich Notizen zu machen. Doch wie geht man dabei am besten vor? Hier die wichtigsten Regeln:

1. *Beschränken Sie sich auf das Wesentliche:*
   Notieren Sie sich nur das Wesentliche, damit Sie nicht unter Zeitdruck kommen und Ihnen genügend Energie bleibt, mit »halbem Ohr« dem Vortrag zu folgen. So entgeht Ihnen nichts Wichtiges. In der Regel genügen schon einige Stichwörter, die Ihnen später den jeweiligen Zusammenhang vor Augen führen. Es ist gar nicht so schwierig, sich kurz zu fassen und auf das Wesentliche zu beschränken: Wir sollten stets das Ziel vor Augen haben, mit immer geringerem Aufwand immer mehr zu leisten.

2. *Achten Sie auf Ordnung und Übersichtlichkeit:*
   Sorgen Sie stets dafür, dass Ihre Notizen übersichtlich geordnet sind. Sparen Sie nicht am Papier, und beschreiben Sie das Papier nur einseitig. Lassen Sie einen breiten Rand stehen. Schreiben Sie so, dass die Struktur des Vortrags sichtbar wird. Nehmen Sie für jedes Sachgebiet ein neues Blatt Papier und kennzeichnen Sie die einzelnen Komplexe. Durch Absätze lassen sich Untergliederungen leicht sichtbar machen. Verwenden Sie für Ihre Aufzeichnungen immer dasselbe Papierformat, weil sich die Blätter auf die Weise leichter ordnen lassen und jede Seite etwa gleich viele Informationen enthält. Lassen Sie Raum für eventuelle spätere Hinzufügungen. Achten Sie darauf, dass sich die Überschriften optisch vom übrigen Text klar abheben.

   Je größer der Umfang Ihrer Notizen, desto wichtiger ist es, dass Sie Ihr Material übersichtlich ordnen. Am oberen Rand eines jeden Blattes sollten Thema und Seitenangabe deutlich sichtbar vermerkt sein. Gerät dann einmal etwas durcheinander, so lässt es sich ohne Schwierigkeiten wieder ordnen:
3. *Was tun bei einem Über- oder Unterangebot an Informationen?*
   Werden Sie mit zu vielen Informationen gleichzeitig überhäuft, so dass es unmöglich ist, alles zu notieren, dann selektieren Sie; schreiben Sie nur auf, was wirklich wichtig ist.

   Fließen dagegen die Informationen allzu spärlich, dann lassen Sie keine Langeweile aufkommen, sondern beschäftigen Sie sich umso intensiver mit Ihren Aufzeichnungen, und notieren Sie schon eventuelle Verwertungsmöglichkeiten des soeben Erfahrenen. Das hält Sie wach und hilft Ihnen, bei der Sache zu bleiben. Außerdem arbeiten Sie auf diese Weise sehr rationell, da Sie die Auswertung im anderen Fall später vornehmen müssten.

Zusammenfassung

1. Verschaffen Sie sich Klarheit über Ihre Ziele.
2. Ziehen Sie zu diesem Zweck eine Ich-Bilanz, das heißt, geben Sie sich Rechenschaft darüber, was Sie bisher erreicht haben, und vergleichen Sie Ihre eigene Einschätzung mit den Urteilen von Freunden, Bekannten und anderen kompetenten Personen.
3. Entwickeln Sie eine lang- und eine kurzfristige Planung.
4. Verschaffen Sie sich Klarheit darüber, welcher Mittel und Umstände Sie bedürfen, um Ihre Ziele zu erreichen.
5. Setzen Sie sich Fristen für die Erreichung Ihrer kurz- und langfristigen Ziele.
6. Gestalten Sie Ihren Arbeitstag nach einem verbindlichen Plan. Seien Sie dabei jedoch nicht allzu pedantisch.
7. Notizen entlasten Ihr Gedächtnis und sind Ihnen dabei behilflich, sich auf das Wesentliche zu konzentrieren.
8. Die Anfertigung von Notizen erzwingt Ihre Konzentration und schützt Sie vor Ablenkung. Außerdem prägt sich tiefer ins Gedächtnis ein, was man einmal geschrieben hat.
9. Achten Sie auf die Übersichtlichkeit Ihrer Notizen, damit Sie sich später leichter orientieren können. Sparen Sie nicht am Papier.
10. Verwenden Sie stets Papier ein und desselben Formats, und nummerieren Sie jede Seite sofort.
11. Werden Sie mit zu vielen Informationen gleichzeitig überhäuft, so beschränken Sie sich auf das Wesentliche, während Sie den Rest mit »halbem Ohr« verfolgen.
12. Fließen dagegen die Informationen zu spärlich, so lassen Sie sich nicht ablenken, sondern beginnen Sie sofort mit der Auswertung des Stoffes für Ihre Zwecke. So bleiben Sie bei der Sache und sparen außerdem Zeit.

Kapitel 8
Arbeitsplatz und Arbeitsrhythmus

Die Bedeutung des Arbeitsplatzes für das Lernen

Leider kommen heutzutage noch nicht alle Menschen in den Genuss eines idealen Arbeitsplatzes, aber für effektives Lernen ist ein Arbeitsplatz, der bestimmte Bedingungen erfüllt, unerlässlich.

Wichtig ist, dass man einen festen Arbeitsplatz hat, für den möglichst ein eigenes Zimmer reserviert sein sollte. Der Arbeitstisch sollte etwa ein Meter zwanzig breit und sechzig Zentimeter tief sein, damit man ständig benötigte Arbeitsmittel, wie zum Beispiel Akten oder Bücher, bequem ablegen kann, ohne in der Beweglichkeit eingeschränkt zu sein.

Ordnung muss sein

Sie sollten Sorge tragen, dass an Ihrem Arbeitsplatz wirklich nur das liegt, was Sie für Ihre Arbeit benötigen. Dann ist es auch leichter, Ordnung zu halten, und Sie können alles Notwendige mit einem Blick finden beziehungsweise mit einem Handgriff erreichen. Suchspiele zwischendrin mögen zwar ganz amüsant sein, unterbrechen jedoch den Gedankenfluss und lenken ab.

Falls nicht alle notwendigen Arbeitsmittel auf dem Schreibtisch Platz finden, so sollten sie wenigstens innerhalb Ihrer Reichweite platziert sein. Der Grund dafür ist nicht etwa die Bequemlichkeit, sondern die Schaffung idealer Lern- und Konzentrationsbedingungen. Zwar ist Bewegung für den Körper ebenfalls wichtig, aber um diesem Bedürfnis nachzukommen, sollte man besser in gewissen Abständen reguläre Pausen einlegen.

Verzichten Sie auch auf Musik, außer es handelt sich um eine ganz bestimmte Musik, die eine spezifische, lernfördernde Wirkung ausübt, wie ich sie an anderer Stelle noch besprechen werde. (Es handelt sich dabei um die von Dr. GEORGI LOSANOW entwickelte Methode der Suggestopädie.) Gleichfalls sollte selbstverständlich der Fernseher abgeschaltet sein, kurz, alle störenden akustischen und visuellen Reize sollten unterbunden werden.

Die Platzierung der Arbeitsmittel

Gewöhnen Sie sich ferner an, die Arbeitsmittel nach Gebrauch jeweils an ihren Platz zurückzulegen. Je wichtiger ein solches Arbeitsmittel für Sie ist, desto leichter sollte es erreichbar sein. Fangen Sie erst an zu arbeiten, wenn alle erforderlichen Hilfsmittel, Instrumente und Unterlagen bereitliegen und ihren festen Platz haben. Es ist nicht die Menge der Arbeitsmittel, die für den Lernerfolg ausschlaggebend ist, sondern ihre richtige Auswahl und übersichtliche Anordnung.

Dabei sollte die Ordnung niemals zum Selbstzweck werden; es bringt kaum einen Gewinn, wenn man beispielsweise ständig darauf achtet, dass die Bleistifte fein säuberlich geordnet nebeneinander liegen. Das kostet mehr Zeit, als es anderweitig an Gewinn bringt.

Sorgen Sie für Ihre Bequemlichkeit

Im Übrigen sollte der Arbeitsplatz bequem sein. Tisch- und Stuhlhöhe müssen aufeinander abgestimmt sein; noch besser ist es, wenn der Stuhl adjustierbar ist, so dass man ihn den individuellen Bedürfnissen entsprechend einstellen kann. In einer nicht körpergerechten Haltung zu arbeiten belastet den Rücken so sehr, dass man in einem solchen Fall eher von einer körperlichen als von einer geistigen Arbeit sprechen müsste.

Achten Sie auch auf die richtige Arbeitsatmosphäre. Wer friert oder schwitzt, kann nicht effektiv lernen. Es ist auch ein Unterschied, ob man in einem Betonklotz oder in einem Holzhaus sitzt. In dieser Hinsicht müssen wir uns ja allerdings meistens nach den Gegebenheiten richten.

Was jedoch dem Einzelnen obliegt, ist, für ein angenehmes »inneres« Klima zu sorgen. Sie sollten, bevor Sie zu lernen anfangen, sich in eine angenehme Stimmung versetzen und sich entspannen.

Lesen Sie ein paar Seiten in einem guten Buch, hören Sie sich ein Musikstück an, das Ihnen besonders gefällt, oder geben Sie sich einfach einer schönen Erinnerung hin. Der dadurch entstehende geringe Zeitverlust zahlt sich aus, da die anschließende Leistung deutlich besser ausfällt.

Richten Sie Ihr Arbeitszimmer und speziell Ihren Arbeitsplatz so ein, dass Sie sich wohl fühlen. Eine ästhetisch anziehende Umgebung wirkt auch auf Ihre Lernfähigkeit stimulierend.

Die richtige Beleuchtung

Natürlich sollten Sie auch für genügend Licht sorgen. Vor allem sollte es Sie nicht blenden und nicht Ihre Augen strapazieren. Leuchtstoffröhren sind als Beleuchtung weniger geeignet als Glühbirnen. Am besten ist nach wie vor natürliches Licht. Daher sollten Sie Ihren Arbeitsplatz möglichst in Fensternähe einrichten, wo Sie zugleich auch der frischen Luft näher sind. Zu starkes künstliches Licht ist übrigens schädlich für die Augen; seien Sie deshalb mit der Beleuchtung maßvoll. Noch schädlicher jedoch ist zu wenig Licht.

Im Übrigen sollte die Lampe so angebracht sein, dass – sofern Sie kein Linkshänder sind – das Licht von vorne links auf Ihren Arbeitsplatz fällt, damit Ihre Schreibhand keinen Schatten wirft und Sie leicht lesen können, was Sie geschrieben haben.

In Ihrem Arbeitsraum sollte es keine allzu großen Helligkeitsunterschiede geben, wenn Sie bei künstlicher Beleuchtung arbeiten. Neben der Arbeitsplatzbeleuchtung sollte es noch eine andere Lichtquelle geben, die den Raum insgesamt erhellt. Die Arbeitslampe sollte möglichst die gesamte Schreibtischplatte gleichmäßig beleuchten, und ihr Licht darf nicht von der Tischoberfläche reflektiert werden.

Schließlich sollten Sie darauf achten, bequem gekleidet zu sein, damit Sie durch nichts Störendes von Ihrer eigentlichen Aufgabe – dem Lernen – abgelenkt werden.

Wie lange kann man sich konzentrieren?

Verschiedene Untersuchungen haben gezeigt, dass die optimale Konzentrationsfähigkeit im Allgemeinen nach maximal dreißig Minuten erschöpft ist. Manche Wissenschaftler behaupten sogar, das Maximum betrage nur zwischen fünfzehn und zwanzig Minuten. Daher sollte man alle dreißig Minuten die Arbeit unterbrechen und eine Pause einlegen, die jedoch nicht länger als drei Minuten sein sollte. Eine Pause von andererseits weniger als drei Minuten reicht nicht aus, um eine wirkliche

Schwankungen der physiologischen Leistungsbereitschaft über 24 Stunden (nach O. Graf)

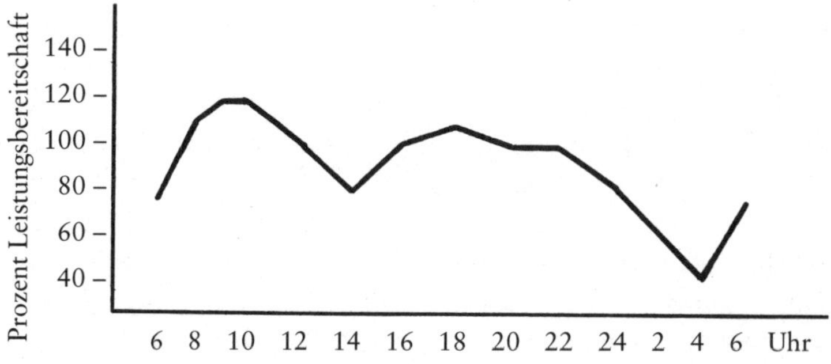

Erholung zu gewährleisten. Überschreiten wir hingegen diese Zeitspanne, so müssen wir uns anschließend erst wieder »eindenken«, weil unser Abstand zum Lernstoff inzwischen zu groß geworden ist.

Ohne Pausen sinkt die Leistung schnell ab. Die menschliche Leistungsfähigkeit unterliegt ohnehin großen Schwankungen, wie sich aus der Grafik auf Seite 111 ersehen lässt, die im Allgemeinen das Auf und Ab der physiologischen Leistungsbereitschaft während eines Zeitraums von vierundzwanzig Stunden anzeigt.

So beugen Sie einer Übermüdung Ihres Gehirns vor

Es gibt drei Möglichkeiten, einer Übermüdung des Gehirns vorzubeugen:

1. Man legt regelmäßig, etwa alle dreißig Minuten, eine Kurzpause ein.
2. Man sorgt für ausreichende Bewegung während der Pausen.
3. Man variiert den Lernstoff, das heißt, man beschäftigt sich abwechselnd mit verschiedenen Themenbereichen.

Während der Kurzpausen sollte man nicht an seinem Platz sitzen bleiben, sondern umhergehen, das Zimmer lüften, vielleicht das Zimmer kurz verlassen, mit jemandem reden oder sich kurz auf einer Couch ausstrecken. Jedenfalls sollte man diese drei Minuten konsequent der Entspannung widmen und die Arbeit während dieser Pause vergessen.

Was gewinnt man durch Pausen?

Dank solcher Pausen spart man nicht zuletzt Zeit, da die Arbeits-, Konzentrations- und Aufnahmefähigkeit nach jeder Pause deutlich gestärkt ist. Deshalb sollten Sie es sich zur Regel machen, niemals pausenlos zu arbeiten oder zu lernen, sondern neben den erwähnten Kurzpausen grundsätzlich alle zwei Stunden eine längere Unterbrechung von ungefähr zwanzig bis dreißig Minuten einlegen. Wenn möglich, sollten Sie nach einer solchen Unterbrechung an einem neuen Themenbereich arbeiten, weil dann der neue Stoff sich leichter einprägt, ohne dass eine Ähnlichkeitshemmung seine Aneignung erschwert. Die große Pause sollte jedoch nicht länger dauern als zwei Stunden, da sonst die Motivation für das Weiterarbeiten leicht verloren gehen kann.

Erstaunlich ist, dass bereits die Ankündigung oder Erwartung einer Pause die Leistung deutlich ansteigen lässt. Es ist daher zu empfehlen, sich ein bestimmtes Teilziel zu setzen, um sich nach Erreichen dieses Teilziels eine kleine Pause zu gönnen. So reiht sich ein kleines Erfolgserlebnis an das andere, und der Lernstoff gliedert sich zu kleinen, überschaubaren Einheiten.

Bewegungsmangel beeinträchtigt die Leistungsfähigkeit

Der menschliche Körper ist von Natur aus auf Bewegung hin angelegt. Gerade eine sitzende Tätigkeit widerspricht somit seiner natürlichen Konstitution. Leider haben es die meisten Menschen inzwischen verlernt, die Signale ihres Körpers wahrzunehmen. Eine Umfrage unter Studenten hat zum Beispiel ergeben, dass sechsundvierzig Prozent der Studenten und sogar zweiundsiebzig Prozent der Studentinnen an den Folgen von Bewegungsmangel leiden.

Ohne ausreichende Bewegung aber kann auch die Atmung nicht optimal funktionieren, und ohne ausreichende Sauerstoffversorgung des Gehirns, des größten Sauerstoffverbrauchers im Körper überhaupt, gibt es keine Höchstleistung, selbst wenn alle übrigen Voraussetzungen in idealer Weise erfüllt sind. Um gesund und leistungsfähig zu bleiben, brauchen wir nun einmal Bewegung, am besten sogar in frischer Luft.

Auf die meisten Menschen in unseren Breitengraden trifft jedoch das genaue Gegenteil zu: mangelnde Bewegung bei überreichlicher Ernährung. Und dann wundern wir uns darüber, dass es uns an Konzentrationsfähigkeit fehlt! Wer von seinem Organismus Höchstleistungen erwartet, der sollte auch die Bedürfnisse seines Körpers, wenn schon nicht optimal, so doch wenigstens ausreichend erfüllen.

Auch bei geistiger Arbeit benötigen wir eine gewisse körperliche Abwechslung; wir können nicht immer nur auf unserem Stuhl sitzen. Wenigstens in den Pausen sollten wir ein paar Schritte im Zimmer umhergehen. Dabei kann man durchaus auch Vokabeln lernen oder den vorher bearbeiteten Stoff in Gedanken noch einmal wiederholen. Mit ein bisschen Bewegung ist dem Körper ebenso gedient wie der intellektuellen Leistungsfähigkeit.

Eine Lernkartei hat viele Vorteile

Eine Lernkartei hat bei einem minimalen materiellen und zeitlichen Aufwand eine beachtliche Reihe von Vorteilen, die man unbedingt nutzen sollte. Mit Hilfe einer solchen Kartei lässt sich der Lernstoff in kleinste »Lerneinheiten« zerlegen, die den Bedürfnissen des Einzelnen entsprechend geordnet werden können. Gleichermaßen kann man das Lerntempo und die Häufigkeit der Wiederholungen des Lernstoffs selbst bestimmen. Dadurch spart man Zeit, da man nicht pauschal zum Beispiel ganze Grammatik- oder Vokabelkomplexe wiederholt, sondern nur, was noch nicht richtig »sitzt«, wogegen man alles, was man sich wirklich eingeprägt hat, schrittweise aussortieren kann.

Eine Lernkartei hat den weiteren Vorteil, dass man den Lernprozess beliebig lange unterbrechen kann und dennoch, sobald man wieder anfängt, unmittelbar auf dem letzten Stand ist.

Es ist nicht schwierig oder kostenaufwendig, eine Lernkartei einzurichten. Das geringste Taschengeld reicht dazu aus. Was einem jedoch niemand abnehmen kann, ist die Arbeit, welche die Erstellung einer solchen Kartei kostet. Aber die Einrichtung der Kartei stellt bereits den ersten Lernschritt dar.

Die Arbeit mittels der Lernkartei verschafft ständig kleine Erfolgserlebnisse und motiviert damit den Lernenden kontinuierlich.

Die zweckmäßige Verwendung einer Lernkartei

Wenn Sie sich nun daranmachen wollen, eine Lernkartei anzulegen, so sollten Sie folgendermaßen vorgehen:

1. Beschaffen oder fertigen Sie sich einen Karteikasten aus beliebigem Material. Das Format der Karteikarten richtet sich nach Ihrem Fachgebiet und der Länge der Notizen, die Sie darauf schreiben wollen. Das Format sollte jedoch eher zu groß als zu klein bemessen sein.
2. Statten Sie den Karteikasten mit fünf variablen Abteilungen aus, so dass Sie die einzelnen Fächer je nach Bedarf vergrößern oder verkleinern können.
3. Unterteilen Sie nun Ihren Stoff in karteikartengerechte kleine Lerneinheiten. Diese Lerneinheiten notieren Sie auf Ihren Karteikarten. Auf die Vorderseite schreiben Sie ein Stichwort oder eine kurz umrissene Darlegung des Wissensstoffs, auf die Rückseite die jeweilige Antwort oder Erklärung.
4. Zunächst steckt man alle Karteikarten in das erste Fach. In der Folge arbeitet man jeden Tag zwischen zehn und fünfzig Karteikarten gründlich durch; diese Karten steckt man in das zweite Fach. Am jeweils folgenden Tag überprüft man zunächst, ob man den auf den Karteikarten vom Vortag gespeicherten Stoff noch beherrscht. Falls dies nicht zutrifft, wandert die Karte in Fach eins zurück. Dann wiederholen

Sie den entsprechenden Stoff und ergänzen die alten Karten um so viele neue, wie Sie benötigen, um auf die von Ihnen als Tagespensum gewünschte Anzahl zu kommen.

Wenn Sie dagegen den auf einer Karte umrissenen Stoff beherrschen, so stecken Sie die entsprechende Karte in das dritte Fach. Die in diesem Fach befindlichen Karten arbeiten Sie jeden dritten Tag oder in einem von Ihnen selbst bestimmten Rhythmus in der gerade beschriebenen Weise durch. Alle Karten, hinsichtlich deren Ihre Überprüfung positiv ausfällt, wandern ein Fach weiter, wogegen alle anderen Karten, deren Stoff noch nicht sitzt, wieder ins erste Fach zurückgestuft werden.

Wer eine Lernkartei anlegt, dem bereitet das Lernen schon allein deshalb Freude, weil das erworbene Wissen in Form abgelegter Karten ganz augenscheinlich anwächst.

Wenn das fünfte Fach mit Karteikarten angefüllt ist, sollte man noch einmal alle darin enthaltenen Karten durcharbeiten und kann anschließend all die Karten endgültig ablegen, deren Eintragungen fest im Gedächtnis haften: Man kann davon ausgehen, dass Lerninhalte, die diese gründliche Prozedur des Karteikasten-Lernens erfolgreich passiert haben, fest im Gedächtnis haften und für sehr lange Zeit gespeichert bleiben. Wer ganz vorsichtig sein will, bewahrt die Karten dennoch auf, um sie weiterhin zur Verfügung zu haben. In den meisten Fällen erübrigt sich das jedoch, da der Stoff sicher gespeichert ist.

Die Mühe lohnt sich

Es gibt noch eine weitere positive Wirkung der hier dargelegten Lernmethode: Da der Lernende ja Tag für Tag eine Prüfungssituation simuliert, verliert er allmählich und unmerklich die Prüfungsangst. Bei der dann tatsächlich stattfindenden Prüfung stellen wir fest, dass wir ohne Angst ganz frei antworten können und keinerlei Schwierigkeiten haben, uns an den verlangten Lernstoff zu erinnern, während wir früher oftmals so nervös waren, dass wir keine Antwort wussten.

Möglicherweise sind Sie der Meinung, die Erstellung einer Lernkartei sei zu arbeitsaufwendig, und verzichten deshalb von vornherein darauf, sich dieser Mühe zu unterziehen. In diesem Fall würde ich Ihnen dennoch empfehlen, es einmal zu versuchen, damit Sie selbst erleben, wie viel Spaß diese Art zu lernen machen kann. Sie brauchen ja bloß so lange weiterzumachen, wie es Ihnen gefällt. Ich bin davon überzeugt, dass Sie schon nach kurzer Zeit die Vorteile dieser Methode erkennen und nicht mehr darauf verzichten möchten. Ansonsten ist es Ihnen ja freigestellt, jederzeit wieder damit aufzuhören. Aber was Sie einmal gelernt haben, das kann Ihnen niemand mehr nehmen.

Der Lernfortschritt

Jeder Lernende sollte sich von Anfang an der Tatsache bewusst sein, dass es nur in den seltensten Fällen einen kontinuierlichen Lernfortschritt gibt. Vielmehr lassen sich deutlich vier Phasen unterscheiden:

1. Aller Anfang ist schwer. Und daher bereiten uns ein neuer Stoff, eine neue Aufgabe oder Technik zunächst oftmals Schwierigkeiten. Mit neuen Anforderungen muss man sich erst einmal vertraut machen, man muss ein Verhältnis zu ihnen gewinnen und ihre Struktur verstehen lernen.
2. In der zweiten Phase geht es dann plötzlich wie von selbst. Sobald wir begriffen haben, worum es bei einer Sache geht, erzielen wir ohne Mühe große Fortschritte. Dieses Erfolgserlebnis und die damit verbundene Freude heben unsere Leistung noch zusätzlich an. In dieser Phase sind wir mit uns und unseren Fortschritten in der Regel äußerst zufrieden.

3. In der dritten Phase scheint plötzlich alles stillzustehen. Selbst wenn wir konsequent weiterarbeiten, so haben wir dennoch das Gefühl, auf der Stelle zu treten. Unser Enthusiasmus verfliegt, und wir scheinen eher Rück- als Fortschritte zu machen. Wir haben aber ein bestimmtes Plateau des lernend Erworbenen erreicht.
4. Wenn wir das enttäuschende Gefühl, eher Rück- als Fortschritte zu machen, ignorieren und konsequent weiterlernen, stellen sich nach einigen Tagen neuerdings Fortschritte ein. Wir erreichen langsam wieder unser Leistungsniveau. Es ist allerdings möglich, dass sich solche Lerneinbrüche wiederholen. Hier hilft nur eines: Machen Sie sich frei von der Vorstellung, täglich Fortschritte erzielen zu müssen. Halten Sie nur konsequent Ihren Tagesplan ein; darin sollte Ihr wahres Erfolgserlebnis bestehen. Wenn Sie sich an diesen Grundsatz halten, so werden Sie ganz gewiss Ihr gestecktes Ziel erreichen.

Zusammenfassung

1. Ein richtig bemessener, den anatomischen Bedürfnissen des Einzelnen entsprechender Arbeitsplatz trägt wesentlich zum Lernerfolg bei.
2. Nur wirklich benötigtes Arbeitsmaterial sollte in Reichweite auf dem Tisch liegen.
3. Musik wirkt im Allgemeinen störend. Eine Ausnahme davon bildet eine spezielle Art von Musik, wie sie Dr. Georgi Losanow für die Suggestopädie empfiehlt.
4. Achten Sie auf die richtige Raumtemperatur, und entspannen Sie sich, bevor Sie sich an die Arbeit machen.
5. Ihr Arbeitsplatz sollte von vorne links her beleuchtet werden; dabei darf das Licht weder zu hell sein oder blenden, noch sollte es zu schwach sein.
6. Sorgen Sie für ausreichend frische Luft.

7. Legen Sie beim Lernen etwa alle dreißig Minuten eine kleine Pause von nicht weniger, aber auch nicht mehr als drei Minuten ein.
8. In solchen Kurzpausen können Sie einer Übermüdung des Gehirns zusätzlich noch durch körperliche Bewegung, wenn möglich an frischer Luft, und nach solchen Pausen durch Variierung des Lernstoffs vorbeugen.
9. Gönnen Sie sich ferner alle zwei Stunden eine etwas längere Pause von zwanzig bis dreißig Minuten.
10. Setzen Sie sich Teilziele; so sichern Sie sich Erfolgserlebnisse und die Steigerung Ihrer Leistung.
11. Bewegungsmangel beeinträchtigt die Sauerstoffversorgung und somit die Leistungsfähigkeit.
12. Nutzen Sie die Vorteile einer Lernkartei. Sie ermöglicht es Ihnen, Ihren Lernstoff in kleinste, überschaubare »Lerneinheiten« zu zerlegen.
13. Wenn Sie mit einer Lernkartei arbeiten, können Sie das Lerntempo und die Häufigkeit der Wiederholungen des Lernstoffs selbst bestimmen. Dadurch ersparen Sie Zeit. Alles, was »sitzt«, können Sie gleich aussortieren.
14. Eine Lernkartei verschafft ständig kleine Erfolgserlebnisse und motiviert Sie kontinuierlich.
15. Die Prüfungssituation wird Ihnen zu einer alltäglichen Erfahrung, so verlieren Sie die Angst vor der eines Tages zu bestehenden Prüfung.
16. Es gibt keinen kontinuierlichen Lernfortschritt. Sie müssen mit Phasen großen Fortschritts und solchen der Stagnierung rechnen. Überbrücken Sie Lerneinbrüche durch konsequente Tagesarbeit.

Kapitel 9
Was man über Prüfungen wissen sollte

Die Vorbereitung
ist die Entscheidung!
MOLTKE

Die Vorbereitung ist entscheidend

Jeder, der sich dem angstschweißtreibenden Ritual einer Prüfung unterziehen muss, sollte sich darüber im Klaren sein, dass das Ergebnis der Prüfung schon zu neunzig Prozent feststeht, bevor sie überhaupt stattgefunden hat. In den Augen vieler Kandidaten sind Prüfungen – im Allgemeinen wohl eher zu Unrecht – nur ein Mittel »sadistischer« Lehrer, hilflose »Delinquenten« zu quälen, wobei den »Gequälten« nur die Hoffnung bleibt, nicht durchzufallen.

In Wirklichkeit aber ist jede Prüfung eine Gelegenheit zur Selbstprüfung: Sie gibt uns die Möglichkeit, unseren tatsächlichen Wissensstand zu ermitteln. Selten fällt eine Prüfung besser aus, als es der zuvor investierten Vorbereitungsarbeit entspräche. Wer gründlich vorbereitet ist, dem bleibt nur noch wenig, um sein Ergebnis darüber hinaus positiv zu beeinflussen. Zwar ist es möglich, trotz guter Vorbereitung einmal schlecht abzuschneiden; umgekehrt ist es jedoch kaum wahrscheinlich, ohne gründliche Vorbereitung gute Ergebnisse zu erzielen.

Die beste Vorbereitung beginnt im Unterricht

Nun kommt es bei der Vorbereitung nicht darauf an, viel Zeit aufzuwenden, um das eigene schlechte Gewissen zu beruhigen, sondern es geht ausschließlich darum, den Prüfungsstoff auch tatsächlich zu beherrschen. Dazu muss man sich zunächst Klarheit über Art und Umfang des Stoffes verschaffen und dann darüber, wie er sich am besten lerngerecht aufarbeiten lässt.

In jedem Fall zahlt es sich aus, über entsprechende Aufzeichnungen zu verfügen, die man dann nur noch durchzuarbeiten braucht. Fehlen solche Aufzeichnungen, so muss man mühsam aus Lehrbüchern zusammensuchen, was sonst leicht in den Notizen zu finden wäre. Die ursprüngliche Zeitersparnis kehrt sich somit in einen Zeitverlust um. Darüber hinaus kann man in einem solchen Fall nie sicher sein, auch alles Relevante berücksichtigt zu haben.

Wenn man den Stoff bereits während des Unterrichts oder unmittelbar danach gewissenhaft aufbereitet hat, so ist seine Auffrischung wesentlich weniger Zeit raubend. Im anderen Fall sind oftmals selbst wochenlange Vorbereitungsarbeiten nicht ausreichend, um einen Prüfungserfolg zu gewährleisten. Deshalb sollte man nie an der falschen Stelle Zeit sparen wollen: Das Verhalten im Unterricht ist also schon vorentscheidend für das Ergebnis der anschließenden Prüfung.

Wie wichtig ist die Prüfung für Sie?

Bevor Sie sich einer Prüfung unterziehen, sollten Sie sich Rechenschaft darüber ablegen, wie wichtig die betreffende Prüfung für Sie ist. Entsprechend intensiv muss dann die Vorbereitung ausfallen. Sie dürfen also keineswegs alle Prüfungen gleich wichtig nehmen; es bleibt Ihnen nicht erspart, Prioritäten zu setzen.

Im Prinzip kann jede Prüfung schief gehen, daher sollten Sie im Fall einer für Sie wichtigen Prüfung dieses Risiko durch Mehrarbeit möglichst verringern.

Fangen Sie rechtzeitig an

Mit den Prüfungsvorbereitungen sollten Sie auf jeden Fall rechtzeitig beginnen, damit Sie nicht unter Zeitdruck arbeiten müssen und aus Eile Wichtiges unterlassen müssen. Sie sollten genügend Zeit haben, um sich darüber klar zu werden, was Sie wirklich wissen müssen, wie viel Sie vom Prüfungsstoff schon beherrschen, was noch zu lernen bleibt und worauf – falls die Zeit nicht mehr ausreicht – Sie am ehesten verzichten können.

Da die meisten Menschen dazu neigen, den vor einer Prüfung erforderlichen Arbeitsaufwand zu unterschätzen, ist es immer gut, wenn man genügend Zeit hat, um auch noch kurzfristig auftretende unvorhergesehene Arbeiten zu erledigen.

Dabei kann sehr hilfreich sein, sich darüber Rechenschaft abzulegen, was man in früheren Prüfungen im Einzelnen falsch gemacht hat, weil man nämlich dazu neigt, alte Fehler zu wiederholen.

Lernen Sie nicht unmittelbar vor der Prüfung

Auf keinen Fall sollten Sie unmittelbar vor der Prüfung noch Gewaltleistungen vollbringen. Sie sollten mit den Vorbereitungen vielmehr so rechtzeitig anfangen, dass Sie am Tag vor der Prüfung den gesamten Stoff durchgearbeitet haben und an diesem letzten Tag völlig frei sind für andere Beschäftigungen. Jedenfalls ist der Brauch, die Nacht vor einer Prüfung zum Tag zu machen, um noch zu büffeln, nicht gerade empfehlenswert. Ein solches Verhalten widerspricht nicht nur den Erkenntnissen der Lernpsychologie; es ist außerdem auch wenig effektiv. Unausgeschlafen in eine Prüfung zu gehen, erhöht nicht gerade die Chancen für ein erfolgreiches Abschneiden.

Besser ist es, den gewohnten Lernrhythmus beizubehalten und die restliche Energie für die eigentliche Prüfung zu sparen.

Besonders wichtig ist es auch, sich im inneren Gleichgewicht zu befinden, da sich nur unter dieser Voraussetzung optimale Ergebnisse erzielen lassen.

Befreien Sie sich von Prüfungsangst

Nun wird mancher Prüfling von so großer Prüfungsangst gepeinigt, dass er oder sie allein aus diesem Grund in Prüfungen von vornherein schlechter abschneidet, als es seinem oder ihrem Wissensstand entsprechen würde. Häufig ist diese Angst von Schlaflosigkeit und quälenden Alpträumen begleitet. Und wenn der Kandidat dann schließlich vor der Prüfungskommission steht, ist alle Mühe umsonst gewesen und jegliches Wissen wie weggeblasen, und im Kopf herrscht Funkstille.

In diesem Fall sollte man sich zunächst klar machen, dass jeder Mensch in einer Ausnahmesituation nervös wird. Extreme Prüfungsangst jedoch deutet immer auch auf ein psychisches Problem hin, das auch in anderen Situationen wirksam ist und daher einer grundsätzlichen Lösung bedarf.

Gegen die übliche Prüfungsangst hilft es schon, sein normales Leben weiterzuführen; also zum Beispiel trotzdem Sport zu treiben, ins Kino zu gehen oder sich anderen Abwechslungen hinzugeben.

Hilfe durch Selbsthypnose

Das wirksamste Mittel gegen Prüfungsangst ist jedoch die Selbsthypnose. Daher sollten Sie sich diese Technik frühzeitig aneignen.* Mit ihrer Hilfe kann man das unterbewusste Programm »Angst« durch das Programm »Sicherheit« ersetzen.

---

* Zu diesem Zweck empfehle ich Ihnen mein Buch *Die hohe Schule der Hypnose – Fremdhypnose, Selbsthypnose,* erschienen im Ariston Verlag, Genf.

Wenn Sie sich mittels Selbsthypnose dahingehend »programmiert« haben, ganz gelassen und ruhig und voll Sicherheit und Selbstvertrauen in die Prüfung zu gehen, dort ohne Schwierigkeiten sämtliche Fragen zu beantworten und die Prüfung mit einem guten Ergebnis abzuschließen, dann gibt es für Sie keinen Grund mehr, noch fünf Minuten vor Beginn Ihrer Prüfung in Panik über Ihrem Lernstoff zu sitzen. Denn das hätte für Sie ohnehin nur Nachteile, zumal in einer solch Nerven strapazierenden Situation leicht die so genannte ekphorische (Ekphorie = Vorgang des Sicherinnerns) Hemmung wirksam werden kann. Das ist dann der Fall, wenn Lerninhalte, die eigentlich im Gedächtnis haften, vorübergehend von neuen Informationen überlagert werden und daher im gewünschten Augenblick nicht mehr zur Verfügung stehen.

Machen Sie es sich also zum Grundsatz, niemals unmittelbar vor einer Prüfung noch in letzter Hast zu lernen. Sie nutzen diese letzten Stunden weitaus effektiver, wenn Sie sich während dieser Zeit innerlich beruhigen und dann ausgeglichen in die Prüfung gehen. Nur so werden Sie ein optimales Resultat erreichen.

Simulieren Sie zu Hause die Prüfungssituation

Übrigens kann man eine Prüfung auch zu Hause proben. Jeder Schauspieler am Theater hat Unmengen von Proben, bevor das jeweilige Stück in der Premiere schließlich zur Aufführung gelangt. Auch Sie können schon lange vor dem eigentlichen Termin gemeinsam mit einem Freund oder Mitbetroffenen die Prüfungssituation simulieren, wobei einer den Part des Prüfers übernimmt und der andere sich als Prüfungskandidat stellt. Der jeweilige »Prüfer« sollte in diesem Spiel versuchen, möglichst alle Wissenslücken so lange durch besonders schwierige Fragen aufzudecken, bis der »Kandidat« schließlich halbwegs bestehen kann. Sollten dem Kandidaten in dieser simulierten Prüfungssituation Fehler unterlaufen, so ist das kein Problem, da ja noch die Gelegenheit besteht, Wissenslücken zu schließen, damit schließlich bei der »Premiere« alles auf Anhieb klappt.

Falls Ihnen für diese Übung ein geeigneter Partner fehlt, dann sollten Sie in Ihrer Vorstellung einfach beide Rollen übernehmen, und sich selbst prüfen. Jedenfalls werden Sie umso ruhiger in die eigentliche Prüfung gehen, je eingehender Sie zuvor auf dem Weg der simulierten Prüfungssituation Ihren tatsächlichen Wissensstand geprüft haben.

So sollten Sie bei der Prüfung vorgehen

Ist es dann endlich so weit und die Prüfung hat begonnen, so bleiben Sie ruhig und verschaffen Sie sich – jedenfalls in einer schriftlichen Prüfung – zunächst einmal einen Überblick über die Fragen. Dann beginnen Sie damit, zuerst alle leichten Fragen zu beantworten, danach alle diejenigen, die Sie mit einigem Nachdenken beantworten können, und schließlich die wirklich schwierigen Fragen.

Auf diese Weise stellen Sie sicher, dass Sie nicht – unter Zeitdruck – irgendwelche leichten Fragen unbeantwortet lassen müssen, weil Sie sich an einem Problem festgebissen haben. Vielleicht glauben Sie, das sei doch selbstverständlich. Es mag zwar selbstverständlich sein, doch aus der Praxis weiß ich, dass dieser Fehler sehr häufig begangen wird.

Auch sollten Sie dafür sorgen, dass Ihnen am Schluss genug Zeit bleibt, um Ihre Prüfungsarbeit noch einmal durchzulesen und eventuelle Fehler zu korrigieren. Manche Fehler lassen sich im Zusammenhang leichter erkennen. Achten Sie vor allem auf Flüchtigkeitsfehler; denn die meisten unterlaufenen Fehler sind erfahrungsgemäß reine Flüchtigkeitsfehler, die sich leicht hätten vermeiden lassen.

Sollten Sie während der Prüfung etwas nicht wissen, so ist das kein Grund zur Panik. Kein Mensch ist allwissend, und man kann von niemandem verlangen, dass er jede Frage beantworten kann. Immerhin ist es aber auch möglich, dass Ihnen kurze Zeit später die richtige Antwort einfällt, oder es ergibt sich eine andere Lösungsmöglichkeit. Häufig taucht eine Lösungsmöglichkeit auch erst im Zusammenhang mit der Beantwortung anderer Fragen auf.

Sollten Sie von der verführerischen Möglichkeit Gebrauch machen wollen, von Ihrem Nachbarn abzuschreiben, dann denken Sie daran, dass auch Ihr Nachbar Fehler machen kann. Ändern Sie daher nicht Ihre eigenen Erkenntnisse, wenn Sie feststellen, dass Ihr Nebenmann eine andere Lösung hat als Sie. Das sollte für Sie allenfalls ein Grund sein, Ihr eigenes Resultat noch einmal zu überprüfen. Vertrauen Sie im Zweifelsfall lieber Ihrer eigenen Überzeugung.

Wenn Sie wirklich einmal in einer Prüfung durchfallen, dann ist das noch lange kein Grund zur Verzweiflung. Im Gegenteil: Es kann sich sogar als sehr heilsam erweisen, wenn Sie aus einem solchen Fehlschlag die richtigen Konsequenzen ziehen und sich auf künftige Prüfungen gründlicher vorbereiten. Die Zeit der Prüfungen ist nämlich mit dem Ende der Schulzeit oder der Ausbildung noch nicht vorüber. Im Leben hat man viele Prüfungen zu bestehen, und mit zunehmendem Alter werden sie sogar eher schwieriger. Seien Sie daher »allzeit bereit«.

Zusammenfassung

1. Die Vorbereitung entscheidet zu neunzig Prozent über den Ausgang einer Prüfung. Daher ist es wichtig, so gut wie möglich vorbereitet zu sein. Die beste Vorbereitung beginnt im Unterricht.
2. Machen Sie sich im Unterricht und unmittelbar daran anschließend sorgfältige Aufzeichnungen, die Ihnen die Vorbereitung auf kommende Prüfungen wesentlich erleichtern werden.

3. Bereiten Sie sich nicht auf alle Prüfungsthemen gleichermaßen intensiv vor, sondern setzen Sie Prioritäten. Es gibt wichtigere und weniger wichtige Prüfungsstoffe.
4. Fangen Sie mit der Vorbereitung rechtzeitig an und hören Sie spätestens am Tag vor der Prüfung zu lernen auf, weil sonst die Gefahr besteht, dass die so genannte ekphorische Hemmung wirksam wird und Sie von Ihrem eigenen Wissen abgeschnitten sind.
5. Behalten Sie auch vor Prüfungen Ihren gewohnten Lebensstil bei, denn jede Umstellung kostet Sie Energie und steigert außerdem die Nervosität.
6. Prüfungsangst lässt sich abbauen, indem man den gewohnten Lebensrhythmus beibehält und beispielsweise Sport treibt, ins Kino geht und anderes mehr. Weiterhin sind einige homöopathische Präparate recht hilfreich, nicht jedoch chemopharmazeutische Beruhigungsmittel, weil synthetische Erzeugnisse die Reaktionszeit verlängern. Das bestgeeignete Mittel, sich von dieser Angst zu befreien, ist jedoch die Selbsthypnose, eine Technik, die sich innerhalb eines Tages erlernen lässt.
7. Spielen Sie vor der Prüfung allein oder mit einem Partner die Prüfungssituation – als Kandidat – so häufig durch, bis Sie auch die schwierigsten von Ihrem »Prüfer« ausgeheckten Fragen ohne Probleme beantworten können.
8. In schriftlichen Prüfungen sollten Sie in der Beantwortung der Fragen nicht chronologisch vorgehen, sondern zunächst die leichten, dann die mittelschweren und zum Schluss die schweren Aufgaben lösen, damit Sie keine Zeit verlieren.
9. Kurz vor Ende der Prüfung ist es ratsam, alle Fragen und Antworten noch einmal durchzugehen und eventuelle Fehler zu korrigieren.
10. Denken Sie, wenn Sie versucht sind, vom Nachbarn abzuschreiben, immer daran: Auch andere können Fehler machen.
11. Wenn Sie einmal eine Prüfung nicht bestehen, so lassen Sie sich nicht entmutigen; bereiten Sie sich in Zukunft einfach besser vor.

Kapitel 10
Lernen Sie noch einmal lesen

Ein altes Sprichwort sagt: »Übung macht den Meister.« Doch ebenso wichtig ist es, das Richtige zu üben; und da wären wir schon beim Lesen.

Tatsächlich könnten die meisten Menschen wesentlich schneller lernen, wenn sie nur imstande wären, schneller zu lesen. Zwar gibt es für die Steigerung des Lesetempos gewisse physiologische Grenzen: Die höchste Lesegeschwindigkeit ist bestimmt durch die Aufnahmekapazität von Gehirn und Augen innerhalb einer bestimmten Zeiteinheit. Umgekehrt wiederum ist die Kapazität des Gehirns beinahe unbegrenzt, so dass es in erster Linie darum geht, die Augen zu entlasten. Bedingt durch eine Reihe von falschen Lesegewohnheiten, muss das Auge nämlich beim Lesen Schwerstarbeit leisten. Mit Hilfe neuer Lesetechniken lässt sich diese Belastung erheblich verringern.

Das periphere Sehen

Wer unnötig langsam liest, verschwendet wertvolle Zeit. Überdies hat man umso mehr Energie, sich den Lernstoff einzuprägen und ihn zu verarbeiten, je weniger Aufwand das eigentliche Lesen erfordert.

Um das zu erreichen, muss man mit der Methode brechen, Wort für Wort zu lesen. Es ist viel rationeller, ganze Wortgruppen auf einmal in den Blick zu nehmen. Wenigstens sollte man in der Lage sein, mit drei Augenbewegungen eine ganze Zeile zu erfassen. Wenn Sie das eine Zeit lang üben, werden Sie feststellen, dass sich eine Zeile auch in zwei visuelle Hälften zerlegen lässt.

Um diese Art des Lesens zu trainieren, nehmen Sie am besten ein nicht mehr so neues Buch und teilen die Seiten durch jeweils zwei Senkrechtstriche in drei Spektren auf. Dann beginnen Sie zu lesen, wobei Sie jedoch den Blick nicht – wie gewohnt – auf das erste Wort der jeweiligen Zeile richten, sondern jeweils den einen von den drei Zeilenabschnitten in einem Sehvorgang zu erfassen versuchen. Auf diese Weise lesen Sie dann Zeilenabschnitt für Zeilenabschnitt.

Später können Sie dann so verfahren, dass Sie mit dem Lesen jeweils dort beginnen, wo die erste senkrechte Linie die Zeile schneidet, um dann mit dem Blick dorthin zu wandern, wo die zweite Linie die Zeile schneidet. Sie werden zu Ihrer Überraschung feststellen, dass Sie auch mit zwei Augenbewegungen leicht die ganze Zeile überblicken können. Statt wie bisher durchschnittlich etwa neunmal pro Zeile den Blick zu stoppen, genügen beim peripheren Sehen anfangs drei, später nur noch zwei Augenbewegungen pro Zeile.

Nach etwa drei Monaten ist das periphere Sehen so weit entwickelt, dass sogar ein Innehalten pro Zeile genügt. Um sich diese Fähigkeit anzueignen, unterteilt man die Buchseiten jeweils durch eine in der Mitte gezogene senkrechte Linie und richtet den Blick dann jeweils nur noch auf diese Schnittstelle.

Es leuchtet ein, dass diese Technik die Augenmuskulatur ungemein entlastet; dabei ist sie leicht zu erlernen. Eine Zeile in drei Etappen lesen (und später in zwei) kann eigentlich jeder – wenn er es nur bewusst versucht – auf Anhieb. Sie können also ohne vorherige Übung die Belastung Ihrer Augen um zwei Drittel reduzieren, ohne sich selbst zu überfordern oder die Informationsaufnahme zu gefährden.

Versuchen Sie einmal das periphere Sehen anhand der nachstehenden Wörter beziehungsweise Wortgruppen zu üben.

	Anzahl der Buchstaben
Wort	4
Bogen	5
Erfolg	6
Begriff	7
Leistung	8
Bürostuhl	9
Motivation	10
Telefonbuch	11
Bilderrahmen	12
Konzentration	13
Aufmerksamkeit	14
Pflichterfüllen	15
Der ungeübte Leser	16
Hilfsbereitschaft	17
Ohne richtigen Grund	18
Sie arbeiten am besten	19
Arbeitspause einlegen	20
Prüfungsangst auflösen	21

Schnelllesen erhöht die Aufnahmegeschwindigkeit

Das Schnelllesen bewirkt automatisch eine höhere Aufnahmegeschwindigkeit, das heißt, man lernt dabei, Lerninhalte schnell aufzunehmen und zu verarbeiten. Das wiederum steigert die Leseleistung. Man kann sogar sagen, dass mit zunehmender Lesegeschwindigkeit die Durchdringung des Lernstoffes zunimmt.

Das mag daran liegen, dass die einzelnen Lerneinheiten schneller vor unserem geistigen Auge ablaufen und dadurch überschaubarer werden. Normalerweise kann man nach dreimonatigem Training in peripherem Sehen ein Buch von zweihundert Seiten bequem in zwei Stunden lesen, und diese Art zu lesen ist außerdem wesentlich weniger anstrengend als die konventionelle Wort-für-Wort-Technik.

Schnelllesen erweitert Wortschatz, Konzentrations- und Verarbeitungsvermögen

Im Laufe der Zeit hat die beschriebene Methode noch den weiteren Vorteil, dass Sie Ihren Wortschatz erheblich erweitern. Auch die Ausdrucksfähigkeit nimmt deutlich zu.

Zugleich wird das Gedächtnis trainiert, besonders wenn man es sich zur Gewohnheit macht, sich nach Beendigung eines Buches noch einmal den Inhalt vor Augen zu führen und sich über besonders wichtige Aussagen Klarheit zu verschaffen und die Bedeutung dieser Aussagen für das eigene Leben zu prüfen.

Es ist keineswegs der einzige Vorteil des Schnelllesens, dass man auf diese Weise in dergleichen Zeit ein Vielfaches an Stoff aufnehmen kann, sondern die Technik ermöglicht es uns auch, die eingesparte Zeit zur gründlicheren Verarbeitung des Lernstoffes zu verwenden; denn der Wert des Wissens liegt in seiner praktischen persönlichkeitsverändernden Wirkung.

Das Schnelllesen steigert im Übrigen auch die Konzentrationsfähigkeit, weil dem Leser dabei einfach keine Gelegenheit bleibt, an etwas anderes zu denken. Im Laufe der Zeit wird aufgrund des Lesetrainings die Konzentrationsfähigkeit erheblich zunehmen.

Sie können diesen Vorgang noch beschleunigen, wenn Sie regelmäßig die bereits aufgezeigten Konzentrationsübungen betreiben.

Nicht passiv, sondern aktiv lesen

Im Übrigen sollten Sie es sich noch zur Gewohnheit machen, Ihre Lesegeschwindigkeit dem jeweiligen Themenbereich und seiner Bedeutung anzupassen. Im Straßenverkehr kann man ja auch nicht immer Höchstgeschwindigkeit fahren, sondern man muss sich nach den Straßen- und Verkehrsregeln richten.

Bevor Sie anfangen, ein Buch zu lesen, sollten Sie das Inhaltsverzeichnis gründlich studieren. Oft erkennen Sie dabei schon, dass Sie das eine oder andere für Ihre Zwecke unwichtige Kapitel auslassen können. Prüfen Sie das Inhaltsverzeichnis wie ein Feinschmecker die Speisekarte und wählen Sie sorgfältig das für Sie Beste aus. Auch wenn Sie die Absicht haben, ein Buch ganz zu lesen, erhalten Sie so einen genauen Überblick darüber, was in welcher Reihenfolge geboten wird. Häufig genügt es, von einem weniger wichtigen Kapitel nur die Zusammenfassung zu lesen. Dabei sparen Sie Zeit und sind dennoch auf dem Laufenden.

Fragen Sie sich vor der Lektüre, was Sie von dem jeweiligen Buch eigentlich erwarten und worauf Sie besonders achten sollten. Derart werden Sie vom passiv Aufnehmenden zum aktiv Suchenden, und dadurch wiederum nehmen Ihr Interesse und Ihre Freude an der Arbeit zu. Schließlich ist es unter solchen Voraussetzungen wesentlich einfacher, Wichtiges von Unwichtigem zu unterscheiden, weil Sie ja genau wissen, wonach Sie suchen.

Gleichermaßen ist empfehlenswert, die Einleitung des jeweiligen Buches zu lesen, weil Sie – zumindest ist das in der Regel der Sinn jeder Einleitung – so mit den Absichten des Verfassers vertraut werden. Auch das Literaturverzeichnis am Ende des Buches ist häufig eine wahre Fundgrube. Manchmal stößt man im Literaturverzeichnis ansonsten weniger interessanter Bücher auf wichtige Hinweise, die in der Folge sehr nützlich sein können.

Wenn Sie dann ein Buch durcharbeiten, sollten Sie nach jedem Kapitel ein kurzes Resümee ziehen und noch einmal alles, was Ihnen wichtig erschienen ist, rekapitulieren: Besser noch ist es, alle interessanten und informativen Stellen durch eine Markierung am Rand zu kennzeichnen. Bei Bedarf kann man die so hervorgehobenen Stellen dann aus dem Buch herauskopieren oder in einem Wiederholungsgang das ganze Buch noch einmal auf solche Stellen hin durcharbeiten, um sich derart eine komprimierte Fassung des Textes anzueignen.

Doch wir wollen an dieser Stelle nicht vorgreifen und uns zunächst noch mit den verbreitetsten Lesehandikaps beschäftigen, bevor Sie anschließend mit den wirkungsvollsten Lesetechniken vertraut gemacht werden sollen.

Verbreitete Lesehandikaps

1. *Das Buchstabieren:*
   Die meisten von uns haben in der Schule noch gelernt, ein Wort Buchstabe für Buchstabe zu lesen. Unbewusst behalten viele Menschen diese Gewohnheit lebenslänglich bei, anstatt die Wörter als Ganzes zu lesen.
2. *Das Wort-für-Wort-Lesen:*
   Diese Lesetechnik stellt gegenüber der unter Punkt eins behandelten schon einen Fortschritt dar, dennoch ist sie eine große Belastung für die Augen und behindert den Lesefluss. Mit nur wenig Übung können Sie schon nach erstaunlich kurzer Zeit mit einem Blick ganze Wortgruppen erfassen, wodurch Sie unter anderem Ihre Augen erheblich entlasten.
3. *Das Mitsprechen:*
   Jede Art von Mitsprechen, sei es nun in Form von Lippenbewegungen, Flüstern oder nur gedanklichem Mitsprechen, bindet die Lesegeschwindigkeit an unser Sprechtempo. Da man wesentlich schneller lesen als schreiben kann, stellt das Mitsprechen also eine unnötige Verlangsamung der Lesegeschwindigkeit dar. Das Mitsprechen lässt sich durch ein Blatt Papier, das man zwischen die Lippen presst, unterbinden.
4. *Zeilenbegleitende Bewegungen:*
   Wenn man mit dem Zeigefinger, einem Bleistift oder einem

ähnlichen Gegenstand jede einzelne Zeile verfolgt, so verlangsamt das natürlich erheblich die Lesegeschwindigkeit.

5. *Das Doppelt- oder Dreifachlesen:*
Manche Leser gehen mit dem Blick immer wieder um einige Wörter zurück, obwohl sie die jeweilige Stelle schon einmal oder häufiger gelesen haben. Das passiert immer dann, wenn man nicht konzentriert bei der Sache ist und folglich immer wieder Anschluss an den Text suchen muss.

6. *Zu häufiges Fixieren:*
Wie schon erwähnt, müssen unsere Augen beim Wort-für-Wort-Lesen durchschnittlich neunmal pro Zeile ein neues Zeilensegment fixieren. Die Anzahl dieser Fixationspunkte lässt sich mit einiger Übung leicht auf zwei reduzieren, mit ein wenig zusätzlichem Training sogar auf einen. Man sollte jedenfalls nicht mit dem ersten Wort einer Zeile beginnen und auch nicht mit dem letzten aufhören, und wenn man mit dem zweiten beginnt und mit dem vorletzten aufhört, so sieht man ohne zusätzliche Anstrengung automatisch auch das erste und das letzte Wort. Neben der Steigerung der Lesegeschwindigkeit bewirkt die Verminderung der Anzahl der Fixationspunkte außerdem noch eine wesentliche Entlastung der Augenmuskeln.

7. *Das hastige Lesen:*
Viele Menschen verwechseln schnelles Lesen mit hastigem Lesen. Schnelles Lesen sollte jedoch, wenn man es richtig anstellt, nach und nach eine Beruhigung bewirken.

Sobald Sie aber merken, dass Sie innerlich unruhig werden, sollten Sie Ihre Lesegeschwindigkeit so lange reduzieren, bis Sie wieder ohne Nervosität schnell lesen können. Wenn jedoch die Unruhe nicht weichen will, so ist es empfehlenswert, ein paar Zeilen des Buches in der erwähnten Silbe-für-Silbe-Lesetechnik zu lesen. Das wird Sie innerhalb von zwei Minuten ruhig stimmen.

8. *Das undifferenzierte Lesen:*
Die meisten Menschen richten ihre Lesegeschwindigkeit nicht nach dem jeweiligen Text, sondern lesen alles – gleichgültig ob eine wissenschaftliche Abhandlung, einen Roman oder die Sportnachrichten in der Zeitung – in einem und demselben Tempo. Sie hingegen sollten Ihre Lesegeschwindigkeit nach dem Schwierigkeitsgrad des Textes richten, das heißt leichte Texte schnell und schwierige langsamer lesen, weil die Aneignung einer komplexen Problematik natürlich zeitaufwendiger ist als die Lektüre der Gesellschaftsnachrichten.

Der Lesestoff bestimmt die Lesegeschwindigkeit

Je nach Art und dem Schwierigkeitsgrad des Lesestoffs ist eine andere Lesetechnik angebracht.

◇ *Das orientierende Lesen:*
Diese Lesetechnik dient dazu, einen Text zu überfliegen und dabei nur auf bestimmte Aussagen und Zusammenhänge zu achten. Auf diese Weise sucht man wichtige Stellen in Büchern, prüft man einen Text auf Tauglichkeit für bestimmte Zwecke oder versucht man herauszufinden, worum es in einem Werk eigentlich geht. Der Vorteil dieser Methode besteht darin, dass man sein Gedächtnis von allem Wissensballast freihält und sich nur einprägt, was wirklich wichtig ist. Beim orientierenden Lesen kann man bis zu zweihundertfünfzig Wörter pro Minute überfliegen.

◇ *Das normale Lesen:*
Beim normalen Lesen können Sie bis zu hundertachtzig Wörter pro Minute aufnehmen. Bei dieser Geschwindigkeit ist es möglich, ohne Überanstrengung den Text in allen Einzelheiten aufzunehmen, solange darin keine schwierigen, technischen Probleme oder mathematisch-naturwissenschaftli-

chen Formeln und Berechnungen oder dergleichen mehr vorkommen.

◇ *Das sorgfältige Lesen:*
Sorgfältiges Lesen bedeutet, in der Minute etwa hundert Wörter aufzunehmen. In dieser Geschwindigkeit sollte man Texte lesen, die einen Gegenstand detailliert behandeln. Auch wenn Sie beispielsweise ein fremdsprachliches Buch lesen, sollten Sie sich an dieses Tempo halten. Man liest einen Text immer dann sorgfältig, wenn es gilt, etwas Neues aufzunehmen.

◇ *Das intensive Lesen:*
Dieses Tempo ist angebracht, wenn Sie einen hochwissenschaftlichen Text lesen und sich beispielsweise mit philosophischen, juristischen oder mathematischen Problemen beschäftigen. Diese Geschwindigkeit entspricht etwa zwanzig Wörtern pro Minute.

Verdoppeln Sie Ihre Lesegeschwindigkeit in nur einer Woche

Sobald Sie ein wenig trainiert sind und sich von den genannten Lesehandikaps befreit haben, wird es für Sie kein Problem mehr sein, einen normalen Text in einer Geschwindigkeit von fünf- bis siebenhundert Wörtern pro Minute zu lesen. Ein ungeübter Leser schafft dagegen nur zwischen hundert und hundertfünfzig Wörtern in der Minute.

In bloß zwei Stunden können Sie, wenn Sie nur intensiv genug trainieren, Ihre Lesegeschwindigkeit verdoppeln. Genauso gut jedoch können Sie dieses Programm auf eine Woche verteilen. Dann bedarf es nur einer Übungszeit von fünfzehn Minuten täglich.

Zusammenfassung

1. Sie können innerhalb von zwei Stunden Ihre Lesegeschwindigkeit verdoppeln, wenn Sie sich von dem größten Lesehandikap, dem stummen Mitsprechen, befreien.
2. Innerhalb von nur drei Monaten können Sie Ihr Lesetempo verdreifachen, wenn Sie sich von allen weiteren hier beschriebenen Lesehandikaps befreien und das periphere Sehen trainieren.
3. Schnelles Lesen steigert die Konzentrationsfähigkeit, stärkt das Auffassungsvermögen und verbessert das Gedächtnis.
4. Mit Hilfe der Technik des peripheren Sehens kann man in etwa zwei Stunden ein zweihundert Seiten starkes Buch lesen.
5. Die durch das Schnelllesen eingesparte Zeit sollte man nicht ausschließlich dazu verwenden, das Lesepensum zu erhöhen, sondern auch dazu, den Stoff gründlicher zu verarbeiten.
6. Nach jedem Kapitel eines Buches sollten Sie sich dessen Inhalt noch einmal kurz vor Augen führen.
7. Die wichtigsten Lesehandikaps sind: Buchstabieren, Wort-für-Wort-Lesen, Mitsprechen, zeilenbegleitende Bewegungen, Doppelt- oder Dreifachlesen, häufiges Fixieren, hastiges Lesen, undifferenziertes Lesen.
8. Man unterscheidet vier Lesegeschwindigkeiten: das orientierende Lesen mit etwa zweihundertfünfzig Wörtern pro Minute; das normale Lesen mit etwa hundertachtzig Wörtern pro Minute; das sorgfältige Lesen mit etwa hundert Wörtern pro Minute; das intensive Lesen mit etwa zwanzig Wörtern pro Minute.
9. Sobald Sie sich von allen Lesehandikaps freigemacht haben, können Sie etwa fünf- bis siebenhundert Wörter in der Minute lesen.

TEIL II

Die besten Lernmethoden

Kapitel 11
Lernen im Schlaf

Diese Methode ist seit dem Jahr 1936 bekannt, als in der Presse berichtet wurde, eine bestimmte Hollywood-Schauspielerin habe ihre Rolle buchstäblich im Schlaf gelernt. Sie fand Nachahmer, und schon kurze Zeit darauf gab es eine ganze Reihe von Instituten, an denen man sich in dieser Methode unterweisen lassen konnte.

Die Ergebnisse waren wirklich so Aufsehen erregend und ermutigend, dass Wissenschaftler eine neue Epoche des Lernens prophezeiten. Nach einiger Zeit jedoch zeigten sich auch unangenehme Nebenwirkungen. Zwar lernten die unter Beobachtung stehenden Versuchspersonen im Schlaf, in ihrer Wachphase waren sie jedoch nervös und gereizt und mussten diese Form des Lernens unterbrechen. Wer aber bereit war, diese Nebenwirkungen in Kauf zu nehmen, dessen Ergebnisse konnten sich sehen lassen.

Während des Zweiten Weltkrieges schulte der amerikanische Geheimdienst seine Agenten mit Hilfe dieser Technik. Die Männer erlernten auf diese Weise die Dialekte und Bräuche ihrer Einsatzgebiete und ihren fingierten Lebenslauf. Der Erfolg gab der Methode recht. Übergewichtige nahmen mit Hilfe der Schlafsuggestion ab. Ein kleiner Junge lernte in nur einer Nacht ein vier Seiten langes Gedicht auswendig. Ein bekannter Fernsehstar erlernte auf diesem Weg sogar innerhalb von nur zehn Nächten passabel das Mandarin-Chinesisch, die schwerste Sprache der Welt. Nach dem Ende des Experiments unterhielt er sich in einer Fernsehshow mit dem chinesischen Konsul fließend in dessen Sprache. Man kann auch bettnässende Kinder mittels der Schlafsuggestion von ihrem Leiden befreien.

Erfahrungsgemäß führt diese Methode in siebzig bis achtzig Prozent aller Fälle innerhalb von drei Tagen zum Erfolg. Wie ist das zu erklären?

Grundsätzliches über die Schlafsuggestion

In jahrelangen Versuchen haben sich drei grundlegende Erkenntnisse über die Schlafsuggestion herausgebildet:

1. Die Vermittlung von Wissensinhalten ist auch im Schlaf möglich.
2. Neben dieser Wissensvermittlung im Schlaf besteht auch die Möglichkeit einer allgemeinen massiven emotionalen Beeinflussung in diesem Zustand.
3. Die Empfänglichkeit des Unterbewusstseins für solche Wissensvermittlung beziehungsweise emotionale Beeinflussung entspricht dem Grad der Entspannung des Schlafenden.

Die Technik des Lernens im Schlaf ist einfach in der Anwendung, wenn man die folgenden Punkte beachtet:

- ◇ Streben Sie keine raschen Anfangserfolge an, sonst verkrampfen Sie sich und erreichen nichts.
- ◇ Erwarten Sie nichts, und schlafen Sie so entspannt wie möglich. Nur in der Entspanntheit entwickelt das Unterbewusstsein seine volle Aufnahmefähigkeit.
- ◇ Vermeiden Sie besonders die Erwartungsspannung. Diese Verspannung tritt auf, wenn man daran denkt, dass jetzt etwas Besonderes geschehen wird, wenn Sie also neugierig sind und zu viel erwarten.

Es ist daher besser, sich mit der neuen Technik erst einmal allgemein vertraut zu machen; zum Beispiel können Sie sich zunächst Suggestionen zur Steigerung der Motivation und der Freude am Lernen geben und diese »Einflüsterungen« ein bis zwei Wochen lang nachts auf sich wirken lassen. Sie sollten sich auf diese Art von Suggestionen so lange beschränken, bis

Sie dabei völlig entspannt schlafen. Bei nervösen Personen hat sich die Einnahme eines Vitaminpräparates bewährt, welches die Nervenvitamine B_1, B_6 und B_{12} enthält. Diese neurotropen Vitamine sind zum Beispiel in Neurotrat forte enthalten.

So gehen Sie vor

Gehen Sie in der Praxis folgendermaßen vor: Stellen Sie die Einschaltautomatik Ihres Kassettengeräts so ein, dass der Recorder sich etwa zehn Minuten nachdem Sie eingeschlafen sind einschaltet und ein bis zwei Stunden läuft. Zu diesem Zweck besorgen Sie sich in einem Fachgeschäft ein Endlosband.

Am besten lernen wir in der so genannten Alphaphase des Schlafens. In dieser Phase hat unsere Hirnstromaktivität eine Frequenz von sieben bis vierzehn Hertz. Optimal sind zehneinhalb Schwingungen pro Sekunde. Es ist bekannt, dass sich jeder Mensch während der Nacht viermal in dieser Phase befindet, die zeitliche Abfolge dieser Phasen ist jedoch noch unklar. Sicher ist, dass eine dieser Phasen zehn bis fünfzehn Minuten nach dem Einschlafen beginnt und dass wir uns auch unmittelbar vor dem normalen, nicht erzwungenen Erwachen in diesem Zustand befinden.

Daher sind die beiden Phasen kurz nach dem Einschlafen und unmittelbar vor dem Erwachen für die Schlafsuggestion am geeignetsten. Die Dauer der einzelnen Alphaphasen lässt sich noch nicht genau vorhersagen; sie haben eine Länge von drei bis fünfzig Minuten.

Im Übrigen sollte man während der Periode, da man sich der Schlafsuggestion aussetzt, jedenfalls in der ersten Zeit, alkoholische Getränke meiden, da sie die Lernfähigkeit stark reduzieren. Deshalb kann man jedoch ohne Weiteres tagsüber zum Essen ein Glas Bier oder Wein trinken; mehr sollte es allerdings möglichst nicht sein.

Wenn Sie mit der Anwendung der Schlaflerntechnik beginnen, sollten in der Anfangsperiode die auf Band gesprochenen Lernpassagen nicht kürzer als drei und nicht länger als zehn Minuten sein. Mit zunehmender Übung kann man dann die Länge der Passagen bis auf dreißig Minuten ausdehnen; aber damit sollten Sie warten, bis Sie mit kurzen Texten gute Ergebnisse erzielt haben. Es empfiehlt sich, jeden Lerntext jeweils drei Nächte lang abzuspielen, da es ja passieren kann, dass ein Text, während er vom Band gesprochen wird, länger ist als die Alphaphase und er somit das Unterbewusstsein nicht vollständig erreicht.

Motivierung im Schlaf

Um allgemeine Lernunlust zu beseitigen oder gar nicht erst aufkommen zu lassen, kann man zu Beginn der Schlafsuggestionsarbeit ein reines Motivationsband laufen lassen. Wenn die Widerstände besonders groß sind, ist es auch möglich, jedes Lernband mit einer entsprechenden Suggestion zu beginnen. Dies könnte etwa folgenden Wortlaut haben:

> »Lernen macht mir Freude. Ich bin dabei völlig gelöst und entspannt und nehme die Lerntexte optimal auf. Ich kann mich jederzeit an alles Gelernte erinnern und freue mich an meinen guten Fortschritten. Durch nichts lasse ich mich abhalten, dieses Programm bis zum erfolgreichen Abschluss durchzuhalten. Ich bin sehr froh, dass ich auf diesem Weg so leicht und schnell lernen kann und fühle mich dabei ganz wohl.«

Natürlich sollten Sie nicht einfach diesen Text übernehmen, sondern den Wortlaut ganz auf Ihre Bedürfnisse abstimmen und in eigenen Worten formulieren, weil das Unterbewusstsein eigene Formulierungen erkennt und viel leichter akzeptiert.

So hat zum Beispiel Dr. Boris Sidis, ein Psychologieprofessor der Harvard University, seinem Sohn Billy während des Schlafes Suggestionen erteilt. Zweck dieser Suggestionen war es herauszufinden, inwieweit sich der Erziehungsprozess auf diese Weise beschleunigen lasse. Zu Sidis eigener Überraschung zeigte sich, dass sein Sohn derart nicht nur schneller, sondern auch völlig mühelos lernte. Billy schrieb bereits mit drei Jahren Schreibmaschine, und mit vier Jahren las und verstand er Lehrbücher. Nachdem er mit sieben Jahren die Elementarstufe der Grundschule hinter sich gebracht hatte, brauchte er nur weitere fünf Monate, um das Pensum der gesamten acht Jahre zu bewältigen. Im Alter von acht Jahren lernte er in nur sechs Wochen den gesamten Lehrstoff der High-School, und mit elf Jahren hielt er bereits auf Einladung der Harvard University Vorlesungen und wies dabei auf eine nach seiner Auffassung bestehende Unstimmigkeit in der Einsteinschen Relativitätstheorie hin.

Auch wenn Sie kein Genie werden wollen, können Sie diese Methode zu Ihrem Vorteil benutzen. Besonders die folgende Variante der Methode bewirkt ohne große Umstände eine deutliche Verbesserung der Merk- und Lernfähigkeit.

Das Vorschlaflernen

Vielen Menschen ist aus eigener Erfahrung bekannt, dass sie besonders gut und schnell abends vor dem Einschlafen im Bett lernen. Tatsächlich hat die Forschung diese individuelle Erfahrung inzwischen bestätigt. Wer tagsüber einmal lernt, behält davon etwa neun Prozent, wenn er danach etwas anderes tut. Wer jedoch abends etwas einmal lernt und danach schläft, behält davon sechsundfünfzig Prozent.

Dieses gute Ergebnis erreichen Sie jedoch nur, wenn Sie sich nicht zwingen wach zu bleiben, sondern einschlafen, sobald Ihnen die Augen zufallen wollen. Aber das gilt nicht nur für den

Abend. Tatsächlich können Sie die gleichen guten Ergebnisse erwarten, wenn Sie tagsüber nach dem Lernen für kurze Zeit schlafen. Dabei spielt die Dauer des Schlafes keine Rolle, und die Ergebnisse sind auch noch befriedigend, wenn Sie sich erst einige Zeit nach dem Lernen schlafen legen. Entsprechende Experimente an der Universität von Colorado stützen diese Behauptung. Gleichzeitig wurde dort auch festgestellt, dass das Schlafen vor dem Lernen die Lernleistung deutlich herabsetzt. Je kürzer das Nickerchen vor dem Lernen, desto deutlicher ist das Lernvermögen herabgesetzt. Erst etwa eine Stunde nach dem Aufwachen verliert sich dieser Effekt.

Wenn Sie von dieser Erkenntnis optimal profitieren wollen, sollten Sie sich angewöhnen, vor dem Schlafen zu lernen oder nach dem Lernen kurz zu schlafen.

Kombiniertes Lernen

Wenn es darauf ankommt, in möglichst kurzer Zeit möglichst viel Lernstoff aufzunehmen, dann sollten Sie die folgende Technik anwenden:

1. Das Vorschlaflernen, wobei Sie vor dem Einschlafen lernen, bis Ihnen die Augen zufallen.
2. Das Schlaflernen, wobei Sie sich der oben beschriebenen Technik der Schlafsuggestion bedienen.
3. Das Nachlernen, wobei Sie etwa eine Stunde nach dem Aufwachen den Lernstoff noch einmal bewusst aufnehmen. Sie werden dann feststellen, dass Sie gar nicht mehr zu lernen brauchen, sondern dass Ihnen der Stoff bereits vertraut ist und Sie nur noch eventuelle Lücken schließen und die Assoziationen vertiefen müssen.

Lernen in Tiefenentspannung

Die dem Schlaflernen verwandte Methode der Tiefenentspannung, also des Lernens in einem völlig entspannten Zustand, können Sie jederzeit anwenden. Sie hat den großen Vorteil, dass die Nebenwirkungen nur angenehm sind. Sie fühlen sich hinterher wunderbar erholt und frisch, ja sogar psychisch gefestigt.

Wir hatten schon festgestellt, dass der Mensch umso aufnahmefähiger ist, je entspannter er ist. Wir optimieren daher unsere Aufnahmefähigkeit durch eine besonders gründliche Ganzkörperentspannung. Dabei sorgen wir zunächst dafür, dass wir nicht gestört werden. Telefon und Hausklingel sollte man möglichst abstellen und den Raum vielleicht etwas abdunkeln. Dann legen wir uns ganz bequem auf eine Liege, wer mag, kann sich auch auf den Fußboden oder eine Decke legen.

Nun lenken wir unser Bewusstsein ganz in unsere rechte Hand und stellen uns vor, dass unsere rechte Hand schwer wird. Ohne Anstrengung, aber ständig konzentrieren wir unser Bewusstsein auf unsere rechte Hand und spüren dort, wie diese Hand schwerer und schwerer wird. Immer schwerer und schwerer, bis dieses Gefühl ganz deutlich ist. Dann machen wir das Gleiche mit unserem rechten Unterarm und danach mit dem ganzen rechten Arm. Wir wiederholen das Ganze mit der linken Hand, dann mit dem rechtem Fuß, dem linken Fuß, dem Unterkörper, dem Oberkörper und zum Schluss mit dem Hals und dem Kopf. Hier sprechen wir ebenfalls alle Bereiche einzeln an, also wir entspannen zunächst die Stirn, lassen sie ganz locker und schwer werden und dann die kleinen Muskeln, die Augen und schließlich die Mundpartie. Dabei soll die Zunge ganz locker im Mund liegen, und auch der Unterkiefer ist entspannt, und die Zähne liegen nicht mehr aufeinander.

Zum Schluss achten wir noch auf unsere Atmung und lassen diese langsam tiefer und tiefer werden. Das Ganze dauert etwa fünfzehn Minuten. Nun sollte eine Schaltuhr den Recorder mit unserem Lernstoff einschalten.

In diesem Zustand nehmen wir Lerninhalte leichter und schneller auf, vor allem aber mit angenehmen Nebenwirkungen. Wir sind nach dem Lernen völlig frisch und erholt.

Zusammenfassend kann man sagen, dass diese Methode zwar nicht ganz die Erwartungen erfüllt hat, die man anfangs in sie setzte, aber bei richtiger Anwendung kann man auf diese Weise erstaunliche Ergebnisse erzielen und seine Lern- und Merkfähigkeit um ein Vielfaches erhöhen.

Zusammenfassung

1. Lernen im Schlaf macht nach zwei bis drei Wochen nervös. Nimmt man diese Nebenwirkung in Kauf, so kann das Ergebnis sich sehen lassen. Ein Vitaminpräparat wie Neurotrat forte kann die entstehende Nervosität dämpfen.
2. Mit Hilfe der Schlafsuggestion lassen sich siebzig bis achtzig Prozent bettnässender Kinder innerhalb von zwei bis drei Tagen von ihrem Leiden heilen.
3. Man kann im Schlaf nicht nur Informationen aufnehmen, sondern auch durch Suggestionen beeinflusst werden. Diese Suggestionen kann man sich von anderen geben lassen, oder man kann sie sich selbst geben. Die Wirkung ist die gleiche.
4. Streben Sie keine raschen Anfangserfolge an, sonst verkrampfen Sie sich nur. Besser ist es, Sie geben sich anfangs nur eine Woche lang lernfördernde Suggestionen, und zwar bis Sie sich an die Methode gewöhnt haben.
5. Wir lernen im Schlaf vorwiegend in der Alphaphase, also bei einer Gehirnstromfrequenz zwischen sieben und vierzehn Hertz; optimal sind zehneinhalb.
6. Anfangs sollen die Lerntexte nicht länger als drei bis zehn Minuten dauern und drei Nächte lang wiederholt werden.
7. Während des Lernens im Schlaf sollte man alkoholische Getränke meiden, zumindest nach dem Mittagessen keinen Alkohol mehr trinken.

8. Man kann die Lernmotivation durch entsprechende Suggestionen in der Nacht erheblich steigern.
9. Was man tagsüber lernt, behält man nach einmaligem Lesen zu neun Prozent. Was man aber vor dem Schlafengehen lernt, behält man zu sechsundfünfzig Prozent.
10. Die besten Erfolge erzielt man mit einer kombinierten Methode. Dabei lernt man den Lernstoff einmal vor dem Schlafengehen, wiederholt ihn per Recorder einmal oder mehrmals während der Nacht und dann noch einmal am Morgen, frühestens eine Stunde nach dem Erwachen. Das reicht üblicherweise aus, um den Lernstoff nach einem solchen Durchgang zu beherrschen.
11. Eine Abwandlung des Lernens im Schlaf, das Lernen in Tiefenentspannung, ist ebenfalls sehr wirkungsvoll. Hierbei lenkt man die Konzentration der Reihe nach auf alle Körperteile und -regionen und sorgt derart für einen umfassenden Entspannungszustand, worin man gleichfalls äußerst aufnahmefähig ist.

Kapitel 12

Lernen im Hypnosezustand – Fremd- oder Selbsthypnose

Mit der Hypnose verbinden viele Menschen fantastische Vorstellungen, ohne zu ahnen, dass die Wirklichkeit in mancher Beziehung noch viel fantastischer ist.

Jeder Mensch hat ein Universalgedächtnis

Wer weiß schon, dass jeder Mensch ein Universalgedächtnis hat und gar nicht in der Lage ist, auch nur die geringste Kleinigkeit zu vergessen. Nichts, was einmal gespeichert ist, kann wieder verloren gehen, das lässt sich in der Hypnose leicht beweisen. So hatte ich einen Patienten, der als Kleinkind in Afrika gelebt hatte, aber die Eltern zogen nach Deutschland, als er gerade drei Jahre alt war. Im Wachzustand konnte er sich nicht mehr an Afrikaans erinnern, das er damals schon recht gut gesprochen hatte. In der Hypnose sprach er jedoch sofort wieder ebenso gut wie damals, als lägen nicht fast fünfzig Jahre dazwischen.

In einem anderen Versuch versetzte ich einen Patienten in die frühe Kindheit zurück, und er erlebte noch einmal in allen Einzelheiten seinen Besuch in einem in der ehemaligen Deutschen Demokratischen Republik gelegenen beliebten Ausflugsort, den er seit damals nicht mehr gesehen hatte. Obwohl er damals erst zwei Jahre alt gewesen war, konnte er genau angeben, wie viele Stufen die Treppe des Aussichtsturms gehabt hatte. Das machte mich doch stutzig; denn er konnte ja damals noch gar nicht zählen. Auch ihm ließ diese scheinbare Unstimmigkeit keine Ruhe, und das führte dazu, dass er einmal seiner früheren Heimat einen Besuch abstattete und diesen Aussichtsturm aufsuchte. Der stand unverändert, und zu seinem Erstaunen musste er feststellen, dass genau vierunddreißig Stufen hinaufführten, genau wie er es Monate zuvor in Hypnose behauptet hatte. Die Erklärung ist einfach. Obwohl er damals noch keinen Begriff für die Zahl vierunddreißig gehabt hatte, war in seinem Unterbewusstsein gespeichert, wie viele Schritte sein Vater damals mit ihm machte, bis sie oben auf dem Turm standen. Später lernte er, dass diese Anzahl vierunddreißig genannt wird, und konnte sie daher auch richtig angeben. Dass solche »Rückversetzungen« tatsächlich auf die damalige Bewusstseinsebene führen, kann man auch daran erkennen, dass die Hypnotisierten dieselben Rechtschreibfehler machen wie zu der historischen Realzeit und auch die Schrift wieder die früheren kindlichen Züge annimmt. Auch das Schreiben selbst dauert wieder so lange wie früher.

Wir können also davon ausgehen, dass unser Gedächtnis nicht nur etwa im Hypnosezustand, sondern jederzeit in jedem Zustand alle Wahrnehmungen genau speichert. Dazu bedarf es nicht der geringsten Anstrengungen. Deshalb reagiert unser Unterbewusstsein auch unwillig, wenn wir uns auf die althergebrachte Weise bemühen zu »pauken«. Tatsächlich hat unser Gedächtnis alle Daten bereits nach dem ersten Mal unauslöschlich gespeichert, und jede Wiederholung ist ermüdend und langweilig. Aber wegen dieser sinnlosen Wiederholungen entsteht dann der Eindruck, Lernen sei anstrengend und schwierig.

Es geht um die Abrufbarkeit der Gedächtnisinhalte

Nicht das Einprägen der Daten als solcher ist lernentscheidend, das geschieht ja ohnehin und ganz mühelos, sondern das Training der Reproduktionsfähigkeit. Einzig wichtig ist, den Gedächtnisinhalt jederzeit und möglichst mühelos abrufen zu können.

Auch dieses Training kann spielend leicht sein, wenn wir dabei nur richtig vorgehen. Richtig vorgehen heißt, sich den Lerninhalt schon beim ersten Mal bildhaft vorzustellen, also sich die praktische Bedeutung einer Information plastisch vor Augen zu führen. Die »Sprache« des Unterbewusstseins ist, wie schon gesagt, das Bild, und wenn man einen Lerninhalt automatisch in die Sprache des Unterbewusstseins übersetzt, kann es ihn gleich in bildhafter Form aufnehmen.

Wenn man auf diese Weise mit einem Lerninhalt umgeht, so wird man schnell feststellen, dass das eigentliche Lernen überflüssig wird und man den Lerninhalt ohne Wiederholung jederzeit erinnern kann. Doch das Wichtigste an dieser Methode ist, dass Lernen unter solchen Voraussetzungen Freude macht.

»Pauken« ist überflüssig

Doch zurück zur Hypnose und zu einem interessanten Experiment. Vor drei Jahren besuchten zwei Studenten mein Seminar »Hypnose für die Praxis«. Später informierten sie mich, dass sie besonders an dem Zusammenhang von Hypnose und Lernen interessiert gewesen seien. Sie bildeten mit einigen Kommilitonen einen Arbeitskreis »Lernen in Hypnose« und prüften die einzelnen Möglichkeiten in der Praxis.

So erhielt ein Teil der Gruppe jeden Morgen die Suggestion: »Heute fällt mir das Lernen leicht; mein Gedächtnis arbeitet vorzüglich. In Prüfungssituationen bin ich ruhig und entspannt und gebe die richtigen Antworten. Meine Leistungen verbessern sich von Tag zu Tag, und das Lernen bereitet mir Freude.« Andere Gruppenmitglieder gaben sich ähnliche Suggestionen in Selbsthypnose. Sie hatten mit ihrem Unterbewusstsein durch Suggestion »vereinbart«, dass es genüge, die Augen zu schließen und dabei langsam rückwärts von zehn bis eins zu zählen und von Zahl zu Zahl tiefer in Hypnose zu sinken, bis sie bei eins tief in Hypnose seien, dann den Gedankenbefehl, den sie sich geben würden, strikt auszuführen.

Alle Beteiligten haben ihr Studium erfolgreich abgeschlossen. Sie sind sich einig, dass dieser Weg allen einen enormen Vorteil gebracht hat, und betonen vor allem, wie viel Freude das Lernen gemacht hat und dass dies die größte Hilfe gewesen ist, zumal zwei von ihnen sich schon mit dem Gedanken getragen hatten, das Studium aufzugeben, weil ihre Leistungen unzureichend gewesen waren. Beide haben nun beschlossen, ihre Dissertation dem Thema »Lernen in Hypnose« zu widmen.

So wird Lernen völlig mühelos

Sehr viel weiter auf diesem Gebiet als wir im Westen sind die Russen, wenngleich ihre Forschungen einen anderen Schwerpunkt haben. Hier ist vor allem die Arbeit von Dr. Wladimir Leonidowitsch Raikow zu erwähnen, dem wohl bedeutendsten russischen Hypnoseforscher. Er versetzt Schüler in Hypnose und suggeriert ihnen, dass sie bedeutende Maler, Musiker oder Wissenschaftler seien, und die Schüler entwickeln auf diese Weise sehr schnell Fähigkeiten, die sie sonst gar nicht oder sehr mühsam erwerben könnten. Im Hypnosezustand sind die Schüler dann in der Lage, auf »ihrem« Gebiet Leistungen zu erbringen, zu denen sie sonst nicht annähernd fähig wären. Weckt man dann einen solchen Schüler aus der Hypnose auf, bleiben die Fähigkeiten zum Teil erhalten. Auf diese Weise sind Gemälde entstanden, die den Vergleich mit berühmten Vorbildern nicht zu scheuen brauchen.

Ähnliche Erfolge hat Dr. Raikow bei Musikern zu verzeichnen. Hier wird dem Schüler eine Schallplatte seines Vorbildes vorgespielt, und er bekommt in Hypnose die Suggestion, dass er selbst dies gespielt habe. Dann setzt sich der Schüler an sein Instrument und spielt das betreffende Stück. Meist beherrscht er das Stück nach ganz kurzer Zeit aus dem Gedächtnis und spielt absolut meisterhaft. Auch bei Lampenfieber und dadurch verringerten Leistungen kann wirksam geholfen werden. Schließlich litt ja selbst der große Rachmaninow unter Lampenfieber und wurde durch Hypnose davon befreit.

Einmal ließ Dr. Raikow einen Studenten gegen den ehemaligen russischen Schachweltmeister MICHAIL TAL spielen, und natürlich wurde der Schüler in wenigen Zügen vernichtend geschlagen. Dann gab er dem Schüler in der Hypnose die Suggestion, dieser sei der verstorbene frühere amerikanische Schachmeister Paul Murphy. Das genügte, um zu erreichen, dass der Student in den nächsten drei Partien glänzend spielte und in der dritten Partie sogar ein Remis erreichte.

Auch Studenten, die sonst in schwierigen Rechenaufgaben stets mehrere Fehler machten, lösten die gestellten Aufgaben in Hypnose absolut fehlerfrei, und noch dazu in der Hälfte der bisher benötigten Zeit.

Zusammenfassend und auf unsere Verhältnisse übertragen kann man sagen, dass die Hypnose durchaus ein Weg sein kann, das Lernen nicht nur wesentlich zu erleichtern, sondern vor allem die Freude daran zu steigern.

Dies zeigt vor allem ganz klar das Beispiel der eingangs erwähnten Studenten. Sie konnten sich sogar mittels eines bestimmten Auslösers posthypnotische Befehle geben. Die Studenten gaben sich zu diesen Zweck in Selbsthypnose die folgende Suggestion: »Jedes Mal wenn ich den Daumen, Mittelfinger und Zeigefinger meiner linken Hand aneinander drücke, bin ich sofort optimal aufnahmefähig und kann mich an alles, was ich dann höre, jederzeit genau erinnern. Ich konzentriere mich dann ausschließlich auf das, was ich höre, und lasse mich durch nichts mehr ablenken, und meine Leistungen werden dadurch von Mal zu Mal immer besser und besser.« Aufgrund dieser Tricks konnten sie darauf verzichten, die ganze Zeit in Hypnose zu sein, und erreichten ein optimales Ergebnis durch einfachen Fingerdruck.

Aber auch die Steigerung des Selbstbewusstseins und der Motivation sowie die Beseitigung von Lernunwilligkeit durch Hypnose ist erwiesenermaßen möglich. Die entsprechenden Suggestionen bewirken eine Stärkung der Lern- und Merkfähigkeit, erhöhen die Freude am Lernen und kommen somit wiederum der Lernleistung zugute.

Zusammenfassung

1. Jeder Mensch hat ein Universalgedächtnis; was einmal gespeichert ist, kann nicht wieder vergessen werden. Wir müssen nur lernen, uns an das Gelernte zu erinnern.
2. Nicht die Informationsaufnahme ist das Wichtigste am Lernen, sondern Training der Reproduktionsfähigkeit. Wichtig ist die Fähigkeit, die »Daten« jederzeit abrufen zu können.
3. Die »Sprache« des Unterbewusstseins ist das Bild. Wir sollten daher automatisch alle Lerninhalte in die Bildersprache übersetzen, um dem Unterbewusstsein den Umgang damit zu erleichtern und weil Lernen auf diese Weise viel mehr Freude macht.
4. Die Selbsthypnose hat die gleiche Wirkung wie die Fremdhypnose. Ein Experiment einer Gruppe von Studenten hat gezeigt, dass mit Hilfe der Selbsthypnose auch leistungsschwache Studenten erfolgreich sein können.
5. Unter der Leitung von Dr. W. L. RAIKOW werden in Russland ganze Gruppen von Schülern in Hypnose versetzt und erhalten die Suggestion, bedeutende Wissenschaftler, Maler oder Musiker zu sein. Dadurch werden bisher verborgene Talente freigesetzt, und nach nur drei Monaten erbringen die Schüler auf ihrem jeweiligen Gebiet Spitzenleistungen.
6. Auch Lampenfieber und Prüfungsangst kann man mit Hilfe von Selbst- oder Fremdhypnose beseitigen.
7. Vor allem die Freude am Lernen lässt sich durch im Hypnosezustand wirksam werdende Suggestionen steigern.
8. Man kann in Fremd- oder Selbsthypnose mit seinem Unterbewusstsein ein bestimmtes Auslösersignal vereinbaren. Erteilt man

dieses Signal, so reagiert das Unterbewusstsein automatisch in der zuvor festgelegten Weise. Bedeutet also das Signal »speichern«, so speichert das Unterbewusstsein, sobald es das Signal erhält, alle Informationen, die es erreichen.

9. Eine große Hilfe ist die Hypnose auch bei der heute so verbreiteten Lernunwilligkeit. Man möchte zwar etwas können, ist aber nicht wirklich bereit, dafür auch etwas zu tun. Mit Hilfe der Hypnose lässt sich nicht nur die Motivation steigern, sondern auch die Lern- und Merkfähigkeit und damit wiederum die Lernleistung.

Kapitel 13
Lernen im Thetabereich

Entdecken Sie Ihre kreative Phase

Jeder Mensch befindet sich kurz vor dem Einschlafen und unmittelbar nach dem Erwachen in einem Zustand zwischen Tag und Traum. Viele Wissenschaftler und Künstler berichten, dass sie in diesen Augenblicken des Wachträumens ungewöhnlich kreativ seien. Eine ganze Reihe von großen Werken oder wissenschaftlichen Entdeckungen verdanken ihre Existenz dieser besonders kreativen Phase, die sich jeden Abend und jeden Morgen wiederholt.

Leider betrügen sich viele Menschen jeden Morgen um dieses Geschenk, da sie sich wecken lassen und dadurch diese Phase überspringen. Dabei könnten scheinbar unlösbare Probleme in dieser Phase zwischen Schlafen und Wachen ohne Anstrengung ihre Lösung finden. Forscher der medizinischen Fakultät der University of Colorado und des Biofeedback-Instituts in Denver haben diesen Zustand erforscht und festgestellt, dass er zum Lernen besonders geeignet ist. Es gibt Anzeichen dafür, dass in dieser Wachtraumphase die normalerweise dominierende linke Hälfte des Gehirns mit ihrer logischen Arbeitsweise der rechten Gehirnhälfte mit ihrer intuitiven und mehr emotionalen Arbeitsweise die Kontrolle übergibt. Dadurch entfallen die Denkblockaden und die Hindernisse des Intellekts von selbst, und der Weg für völlig neue Lösungen ist frei.

Das Training mit Hilfe eines Biofeedbackgerätes

Nun haben die erwähnten Forscher nach Wegen gesucht, wie sich diese Phase des Wachträumens unabhängig vom Einschlafen erreichen lässt. Es ist seit langem bekannt, dass Yogis diesen Zustand in der Meditation schnell erreichen und stundenlang halten können. Aber kann auch der normale Sterbliche diesen Zustand ohne langes Training erreichen und lange genug halten, um die wunderbaren Möglichkeiten zu nutzen?

Die Antwort hat selbst die nüchternen Forscher überrascht, denn tatsächlich ist es fast jedem Menschen möglich, diese Phase nach einem kurzen Training regelmäßig zu erreichen und zu halten. Das wurde möglich durch das Training mit einem Biofeedbackgerät. Dieses Gerät misst die Hirnströme, und der Meditierende kann sie von einer Anzeigentafel ablesen. So kann er die Qualität seiner Gedanken kontrollieren und erkennen, welche Gedanken ihm helfen, den erwünschten Zustand schnell zu erreichen und anschließend aufrechtzuerhalten. Für den einen mag der Gedanke an den letzten Urlaub die beste Hilfe sein, ein anderer denkt vielleicht an seine Kindheit oder an bestimmte Ereignisse aus seinem früheren Leben, und das Biofeedbackgerät meldet ihm genau, wenn er den Thetabereich erreicht.

Denn nur im Thetabereich besteht diese optimale Lernfähigkeit. Es handelt sich um den Bereich von vier bis sieben Hertz, das heißt, in diesem Zustand schwingen die Hirnströme mit einer Frequenz von vier bis sieben Schwingungen pro Sekunde. Zwar ist die Lernfähigkeit auch schon im Alphabereich deutlich erhöht, also im Bereich von sieben bis vierzehn Hertz, aber in der Alphaphase muss der Lernstoff noch mehrfach wiederholt werden, damit er sicher gespeichert wird. Im Thetabereich dagegen genügt oft schon ein einziger Durchgang. Diese Methode ermöglicht es, Informationen an den Kontrollinstanzen des Intellekts vorbei direkt ins Unterbewusstsein zu schleusen.

So arbeitet die »Lernmaschine«

Um es dem Lernenden so einfach wie eben möglich zu machen, habe ich eine »Lernmaschine« entwickeln lassen, die ihm alle Nebentätigkeiten abnimmt, so dass er sich ganz dem Lernvorgang öffnen kann. Es handelt sich um ein spezielles Biofeedbackgerät, dem ein Kassettenrecorder angeschlossen ist, der über Kopfhörer ein beliebiges Lernprogramm abspielt. Das Training beginnt damit, dass man sich mit der Dreipunktkugelelektrode an das Biofeedbackgerät anschließt, ein Thetatrainingsband laufen lässt und Theta übt, bis man es jederzeit leicht erreicht und auch halten kann. Wer bereits seit einiger Zeit meditiert oder Yoga betreibt, der erreicht diesen Zustand meist schon nach wenigen Tagen, oft sogar beim ersten Versuch.

Damit der Lernende nun nicht nach jeder Phase von oft nur einigen Sekunden das Kassettengerät mit dem Lernprogramm abschalten und, wenn er neuerlich den Thetazustand erreicht, wieder einschalten muss, ist das Biofeedbackgerät so konstruiert, dass es das Ein- und Ausschalten des Recorders automatisch vornimmt. Das heißt, Sie können sich ganz darauf konzentrieren, Thetaschwingungen in sich herzustellen, und sobald das erreicht ist, schaltet das Biofeedbackgerät den angeschlossenen Kassettenrecorder mit dem erwünschten Lernprogramm ein. Wenn Sie wieder in die Alphaphase hinübergleiten, schaltet das Gerät das Lernprogramm automatisch ab, so dass sichergestellt ist, dass hundert Prozent des Lernprogramms in Ihrer Thetaphase eingespielt werden, und zwar unabhängig davon, wie lang die einzelnen Phasen sind.

Die meisten Menschen lernen es sehr schnell, die Thetaphasen auszudehnen, und viele können nach einiger Trainingszeit fast ständig in dieser Phase bleiben. Eine gute Hilfe hierfür ist die von Dr. Georgi Losanow empfohlene Musik, mit deren Hilfe man den einmal erreichten Thetabereich fast beliebig lange halten kann. (Einzelheiten dazu finden Sie im Anhang.)

Der große Vorteil des Thetalernens besteht darin, dass man beim Lernen nicht nervös wird, dass man beliebig lange lernen kann, und vor allem natürlich darin, dass man jedes handelsübliche Lernprogramm ohne Änderung verwenden kann. Mit Hilfe des speziell für diesen Zweck entwickelten Biofeedbackgerätes ist es praktisch jedermann möglich, nach einiger Zeit des Trainings den Thetabereich zu erreichen und diesen Zustand beliebig lange aufrechtzuerhalten. Damit steht eine Lernmethode zur Verfügung, die alle Voraussetzungen dafür mitbringt, das Lernen wirklich zur einer Freude und Erholung zu machen.

Die gerade beschriebene Lernmethode ist Gegenstand eines umfassenden Forschungsprogramms mehrerer wissenschaftlicher Institutionen, so dass man in absehbarer Zeit mit neuen Erkenntnissen und Verbesserungen rechnen kann. Wenn ich darüber schon heute Einzelheiten veröffentliche, dann vor allem deshalb, weil ich weiß, dass dies einmal die beste Lernmethode überhaupt werden könnte. Deshalb möchte ich Sie schon jetzt in den Genuss ihrer Vorteile kommen lassen, solange die Wissenschaftler noch an der Verbesserung letzter Einzelheiten arbeiten.

Lernen durch »Raffung«

Nur vollständigkeitshalber möchte ich an dieser Stelle noch eine weitere Lernmethode erwähnen, die einzige, die sich nicht erlernen lässt. Wenigstens haben wir bisher keinen Weg gefunden, die Fähigkeit anzutrainieren, wenn sie nicht von Natur aus vorhanden ist. Es handelt sich um die Fähigkeit, geraffte Texte blitzartig aufzunehmen und im Hirn zu »entzerren«. Dabei geht es um Texte, die mit normaler Geschwindigkeit auf

Kassette oder Tonband gespielt worden sind, jedoch mit überhöhter Geschwindigkeit abgespielt werden. Dabei ist dann im Einzelnen nichts mehr zu verstehen; die Wiedergabe klingt wie der zu schnell abgespielte Ton zu einem Mickymausfilm.

Tatsächlich aber haben gar nicht so wenige Menschen die Fähigkeit, solche mit überhöhter Geschwindigkeit abgespielten Texte ohne Anstrengung im Hirn zu entzerren und sofort zu verstehen. Als amerikanische Wissenschaftler durch Zufall auf diese Fähigkeit stießen, glaubten sie zunächst, dass es sich hierbei um eine seltene Laune der Natur handle. Überprüfungen bei Studenten aber zeigten, dass erstaunlicherweise fast zwölf Prozent der Versuchspersonen diese Fähigkeit in unterschiedlichem Ausmaß besaßen.

Testen Sie, ob Sie über diese Fähigkeit verfügen

Natürlich lag es nahe, diese Fähigkeit daraufhin zu testen, ob man Lerninhalte noch schneller aufnehmen kann, und die Praxis hat gezeigt, dass dies möglich ist. Auch Sie können leicht feststellen, ob Sie diese Fähigkeit besitzen.

Nehmen Sie einen beliebigen, Ihnen aber unbekannten Text auf Tonband auf und spielen Sie dieses Band dann mit stark überhöhter Geschwindigkeit ab. Sie können die Geschwindigkeit maximal um das Zehnfache beschleunigen, das heißt, wenn Sie die Aufnahme mit 3,50 Metern in der Minute gemacht haben, dann können Sie sie mit 35 Metern pro Minute abspielen. Die meisten Menschen, die überhaupt fähig sind, derart verzerrte Texte zu verstehen, kommen bei sechsfacher Beschleunigung noch mit. Die zehnfach beschleunigte Wiedergabe dagegen verstehen nur noch wenige.

Diese Methode wäre sicher viel interessanter, wenn sie trainierbar wäre. Aber auch so ist sie für eine Minderheit interessant genug, um sie hier zu erwähnen; denn wer diese Fähigkeit besitzt, kann diese Methode mit jeder anderen kombinieren und so in viel kürzerer Zeit als andere große Mengen von Informationen speichern.

Zusammenfassung

1. Jeder Mensch durchläuft jede Nacht verschiedene Thetaphasen. In dieser Phase genügt meist ein Lerndurchgang, um den Lernstoff zu beherrschen.
2. Mit Hilfe eines Biofeedbackgerätes kann man trainieren, diese Phase systematisch zu erreichen und beliebig lange aufrechtzuerhalten, so dass man diesen Zustand auch tagsüber zur Lösung von Problemen oder zum Lernen nutzen kann.
3. Es gibt neuerdings eine Maschine, mit deren Hilfe sich das Lernprogramm automatisch einschaltet, sobald man die gewünschte Hirnstromfrequenz von vier bis sieben Hertz erreicht hat. Auf diese Weise erreichen die Informationen den Lernenden nur in den Phasen seiner größten Aufnahmefähigkeit. Sie werden gleichsam direkt ins Unterbewusstsein geschleust.
4. Für diese Methode sind alle Lernprogramme geeignet. Man benötigt allerdings ein spezielles Biofeedbackgerät und muss die Fähigkeit trainieren, die Thetaschwingung in sich herzustellen und möglichst lange zu halten. Das eigentliche Lernen aber geschieht automatisch.
5. Diese Lernmethode ist Gegenstand eines umfassenden Forschungsprogramms, und es sind noch keineswegs alle Fragen gelöst. Dennoch weiß man auch heute schon genügend über die Methode, um sie lernfördernd einsetzen zu können.
6. Testen Sie, ob Sie die Fähigkeit des Lernens durch »Raffung« haben. Positivenfalls können Sie sie nützen; erlernbar ist sie nicht.

Kapitel 14
Lernen durch »Überladen«

In den letzten Jahren haben Wissenschaftler grundlegende neue Erkenntnisse über die Arbeitsweise der beiden kortikalen Hemisphären des Gehirns gewonnen. Dabei ist das Forschungsgebiet der Gehirnlateralisierung noch relativ neu. Eine dieser Erkenntnisse ist geeignet, eine völlig neue Art des Lernens einzuleiten.

Das »aktive Sprachzentrum«

So hat man herausgefunden, dass die linke Gehirnhemisphäre die eingehenden Informationen in verbaler Form kodiert und durch analytische Schritte zu logischen Schlussfolgerungen kommt. Diese Hemisphäre dominiert bei fast allen Rechtshändern und bei siebzig Prozent der Linkshänder. Sie ist der Sitz des Verstandes und des Bewusstseins. Hier werden alle Tätigkeiten kontrolliert, die wir gewöhnlich unserem Bewusstsein zuschreiben.

Hier ist aber auch das »aktive Sprachzentrum« angesiedelt, durch das die Tätigkeit des Sprechens initiiert und kontrolliert wird. Dieses Zentrum nimmt vor allem Schriftbilder auf, also Buchstaben beziehungsweise Wörter.

Die Seite des Gefühls

Die rechte Gehirnhemisphäre dagegen ist auf den Empfang und die Verarbeitung akustischer Reize sowie emotionaler Eindrücke und räumlicher Beziehungen spezialisiert. Sie kommt zu Schlussfolgerungen aufgrund nicht verbaler Informationen und arbeitet mit der Intuition und mit Hilfe von Bildern, der »Sprache« des Unterbewusstseins. Sie versucht also, in einer Art Synthese die vorhandenen Informationen zu einem geschlossenen Ganzen zusammenzufügen beziehungsweise das Ganze in seinem Sinnzusammenhang zu erkennen.

Welche Seite dominiert?

Beide Gehirnhälften nehmen also im Wesentlichen dieselben Daten auf, verarbeiten sie aber auf völlig verschiedene Weise, und die Ergebnisse sind auch keineswegs kongruent. Es ist, als ob zwei verschiedene Computerprogramme nebeneinander laufen und wir uns von den angebotenen Alternativen die beste aussuchen können. Dabei besteht jedoch auch die Gefahr, dass die beiden Lösungsmöglichkeiten miteinander kollidieren. In diesem Fall geht zwar gewöhnlich die linke Hemisphäre als Sieger hervor; aber die Frage bleibt, was mit der nicht benötigten zweiten Lösungsmöglichkeit geschieht.

Tatsächlich ist ja auch die rechte Hemisphäre mit entsprechender Energie aufgeladen worden und daher bestrebt, sich zu entladen. Wer diesen unbewussten Konflikt kennt, der kann sein emotionales Engagement auf die bevorzugte Lösung konzentrieren und derart eine Kollision der beiden Lösungsmöglichkeiten vermeiden.

Das ist in den meisten Fällen ein unbewusster Prozess, und nur wenige Menschen machen das ganz bewusst jeden Abend in einer Tagesrückschau in Form von Psychohygiene. In einer solchen Rückschau führt man sich die Ereignisse des Tages noch einmal vor Augen und überprüft, ob man die eigenen Energien richtig eingesetzt hat.

Die sensationellen Erkenntnisse dreier Nobelpreisträger

Diese neuen Erkenntnisse verdanken wir größtenteils den Nobelpreisträgern für Medizin und Physiologie des Jahres 1981, den beiden Amerikanern Roger Sperry und David Hubel sowie dem Schweden Thorsten Wiesel.

Sperry erbrachte unter anderem den Nachweis dafür, dass jede unserer Gehirnhemisphären primär ein Eigenleben führt. Er fragte sich daher, ob die beiden Gehirnhälften, die sich wie Spiegelbilder gleichen, auch funktional identisch sind, was bedeuten würde, dass der Mensch über zwei unabhängige Gehirne mit je einem eigenen Bewusstsein verfügt. Der exakte Nachweis war nur zu führen, indem man die Nervenverbindung zwischen beiden Hälften, den so genannten Corpus callosum, durchtrennte. Sperry hat bereits in den fünfziger Jahren in Tierversuchen einen entsprechenden Test vorgenommen und festgestellt, dass bei Tieren mit durchtrenntem Corpus callosum fast alle Lebensfunktionen nahezu unverändert erhalten bleiben. Durch dieses Ergebnis wurden Chirurgen dazu ermutigt, bei schwer kranken Epileptikern die beiden Gehirnhälften ebenfalls operativ zu trennen, und der gewagte Eingriff führte zu überzeugenden Resultaten.

Bereits seit den frühen sechziger Jahren beobachtete Sperry Menschen mit getrennten Gehirnhälften und stellte fest, dass tatsächlich jede Hemisphäre eine geschlossene Einheit bildet. So kann jede Hälfte für sich wahrnehmen und auch lernen. Da sie jedoch nicht über identische Funktionen und Fähigkeiten verfügen, kommen beide Hälften auch zu unterschiedlichen Ergebnissen. So zeigte sich, dass das logische Denken eng an die linke Gehirnhälfte gebunden ist, während Aufgaben, die Intuition erfordern, ausschließlich von der rechten Gehirnhälfte bewältigt werden können. Dafür kann diese Gehirnhälfte weder lesen noch schreiben, hingegen aber umso besser räumliche Strukturen oder Funktionen erfassen. Auch die Registrierung und Auswertung akustischer Reize erfolgt hier.

Wollen wir nun, dass auch die rechte Hemisphäre verbales Material verarbeitet, um so die Effizienz des Lernens zu erhöhen, dann müssen wir auf ihre Eigenheiten Rücksicht nehmen. Wenn jemand beispielsweise monoton spricht, wird nur die linke Hemisphäre aktiviert. Sobald aber die verbale Information gefühlsbetont oder rhythmisch gegliedert angeboten wird, erhöht dies die »Anteilnahme« der rechten Hälfte beträchtlich. Denn die »Sprache« der rechten Hälfte ist nicht die der Logik, sondern die der Intuition und Emotion.

Professor Thomas H. Budzynskis Methode des »Überladens«

Sperrys Forschungsergebnisse nutzte Professor THOMAS H. BUDZYNSKI zur Entwicklung einer neuen Lernmethode, die sehr viel versprechende Ergebnisse liefert. Er ist Psychologe und Elektroingenieur und Professor der Abteilung für Psychiatrie der medizinischen Fakultät der Universität von Colorado und klinischer Direktor des Biofeedback-Institutes in Denver.

Diese neue Methode durchbricht die kritische Kontrolle der linken Hemisphäre mit einem einfachen Trick. Die linke Hälfte wird einfach mit einer Folge von unsinnigen Aufgaben »überladen«, für die sich die nicht zensierende rechte Hälfte nicht zuständig fühlt. Dann braucht man nur noch der rechten Hälfte die ihr zugedachten Informationen zu vermitteln, und deren Inhalt kann ungehindert im Gedächtnis gespeichert und, was noch wichtiger ist, auch jederzeit abgerufen werden.

Zu diesem Zweck wird der Lernende dazu veranlasst, eine schnelle Folge von willkürlich ausgewählten Zahlen zu wiederholen. Dabei kann er Informationen aus einer anderen Quelle nicht mehr bewusst aufnehmen, weil seine Aufmerksamkeit gebunden ist. Diese Zahlen werden mit einem Stereokopfhörer dem rechten Ohr zugespielt, weil die auf dem rechten Ohr empfangenen Informationen der linken Gehirnhemisphäre zugeleitet werden und umgekehrt die dem linken Ohr zugespielten Informationen in die rechte Gehirnhemisphäre gelangen.

Man kann die Wirkung noch ein wenig vergrößern, wenn man die Zahlen am rechten Ohr mit etwas erhöhter Lautstärke einspielt, so dass sie automatisch mehr Aufmerksamkeit erhalten. Werden diese Zahlen außerdem auch noch laufend wiederholt, so nimmt man kaum noch andere Informationen wahr.

Am anderen Ohr, also auf der linken Seite, wird für die rechte Hemisphäre das eigentliche Lernprogramm eingespielt. Daher sollte man einen Stereokopfhörer verwenden, denn auf jeder Seite wird ein unterschiedliches Programm eingespielt. Das Programm auf der rechten Seite wird etwas leiser eingespielt, aber noch so laut, dass es deutlich und ohne Anstrengung zu hören ist. Die zugehörigen Informationen werden dabei kaum oder gar nicht bewusst wahrgenommen.

Auf diese Weise lassen sich nicht nur Sprachen bedeutend schneller erlernen, auch Nichtraucherprogramme und Schlankheitssuggestionen finden so einen Weg ins Unterbewusstsein. Mit dieser Methode verfügen wir über einen Weg zum Unterbewusstsein, der im Wachzustand jederzeit gangbar ist.

Die technischen Voraussetzungen

Um Missverständnisse zu vermeiden, hier noch einmal eine kurze Zusammenfassung:

◇ Sie benötigen zwei Kassettenrecorder und einen Stereokopfhörer. Über das rechte Ohr spielen Sie nun mit leicht erhöhter Lautstärke der linken Hemisphäre eine einfache, logische Aufgabe zu, wie beispielsweise eine Folge willkürlich ausgewählter Zahlen, und blockieren damit die Zensurinstanz des Bewusstseins.

◇ Über das linke Ohr spielen Sie der rechten Hemisphäre ein wenig leiser einen beliebigen Lernstoff zu, und zwar so leise, dass er gerade noch deutlich und ohne Anstrengung verstanden werden kann. Die entsprechenden Lerninhalte fließen dabei unmerklich ins Unterbewusstsein.

Natürlich eignet sich diese Methode auch für psychotherapeutische Zwecke, zum Beispiel wenn man neue Verhaltensweisen einprogrammieren oder vorhandene Programme und Blockaden auflösen will. Die Möglichkeiten dieser neuen Methode sind so vielfältig, dass wir sie noch gar nicht alle überblicken können. Fest steht jedoch, dass sie schon heute für denjenigen, der mit ihr arbeitet, eine große Hilfe bedeutet.

Variationen des Grundmusters

Wir haben den Versuch gemacht, statt der langweiligen Wiederholung willkürlich ausgewählter Zahlen ein spannendes Hörspiel zu verwenden oder die Musik der Losanow-Methode, und auch damit gute Ergebnisse erzielt. Erstaunlich ist nur ein bisher ungeklärtes Phänomen, nämlich die Tatsache, dass auch ein Teilnehmer, der mit dieser Methode im Allgemeinen gute Ergebnisse erzielt, ab und zu einen Tag haben kann, an dem die Aufnahmefähigkeit gestört ist. Am nächsten Tag ist dann plötzlich alles wieder in Ordnung. Worauf das zurückzuführen ist, haben wir bisher nicht herausfinden können. Trotzdem halte ich diese Methode für besonders entwicklungsfähig und glaube, dass dies einer der einfachsten Wege werden könnte zu lernen.

Auch hinsichtlich dieser Methode sind keineswegs alle Fragen gelöst; doch die Forschungsprogramme laufen, und so werden wir auch hier wahrscheinlich schon in absehbarer Zeit befriedigende Antworten erhalten.

Die besonderen Vorteile der Methode

Das Lernen durch »Überladen« ist eine Technik, die sich für alle Lernprogramme eignet und keines besonderen technischen Aufwands bedarf. Auch ist aufseiten des Lernenden kein besonderes Training notwendig, so dass sich möglicherweise herausstellen wird, dass sich mit dieser Methode am leichtesten lernen lässt.

Zusammenfassung

1. Dem Amerikaner ROGER SPERRY verdanken wir die Erkenntnis, dass die beiden kortikalen Gehirnhemisphären Träger grundverschiedener Funktionen sind und gleichsam unabhängig voneinander arbeiten. In der linken Gehirnhemisphäre, die bei allen Rechtshändern und bei siebzig Prozent der Linkshänder dominiert, sitzt das »aktive Sprachzentrum«, das die Tätigkeit des Sprechens reguliert und kontrolliert. Hier ist auch der Sitz des Verstandes und des logischen Denkens. Die linke Hemisphäre kontrolliert auch alle Tätigkeiten, die wir unserem Bewusstsein zuschreiben.
   Die rechte Gehirnhemisphäre dagegen registriert und verarbeitet akustische Reize sowie emotionale Eindrücke und räumliche Strukturen und Funktionen. Sie kommt zu ihren Schlussfolgerungen aufgrund nicht verbaler Informationen und arbeitet intuitiv und in der Bildersprache, der »Sprache« des Unterbewusstseins.
2. Man kann die kritische Kontrolle der linken Gehirnhemisphäre mit einem einfachen Trick durchbrechen, und zwar indem man sie mit einer Folge von unsinnigen Aufgaben »überlädt«, so dass andere Informationen ungehindert in das Speichersystem der rechten Gehirnhälfte einfließen können.
3. Für die linke Gehirnhemisphäre gedachte Informationen werden vom rechten Ohr weitergeleitet, die rechte Gehirnhemisphäre dagegen erhält ihren Arbeitsstoff über das linke Ohr. Man kann also beiden Hemisphären simultan mittels eines Stereokopfhörers verschiedene Lernprogramme zuspielen.
4. Das Gehirn kann auch zwei Lernprogramme gleichzeitig aufnehmen. Zu diesem Zweck spielen wir der linken Hemisphäre über

das rechte Ohr ein angenehmes, leichtes Programm zu, während wir die rechte Hälfte über das linke Ohr mit einem Programm versorgen, dem größere Lernblockaden entgegenstehen.

5. Als Scheinprogramm für das rechte Ohr kann man auch mit gutem Erfolg die Losanow-Musik verwenden. (Näheres dazu finden Sie im Anhang.)
6. An technischen Voraussetzungen benötigt man nur zwei Kassettenrecorder und einen Stereokopfhörer. In der preiswertesten Ausführung kann man die gesamte Ausrüstung für etwa fünfzig Euro bekommen.
7. Das für die linke Hemisphäre bestimmte Programm sollte relativ laut gespielt werden, während das Programm der rechten Hälfte gerade so laut gestellt sein sollte, dass es ohne Mühe zu verstehen ist.

Kapitel 15
Lernen durch Lehren

Docendo diseimus
(Wir lernen, indem wir lehren.)

Dies ist meine Lieblingsmethode. Sie ist zwar für das Erlernen von Sprachen weniger geeignet, aber zur Aneignung jedes anderen Stoffes geradezu ideal, wenn man bereit ist, die mit ihr verbundene Arbeit auf sich zu nehmen. Lernen durch Lehren ist die gründlichste Methode, die ich kenne, und ich benutze sie seit vielen Jahren, um mir neue Teilgebiete oder auch ganze Sachgebiete zu erarbeiten. Mit keiner anderen Methode bekommt man einen solchen Überblick über das neue Gebiet und ist so gut informiert, dass man im Gespräch oft sogar Experten überraschen kann.

Als Erstes gilt es, sich den Stoff anzueignen

Diese Methode basiert darauf, den Lernstoff so gründlich aufzuarbeiten, dass man ihn unterrichten könnte. Dies geschieht in mehreren Stufen:

1. Kaufen oder leihen Sie sich alle einschlägigen Bücher und Artikel, die Sie erreichen können. Beschaffen Sie sich einfach alles, was es über das für Sie neue Gebiet gibt. Fragen Sie jeden, der Ihnen begegnet, ob er ein interessantes Buch zu dem Thema kennt oder ob er jemanden weiß, der sich ebenfalls mit diesem Gebiet befasst oder befasst hat.
2. Arbeiten Sie alle so beschafften Bücher, Fachschriften und Artikel durch und rechnen Sie damit, dass Sie im Durchschnitt etwa vierzig bis achtzig Bücher und fünfzig bis drei-

hundert Artikel lesen müssen. Um so rationell wie möglich zu arbeiten, sollten Sie eine Schnelllesetechnik beherrschen, was ich für eine wesentliche Voraussetzung für alles Lernen halte, da sonst Routinearbeiten zu viel Zeit verschlingen. Auf diese Weise können Sie nach der Arbeit am Abend ein bis zwei Bücher oder zehn bis zwanzig Artikel lesen. Dabei streichen Sie alles an, was Sie interessiert, und zwar mit einem Anfangs- und einem Endstrich.

3. Erkundigen Sie sich nach einschlägigen Seminaren zu Ihrem Thema und rechnen Sie damit, dass bei sorgfältiger Auswahl meist nur drei oder vier Seminare übrig bleiben, die Sie unbedingt besuchen sollten. Während der Seminarstunden sollten Sie einen Kassettenrecorder laufen lassen, damit Sie sich zu Hause mit dem Stoff noch einmal vertraut machen können. Nur was Ihnen wirklich wichtig erscheint, sollten Sie schriftlich festhalten.
4. Lernen Sie alle erreichbaren Fachleute Ihres Themenbereichs kennen und fragen Sie jeden, der Ihnen begegnet, ob er jemanden kennt, der ein Fachmann auf diesem Gebiet ist. Notieren Sie sich nach jedem wichtigen Gespräch die interessantesten Aussagen und verlassen Sie sich nicht darauf, dass sie schon alles von allein behalten werden; häufig überlagern neue Eindrücke sehr schnell die alten.
5. Wenn Sie alles Wichtige aufgeschrieben oder angestrichen haben, dann schneiden Sie alles aus und kleben es nach Themen oder Teilthemen geordnet auf Blätter im DIN-A4-Format. Hierfür können Sie natürlich auch die weiße Rückseite nicht mehr benötigter Drucksachen nehmen.
6. Dann ordnen Sie Ihr Material systematisch und fertigen ein Inhaltsverzeichnis an. Nach diesem Inhaltsverzeichnis können Sie in Zukunft alles neu anfallende Material von vornherein leicht einordnen und haben somit Ihr Thema optimal gegliedert.

7. Wenn Sie Ihr gesamtes Material in dieser Weise geordnet haben, lesen Sie es noch einmal im Zusammenhang durch und schreiben alles noch einmal ab.

Werden Sie auf Ihrem Gebiet ein Experte

Auf diese Weise haben Sie Ihren Themenbereich insgesamt fünfmal durchgearbeitet, und zwar:
1. beim ersten Lesen und Anstreichen;
2. beim Ausschneiden;
3. beim Aufkleben;
4. bei der Erstellung des Inhaltsverzeichnisses;
5. beim nochmaligen Durcharbeiten und schließlich beim Abschreiben.

Nun sind Sie also auf dem notwendigen Wissensstand und können sich mit jedem Experten des entsprechenden Gebietes unterhalten und dabei Ihr Wissen ständig erweitern. Natürlich müssen Sie jetzt dafür sorgen, dass Sie den Anschluss nicht verlieren, damit Sie immer auf dem letzten Stand der Dinge bleiben.

Wenn Sie nun zurückschauen, dann war es zwar ein ganz schönes Stück Arbeit bis hierher, aber es hat Freude gemacht, und gepaukt haben Sie eigentlich nie, obwohl Sie nun Ihr Gebiet wirklich beherrschen. Diese Methode ist zwar sehr zeitaufwendig, aber sie macht tatsächlich das Pauken überflüssig.

Ein erfreuliches Nebenprodukt der Methode

Als Nebenprodukt Ihrer Arbeit können Sie das so erstellte Manuskript auch dazu benutzen, Seminare oder Vorträge über Ihr neues Fachgebiet zu halten. Die Volkshochschulen, zahlreiche Institutionen, Vereine und viele andere Verbände sind stets an neuen und interessanten Dozenten interessiert. Für Sie ist das kaum eine Mehrbelastung, denn das Material ist ja fertig. Sie brauchen es nur noch etwas auf die jeweilige Situation abzustimmen.

Auch ein Buch können Sie über Ihr Spezialgebiet schreiben. Für Bücher gilt das Gleiche, was ich schon über Seminare und Vorträge sagte. Die Verlage sind ständig auf der Suche nach interessanten Themen und wirklich guten Schriftstellern, die ihr Thema nicht nur im Griff haben, sondern auch fähig sind, sich auszudrücken. Auch für ein Buch haben Sie das Rohmaterial ja bereits fertig und können es verhältnismäßig leicht zu einem Rohmanuskript ausarbeiten und es in dieser Form einem Verlag vorlegen. Das endgültige Manuskript sollten Sie erst schreiben, wenn Sie einen Verlag gefunden haben, der sich für das Thema interessiert, weil jeder Verlag eine Reihe von Wünschen hat, die Sie erfüllen sollten. Sonst müssen Sie Ihr Manuskript nämlich mehrmals schreiben. Fast immer soll ein neues Buch in eine Serie passen und muss daher in Stil und Umfang diesem Rahmen angepasst werden.

Wie ich schon eingangs sagte, erfordert diese Methode wirkliches Interesse an der Sache; aber kein anderer Weg ist so gründlich, macht so viel Freude und hat so viele angenehme »Nebenwirkungen«, so dass ich Ihnen meine Lieblingsmethode nur empfehlen kann.

Zusammenfassung

1. Diese Methode erspart Ihnen jegliches Pauken, obwohl keine andere Methode eine solch gründliche Beherrschung des Stoffes bewirkt. Zu ihrer Anwendung bedarf es keines technischen Aufwandes und keines Trainingsprogramms. Sie hat den Nachteil, sehr zeitaufwendig zu sein, hat dafür jedoch sehr positive Nebeneffekte, verursacht keine Kosten und funktioniert immer.
2. Beim »Lernen durch Lehren« müssen Sie möglichst alle einschlägigen Bücher lesen, einige sachdienliche Seminare besuchen, die

erreichbaren Fachleute kontaktieren und das Material gründlich auswerten. Alle wichtigen Textstellen müssen Sie kopieren, ausschneiden, systematisch auf DIN-A4-Blätter kleben und nach der sich fast von selbst ergebenden Gliederung ordnen und insgesamt abschreiben.

3. Nebenbei gelangen Sie so in den Besitz eines Manuskriptes, das Sie als Vorlage für Seminare und Vorträge benutzen können, die Sie künftig halten können.
4. Außerdem haben Sie mit einer sorgfältig zusammengetragenen Sammlung des Wissensstoffs wertvolles Material beisammen, aus dem sich vielleicht ein Buchmanuskript ausarbeiten lässt, das Sie Verlagen anbieten können.
5. Die wichtigste Wirkung der Methode besteht jedoch darin, dass Sie sich ein Spezialgebiet gründlich erarbeitet haben und in diesem Bereich als Experte gelten können. Von Ihrer Seite aus bedarf es jetzt nur noch der Anstrengung, sich auf dem Laufenden zu halten.

Kapitel 16
Lernen durch Imagination

Genau genommen ist Lernen durch Imagination gar keine eigenständige Methode, sondern wichtigster Bestandteil jeder Lernmethode. Lernen durch Imagination bedeutet nur, abstrakte Inhalte in bildhafte Vorstellungen umzuwandeln, das heißt in die »Sprache« des Unterbewusstseins zu übersetzen. Solche Bilder haften besser im Gedächtnis und sind daher auch leichter abrufbar.

Ich kannte einen Schriftsteller (er ist inzwischen verstorben), der hundertzweiundachtzig Bücher veröffentlicht hat und mir einmal gesprächsweise erzählte, er könne gar nicht schreiben (was nicht allzu wörtlich genommen werden sollte). Er versetze sich nur in einen meditativ entspannten Zustand, stelle sich die gedachten Personen bildhaft vor und schaue nun zu, was geschehe. Dann brauche er nur noch die so geschaute Handlung aufzuschreiben, und das sei seine ganze Arbeit. Damit sei er bekannt und berühmt geworden.

So lernen Sie zu überzeugen

Es ist eine Methode, die besonders zur Vorbereitung auf ein wichtiges Gespräch, eine Verhandlung oder einen Vortrag geeignet ist. Man hat mit ihrer Hilfe die Möglichkeit, sich alle gegnerischen Einwände in Ruhe »anzuhören« und seine Antworten so schlüssig auszuarbeiten, dass man jeden möglichen Einwand ganz souverän entkräften kann.

Zu diesem Zweck bedient man sich am besten der so genannten Bausteintechnik, das heißt, man zerlegt beispielsweise einen Verkaufsvortrag in seine verschiedenen Aspekte und sammelt für jeden dieser Aspekte die besten Argumente. Dann bringt man alle Bausteine oder Aspekte in einen organischen Zusammenhang und kann dann so lange an dem Vortrag feilen, bis er aus einem Guss ist.

Nun ist man aber auch in jeder anderen Hinsicht vorbereitet, falls man im Vortrag durch Fragen oder Einwände gezwungen ist, die Reihenfolge der Punkte zu ändern oder einzelne Punkte wegzulassen. Da man alle Bausteine vor seinem geistigen Auge hat, ist gewährleistet, dass man nichts Wesentliches vergisst und auch zum Schluss noch das schlagendste Argument parat hat.

Mit Hilfe dieser Technik schafft man sich außerdem ständig Erfolgserlebnisse; denn man kann ja dafür sorgen, dass man die innere Bühne immer als Sieger oder zumindest mit einer »guten Figur« verlässt.

Das Unterbewusstsein kann solche scheinbaren Erfolge nicht von tatsächlichen Erfolgen unterscheiden, und so registriert es jeden dieser Erfolge als echt. Das wiederum führt zu dem Ergebnis, dass die innere Sicherheit zunimmt und sich auch tatsächlich Erfolge ganz natürlich einstellen. Das Prinzip, dass Erfolg weitere Erfolge nach sich zieht, kommt auch dann zur Geltung beziehungsweise zum Tragen, wenn es sich zunächst nur um ein inneres Erfolgserlebnis handelte.

Steigern Sie Ihre Leistungsfähigkeit mit Hilfe der Imagination

Doch kann man auf diesem Weg auch ein Musikstück einüben oder seine Spieltechnik verbessern. Dazu spielt man das Stück zunächst so lange vom Blatt, bis man es kann. Dann nimmt man das eigene Spiel auf Kassette auf, entspannt sich und hört sich die Aufnahme an, während man in der Imagination selbst spielt.

Wer höhere Anforderungen an sein Spiel stellt, der kann natürlich auch die Interpretation eines Spitzenmusikers aufnehmen und in der Fantasie sich selbst spielen sehen. Das überzeugt das Unterbewusstsein ungemein, weil es ja über den Gehörsinn die Bestätigung für die Berechtigung des Fantasiebildes erhält. Der daraus resultierende unterbewusste Glaube, man habe es schon zu solcher Perfektion gebracht, befördert die Leistung ungemein, und man nähert sich tatsächlich dem bewunderten Vorbild beträchtlich an. Dabei spielt es keine Rolle, ob man, während man sich in der Fantasie den ganzen Vorgang vorstellt, die Finger mitbewegt oder sich nur spielen »sieht«. Wichtig ist nur, dieses Spiel in Verbindung mit sich selbst zu bringen.

Diese Technik ist auch in den verschiedensten Sportarten von großem Nutzen. So berichtet ein Meister im Tontaubenschießen, dass er sich im Wettbewerb der »Zeitdehnungstechnik«, einer Variante der Imaginationstechnik, bediene. Er stelle sich einfach vor, dass die Tontaube wie in Zeitlupe ins Schussfeld komme und er in aller Ruhe die Waffe ausrichten könne, um die Taube dann im Scheitelpunkt ihrer Flugbahn zu treffen. Außerdem stelle er sich, so versichert der Mann, die Tontaube stark vergrößert vor, so dass alle Einzelheiten deutlich zu erkennen sind und er genügend Zeit hat, um richtig zu reagieren.

Auch als Schüler kann man ähnlich vorgehen, und zwar indem man sich vorstellt, wie man sich ganz ruhig und gründlich auf eine Arbeit vorbereitet, ebenso ruhig die Arbeit schreibt und sich dabei an alles Wesentliche sofort erinnert und alle Probleme richtig löst.

Gleichermaßen kann sich ein Student vorstellen, wie er von seinem Professor nach bestandener Prüfung zu seinen besonderen Leistungen beglückwünscht wird oder wie er nach dem mit einem guten Ergebnis bestandenen Examen sein Diplom ausgehändigt bekommt.

Eine solche Vorstellung erzeugt eine positive Nachwirkung, die man nicht unterschätzen sollte. Leider ist die Fähigkeit der bildhaften Vorstellung nicht weit verbreitet unter den Erwachsenen. Dabei kann jedes Kind sich ganz problemlos alles unmittelbar bildhaft vorstellen, ja man kann fast sagen, ein Kind ist fast unfähig, sich etwas nicht bildhaft vorzustellen, eben weil es alles, was es hört, sofort vor sich »sieht«, auch wenn es nicht weiß, was Imagination ist.

Nun kann man alles, was man verlernt hat auch wieder erlernen, und das ist keineswegs besonders schwierig. In meinem Buch *Geistheilung durch sich selbst** habe ich den Weg, wie man die »Sprache« des Unterbewusstseins wieder erlernt, genau beschrieben.

Der Preis für den sicheren Erfolg

Alles im Leben hat seinen Preis, und so hat auch der Erfolg mittels der Imagination seinen Preis, und der heißt: Disziplin und Ausdauer. Wir müssen die positive Vorstellung von einem bestimmten Geschehen besonders hervorheben, um unserem Unterbewusstsein zu zeigen, dass wir es ernst meinen, damit es wirklich seine ganze Kraft für die Verwirklichung dieses Zieles einsetzt. Das erreicht man durch die regelmäßige Wiederholung, vor allem aber durch die präzise Vorstellung des erwünschten Endzustandes, verbunden mit einem starken emotionalen Engagement. Denn was das Unterbewusstsein überzeugen kann, ist einzig das Gefühl. Je stärker das begleitende Gefühl, umso schneller kann und wird das Unterbewusstsein dabei mithelfen, ein bestimmtes Ziel zu erreichen.

Das heißt natürlich wiederum auch nicht, dass wir uns nur hinzusetzen brauchen, um uns hingebungsvoll vorzustellen,

* Erschienen im Goldmann Verlag, München.

was wir haben möchten, damit uns ein gütiges Schicksal das Gewünschte in den Schoß wirft. Wir müssen schon auch im praktischen Alltag alles in unserer Macht Stehende tun, um die Verwirklichung in die Wege zu leiten oder sie überhaupt erst zu ermöglichen.

Wenn ich mir vorstelle, ich möchte gern den ersten Preis in der Lotterie gewinnen, dann ist natürlich das Mindeste, was ich dazu beitragen muss, mir ein Los zu kaufen. Darüber hinaus aber hilft mir die Imagination mittels der Intuition, das richtige Los zu wählen.

Vergessen Sie nicht »mitzuwirken«

Zu solchen vorgestellten Situationen kann man auch ruhig imaginäre Gespräche führen, weil es dann leichter ist, ein starkes Gefühl mit dem jeweiligen Vorstellungsbild zu verbinden.

Wenn Sie zum Beispiel kraft Imagination »sehen«, dass Sie Ihr Examen bestanden haben, dann sagen Sie auch Ihrem geistigen Gesprächspartner, was Sie alles dafür getan und wie gründlich Sie sich vorbereitet haben, und gehen Sie ruhig ganz tief hinein in die Empfindung der Dankbarkeit darüber, dass die Arbeit zu dem gewünschten Erfolg geführt hat und Sie es nun geschafft haben.

Vergessen Sie aber nicht, die imaginären Vorbereitungen auch tatsächlich zu treffen; denn sonst sind Sie in der Lage des Bauern, der einen genauen Bedarfsplan aufgestellt und sich vorgestellt hat, was er wohin säen muss, um diesen Plan zu erfüllen, und dann gar nicht erst aussät. Er wird natürlich auch nichts ernten.

Trainieren Sie Ihre Imagination

Ein gutes Training der Vorstellungskraft ist es, ein Bild genau zu betrachten, um es dann wegzulegen und sich geistig in allen Details vor Augen zu führen. Wenn Sie dazu noch nicht in der Lage sind, dann wiederholen Sie diese Übung so lange, bis Sie es können. Das kann man fortsetzen, bis man wirklich jede Kleinigkeit, jede Linie und jede Farbe ganz klar vor seinem geistigen Auge sehen kann.

Im Laufe der Zeit sollten Sie sich dieses Vorgehen zur Gewohnheit machen, so dass Sie wieder wie ein Kind alles, was Sie hören oder lesen, automatisch in solche Vorstellungsbilder umsetzen. Der zeitliche Abstand zwischen dem Auftauchen des Begriffes und seiner Umwandlung in ein Vorstellungsbild sollte, wie schon erwähnt, nicht größer sein als eine halbe Sekunde. Es bedarf nur einiger Übung, um das Auftauchen eines abstrakten Begriffes und seine Umwandlung in eine Vorstellung zu einem einzigen synchronen Vorgang zu machen.

Auch Dr. Georgi Losanow hat in seiner berühmten Lernmethode die Bedeutung der Imagination für das Lernen berücksichtigt. Im Fremdsprachenunterricht lässt er beispielsweise die Schüler jeden Satz in der Vorstellung in einen Bewegungsablauf oder eine Körperhaltung umwandeln. Heißt es: »Ich gehe in den Garten«, dann soll der Schüler in seiner Fantasie sich plastisch vorstellen, wie er in den Garten geht.

Indem der Lernende auf diese Weise zugleich handelnde Person ist, erhält auch sein Selbstbewusstsein im Allgemeinen Auftrieb. Zugleich berücksichtigt die Methode eine weitere wichtige Erkenntnis der Lernpsychologie, nämlich dass die Wiederholung eines Lernvorgangs innerhalb von einer Sekunde die assoziative Verknüpfung der beiden Glieder – beispielsweise neues Wort und Bedeutung – verstärkt und damit ihre Erinnerbarkeit erhöht.

Setzen Sie die richtige Ursache, dann stimmt auch die Wirkung

Wenn unser Ziel vernünftig ist und im Rahmen des Machbaren liegt und nicht gegen die Naturgesetze verstößt, dann ist es der erwünschten Wirkung unmöglich, nicht einzutreten, sobald wir die entsprechende Ursache gesetzt haben. Sobald der Bauer gesät hat, muss der Wachstumsprozess seinen Lauf nehmen – das ist ein Naturgesetz.

Auch wir können uns auf die Geltung dieses Gesetzes verlassen; allerdings braucht die Natur ein wenig Zeit, um den Samen wachsen zu lassen, und so müssen auch wir dem Leben ein wenig Zeit lassen, dass das Gewünschte hervorgebracht wird. Dabei dauert es meistens gar nicht lange, bis unsere Wünsche sich erfüllen. Wenn man allerdings Professor werden will, jedoch noch nicht einmal das Abitur gemacht hat, dann kann man sich natürlich ausrechnen, dass man noch einige Jahre an der Verwirklichung dieses Zieles arbeiten muss. Aber mit Fleiß und Ausdauer lässt sich alles verwirklichen.

Wir sollten uns jedoch von unseren Wünschen nicht blenden lassen, das heißt, wir müssen auch genügend kritische Distanz zu ihnen haben, um effizient handlungsfähig zu bleiben. Wichtig ist, dass wir die Initiative in der Hand behalten, also nicht reagieren, sondern agieren.

Das erfordert natürlich auch, dass wir vorausdenken und uns in eine zukünftige Situation »hineinversetzen«, damit wir überprüfen können, ob bei näherem Hinsehen unser Wunsch Bestand hat. Mitunter kann es nämlich die härteste Strafe sein, dass man bekommt, was man sich gewünscht hat. So kann sich ein junger Mann ein bestimmtes Mädchen zur Frau wünschen, und er bekommt sie dann auch, nur um festzustellen, dass er die Falsche erwischt und die Richtige versäumt hat. So ist es mitunter ratsam, sich nicht ein bestimmtes Ziel zu setzen, sondern dafür zu sorgen, dass das Richtige geschieht. Man sollte also nicht ein bestimmtes Haus haben wollen, sondern die Voraussetzungen dafür schaffen, dass man das richtige Haus bekommt.

Auch sollten wir in unseren Wünschen das Interesse anderer Menschen berücksichtigen. Wenn ein junger Mann sich beispielsweise ein Auto wünscht, dann sollte er sich vorher Gedanken darüber machen, woher er das Geld für Steuern, Versicherung und Benzin bekommt und ob der Vater ihm auch die benötigte Garage zur Verfügung stellt; andernfalls stört er nur die Harmonie des Familienlebens und setzt damit unbewusst eine störende Ursache, die natürlich mit der gleichen Zuverlässigkeit eine störende Wirkung hervorbringt.

Mit Hilfe der schöpferischen Imagination kann man also die eigene Zukunft beeinflussen, aber man kann auch bis zu einem gewissen Grad die Vergangenheit außer Kraft setzen. Natürlich kann man nicht mehr ändern, was einmal geschehen ist; aber wir können früheres Fehlverhalten korrigieren, wenn wir, sobald wir es als solches erkennen, neue Bedingungen schaffen, so dass sich die Vergangenheit nicht negativ auf unsere Zukunft auswirken kann. Wenn man also in der Vergangenheit in einer bestimmten Hinsicht versagt hat, dann kann man jederzeit die Verhaltensmuster, nach denen man gehandelt hat, auflösen und durch neue ersetzen.

Imagination kann Handeln nicht ersetzen, aber die Kombination von beidem führt unfehlbar zum Erfolg.

Zusammenfassung

1. Das »Lernen durch Imagination« ist besonders dazu geeignet, einen Vortrag oder eine Vorführung vorzubereiten, weil man sich vorher in aller Ruhe die Argumente bereitlegen kann, die man eventuell brauchen wird. Das gilt gleichermaßen für den Musiker wie für den Handelsvertreter, denn jeder kann in seiner Vorstel-

lung die für ihn wichtige Situation, sei es nun ein Konzert oder ein Verkaufsgespräch, erfolgreich bestehen und seinem Unterbewusstsein auf diese Weise ein Erfolgsprogramm eingeben.

2. Bei der Anwendung der Methode kommt es darauf an, immer den erwünschten Endzustand im Auge zu haben, ganz gleich ob man sich auf eine Mathematikarbeit vorbereitet oder auf das Staatsexamen.
3. Man kann die Erfüllung seiner Wünsche beschleunigen, indem man die Vorstellung von dem erwünschten Endzustand mit einem starken Gefühl verbindet, sich also ganz mit einem Gefühl der Dankbarkeit darüber erfüllt, dass man es endlich geschafft hat.
4. Man sollte die detaillierte Ausmalung des Erfolgszustandes so lange fortsetzen, bis das erwünschte Ergebnis eingetreten ist und man sein Ziel erreicht hat. Die meisten entsprechenden Wünsche gehen relativ schnell in Erfüllung. Wenn man allerdings noch nicht einmal das Abitur hinter sich hat, jedoch Professor werden möchte, dann bedarf es natürlich großer Mühe und Geduld, um dieses Ziel zu erreichen.
5. Der Preis für den Erfolg mit Hilfe der Imagination heißt also: Disziplin und Ausdauer. Disziplin, weil man sich die Erfüllung seines Wunsches täglich mehrmals detailliert und möglichst bildhaft vorstellen muss, und Ausdauer, weil man diese Disziplin bis zur Erreichung des Zieles beibehalten muss.
6. Die Imagination allein reicht jedoch nicht aus; man muss auch alles in der eigenen Macht Stehende tun, um das Ziel zu erreichen. Wenn man den ersten Preis in der Lotterie unbedingt gewinnen will, sollte man wenigstens ein Los kaufen.
7. Wenn Sie Schwierigkeiten haben, sich etwas bildhaft vorzustellen, dann müssen Sie die »Sprache« des Unterbewusstseins neu erlernen. Wie man das anstellt, können Sie in meinem Buch *Geistheilung durch sich selbst* nachlesen.

Kapitel 17
Suggestopädie – eine Superlernmethode

Sensationelle Ergebnisse im Sprachunterricht

Als ich 1972 bei Dr. GEORGI LOSANOW am Institut für Suggestologie und Suggestopädie in Sofia hospitieren durfte, war ich davon überzeugt, dass seine neue Lernmethode in wenigen Monaten um die Welt gehen würde. Denn was ich dort sah, war so sensationell, dass ich es nicht geglaubt hätte, wenn ich es nicht selbst miterlebt hätte.

Da lernte eine Gruppe von einfachen Menschen, die meistens noch kein Wort der neuen Sprache kannten, in wenigen Tagen eine Fremdsprache so gut, dass sie sich fließend unterhalten konnten. Da ich selbst früher ein paar Jahre lang Dolmetscher für Französisch gewesen war, beobachtete ich eine Gruppe, die Französisch lernen wollte, und konnte miterleben, wie diese Gruppe schon nach zwölf Tagen fähig war, sich fließend mit mir in der neuen Sprache zu unterhalten. Nach dreiundzwanzig Tagen war der Unterricht für diese Gruppe beendet, und die Schüler beherrschten nun etwa zweitausenddreihundert Vokabeln wie auch die Grammatik und hatten gelernt, die Vokabeln in den umgangssprachlichen Zusammenhängen und Redeweisen zu gebrauchen. Dabei hatten sie täglich nur vier Stunden Unterricht gehabt – ein unglaubliches Ergebnis, vor allem wenn man bedenkt, dass bis zu siebenundneunzig Prozent des Lernstoffes zu ihrem aktiven Sprachbesitz geworden waren.

Wenn man als Besucher an einem solchen Unterricht teilnimmt, dann ist man eigentlich etwas enttäuscht, dass so wenig Spektakuläres zu sehen ist. Scheinbar sitzen die Teilnehmer nur in bequemen Sesseln und hören Musik. Nur im Hintergrund hört man den eigentlichen Lehrstoff, aber am Schluss weiß jeder praktisch alles.

Nun kann man auch mit Hilfe anderer Intensivmethoden bis zu hundert Vokabeln pro Tag lernen; aber man vergisst, was man gelernt hat, beinahe genauso schnell wieder, wie man es gelernt hat. Mit Hilfe der Methode Dr. Losanows kann man nicht nur bis zu eintausendachthundert Vokabeln pro Tag lernen; hinzu kommt, dass die Erinnerungsquote unglaublich hoch liegt. Dabei haben wissenschaftliche Tests gezeigt, dass die von Dr. Losanow erreichten Werte noch keineswegs die Grenze sind, sondern dass man theoretisch in der Stunde bis zu fünfhundert Vokabeln lernen könnte und somit in kürzester Zeit den etwa mit dreitausend Vokabeln zu beziffernden kompletten Sprachschatz einer Fremdsprache.

Dazu bedarf es nicht einmal einer besonderen Begabung. Die meisten Teilnehmer an Dr. Losanows Kursen sind einfache Leute ohne außergewöhnliche Fähigkeiten. Seine Methode ist nicht nur zum Erlernen einer Fremdsprache, sondern für alle Sachbereiche geeignet, die akustisch darstellbar sind, und das ist fast immer der Fall. Mit ihrer Hilfe kann man seine Leistungen in Schule, Beruf und Sport steigern; sie ist zur Beseitigung von Schüchternheit, Redehemmungen, Lampenfieber und Prüfungsangst ebenso geeignet wie zur Verbesserung der Technik von Musikern oder zur Umsatzsteigerung von Verkäufern.

Die Grundlage ist das Potenzial Ihres Unterbewusstseins

Man weiß heute, dass das Unterbewusstsein über ein nahezu unbegrenztes Lern- und Erinnerungspotenzial verfügt. Dabei nutzt jeder Mensch im Durchschnitt nur fünfzehn Prozent seiner geistigen Kapazität wirklich aus. Das war der Ausgangspunkt der Forschungen Dr. Losanows.

Daher entwickelte er die Methode der Suggestopädie, die im Einzelfall die Aufnahmefähigkeit bis um das Fünfzigfache steigern kann. Noch faszinierender daran ist jedoch, dass sie quasi ein »Lernen ohne Lernen« ermöglicht.

Das Geheimnis dieser Superlernmethode beruht auf einem einfachen physiologischen Gesetz, das den alten Kulturvölkern schon vor tausenden Jahren bekannt war, und zwar auf der Tatsache, dass man bei vollkommener körperlicher und geistiger Entspannung in Verbindung mit einer bestimmten Musik jeden beliebigen Lerninhalt mühelos aufnehmen und im Gedächtnis speichern kann.

Die physiologischen Voraussetzungen der Methode

Unser Gehirn produziert eine bestimmte elektrische Energie, die von einem EEG-Gerät (Elektroenzephalograph) gemessen werden kann. Dabei unterscheiden wir folgende Frequenzen:

bis 4 Hertz – Deltawellen
4 bis 7 Hertz – Thetawellen
7 bis 14 Hertz – Alphawellen
14 bis 30 Hertz – Betawellen

Im Zustand des Wachbewusstseins dominieren die Betawellen. Wenn wir völlig entspannt sind wie beispielsweise beim Tagträumen, befinden wir uns im Frequenzbereich der Alphawellen. Im Schlaf wechseln je nach Schlaftiefe Delta-, Theta- oder Alphawellen einander ab. Je niedriger nun die Frequenz ist, desto leichter vollzieht sich die Aufnahme von Lerninhalten. Bei einer hohen Frequenz, wie sie beispielsweise bei einem aufgeregten Menschen auftritt, kann es dagegen zur völligen Blockade kommen.

Es gilt also, bei vollem Bewusstsein eine möglichst niedrige Hirnstromfrequenz zu erreichen. Dr. Losanows Methode hat nun den Weg zu diesem Ziel freigemacht. Eine Möglichkeit, die früher nur Wunderkindern und Ausnahmemenschen vorbehalten war, steht nun jedem von uns offen.

Positive Nebenwirkungen

Fast noch erstaunlicher aber sind die »Nebenwirkungen« der Methode. Das allgemeine Wohlbefinden bessert sich, vegetative Störungen verschwinden, und die Persönlichkeit entfaltet sich. Sogar die Beziehungen zu anderen Menschen erhalten einen neuen Impuls.

Natürlich ist der kritische Verstand geneigt, das alles für unmöglich zu halten. Aber diese Methode ist seit Jahren wissenschaftlich erprobt und hat beste Ergebnisse gebracht. Inzwischen sind mehr als hunderttausend Teilnehmer aus aller Welt nach dieser Methode unterrichtet worden – und alle mit gleich bleibend positivem Ergebnis.

Die Beseitigung der Lernblockaden

Man kann sagen, dass diese Methode vor allem deshalb so erfolgreich ist, weil sie Lernblockaden wie Angst, Schuldgefühle, Hemmungen und Komplexe beseitigt und damit die natürliche Lernfähigkeit eines Menschen wieder freisetzt.

Menschen mit einem Supergedächtnis hat es zu allen Zeiten und in allen Kulturkreisen gegeben. Wenngleich die angewandten Techniken sehr verschieden waren, so war die Wirkung doch stets die gleiche. Es geht ganz einfach darum, mit Hilfe der entsprechenden Methoden die Lernfähigkeit weiterzuentwickeln, das heißt das beinahe unbegrenzte Potenzial des Unterbewusstseins wieder freizusetzen. Natürlich gibt es auch Menschen, die keine Lernhemmungen entwickelt haben und daher ohne Zuhilfenahme irgendwelcher Techniken über ihre natürlichen Fähigkeiten verfügen.

Entspannung ist das A und O

Worin besteht nun die »Losanow Methode«, beziehungsweise welche Faktoren sind für die enorme Steigerung der Lern- und Merkfähigkeit, die man mit ihrer Hilfe bewirken kann, ausschlaggebend? Die Grundelemente der Methode sind:

1. Physische und psychische Entspannung;
2. eine spezifische Lernsuggestion (Affirmation);
3. rhythmische Atmung;
4. passende Musik;
5. die variierte Sprechart;
6. Wiederholung des Stoffes und seine praktische Umsetzung (Sprechen, Schreiben und Lesen).

Wenn wir uns die Methode und ihre Elemente anschauen, dann erinnert diese Kombination stark an die Techniken indianischer Medizinmänner oder kirgisischer Schamanen. Auch sie versetzen sich zunächst in einen Trance- und Entspannungszustand. Dann bereiten sie durch ständig wiederholte Suggestionen vor, was nun geschehen soll. Zugleich mit dem monotonen Aussprechen bestimmter Formeln nimmt die Atmung einen bestimmten Rhythmus an. Zusätzlich erklingt eine bestimmte Musik, deren Struktur sie ausschließlich der an- und abschwellenden Intonation des Sängers verdankt. Das Ergebnis ist eine Ausschaltung des Alltagsbewusstseins.

Die richtige Musik

Entscheidend für die richtige Wirkung der Musik ist ihre Struktur und nicht das persönliche Wohlgefallen des lernwilligen Zuhörers. Aus der Musikforschung wissen wir, dass eine bestimmte Art von Musik die körperlichen Vorgänge verlangsamt und allein dadurch einen Entspannungszustand ähnlich wie im Zustand der Meditation oder der Hypnose hervorruft. Es handelt sich dabei stets um Musik im Viervierteltakt, weil der Herzrhythmus das Bestreben hat, sich einem »herznahen« Rhythmus anzupassen, also sich vom natürlichen Rhythmus von etwa zweiundsiebzig Schlägen pro Minute auf die sechzig Schläge des Viervierteltaktes zu verlangsamen, was dem Ruhepuls entspricht.

Dieser Ruhepuls wirkt sich sehr günstig auf das gesamte Befinden des Menschen aus. Stress wird automatisch abgebaut, das Wohlbefinden bessert sich entscheidend, und zwischen Körper und Geist entwickelt sich eine neue Verbindung. Der Körper verbraucht weniger Energie, und so bleibt ein Großteil dieser Energie der Geistesarbeit erhalten.

Es ist wie in einem Konzert. Man weiß, dass man keine besondere Leistung zu erbringen braucht; man entspannt sich ganz einfach und freut sich auf den Kunstgenuss und ist bereit, sich von der Musik ganz durchdringen, sich ganz gefangen nehmen zu lassen. Man gibt sich der Musik hin. In diesem Zustand der Selbstvergessenheit ist man äußerst aufnahmefähig und hat oftmals hinterher einige Mühe, sich wieder in der vertrauten Welt zurechtzufinden, wieder in das Alltagsbewusstsein zurückzukehren. Daher verbindet sich in dieser Methode das Lernen wieder mit der natürlichen Freude des kindlichen Spiels.

Dr. Georgi Losanow verwendet nun eine ganz spezifische Musik, und zwar meist Barockmusik und stets solche im Viervierteltakt. Diese Musik ermöglicht es, gleichzeitig völlig entspannt, geistig hellwach und optimal aufnahmefähig zu sein. Man kann sagen: Je besser sich jemand entspannen kann, desto größer wird sein Lernerfolg sein und umso weniger Wiederholungen des Lernstoffs sind erforderlich.

Hier nun folgt eine Aufstellung geeigneter Musikstücke*.

---

* Teils nach Dr. Georgi Losanows persönlichen Angaben, teils ergänzt durch die Angaben aus S. Ostranders und L. Schroeders Buch *Superlearning* (Scherz Verlag, Bern/München).

Johann Sebastian Bach:

1. Largo aus dem Konzert für Flöte und Streicher in g-Moll (Bearbeitung nach BWV* 1056 für Flöte, Original Cembalo).
2. Largo aus dem Konzert für Klavier und Streichorchester in f-Moll (nach BWV 1056).
3. Larghetto aus dem Konzert für Oboe d'amore und Streicher in A-Dur (nach BWV 1055).
4. Largo aus dem Konzert für Cembalo solo (nach Vivaldi) in g-Moll (nach BWV 975).
5. Largo aus dem Konzert für Cembalo solo in G-Dur (nach BWV 976).
6. Largo aus dem Konzert für Cembalo solo in F-Dur.

Georg Friedrich Händel:

1. Alle langsamen Sätze aus den Concerti grossi für Streicher, op. 6, Nr. 1–12.
2. Alle langsamen Sätze aus den Concerti grossi mit Oboen, op. 3, Nr. 1–6.
3. Largo aus dem Konzert Nr. 3 in D-Dur (Feuerwerksmusik).

Georg Philipp Telemann:

1. Largo aus den Fantasien für Cembalo in g-Moll.
2. Largo aus dem Konzert für Viola, Streicher und Generalbass in G-Dur.

---

* BMV = Bach-Werke-Verzeichnis.

Antonio Vivaldi:

1. Largo aus dem »Winter«; Konzert Nr. 4 in f-Moll der »Vier Jahreszeiten« (op. 8).
2. Largo aus dem Konzert in D-Dur für Gitarre, Streicher und Generalbass.
3. Largo aus dem Konzert für Mandoline, Streicher und Orgel, Nr. 1 in C-Dur, PV 134.
4. Largo aus dem Konzert für Viola d'amore, Laute und Streicher in d-Moll, PV 266.
5. Largo aus dem Konzert für Flöte, Streicher und Generalbass in C-Dur, PV 79.
6. Largo aus dem Konzert für Viola d'amore, Streicher und Generalbass in d-Moll, PV 287.
7. Largo aus dem Konzert für Violoncello, Streicher und Generalbass in G-Dur, PV 118.

Die Musik sollte so laut eingespielt werden, dass man das Lernprogramm deutlich und ohne Anstrengungen verstehen kann. Es ist auch möglich, nur ein bestimmtes Lieblingsstück in steter Wiederholung zu verwenden oder die Reihenfolge beliebig zu verändern. Wenn man jedoch verschiedene Musikstücke heranzieht, ist es allerdings ratsam, ruhigere und lebhafte Stücke abwechselnd zu spielen. Die Musik soll zwar beruhigend, aber nicht einschläfernd wirken. Den letzten Teil der musikalischen Begleitung kann dann ein besonders lebhaftes Stück bilden, das dabei hilft, schneller wieder in das Alltagsbewusstsein zurückzukehren.

Wenn man diese Musiktherapie eine Zeit lang gründlich hat auf sich wirken lassen, so bedarf es nur noch weniger Minuten, um unter dem Einfluss der Musik in jenen für das Lernen so vorteilhaften Entspannungszustand hinüberzugleiten.

Hat man erst einmal die für das Lernen ideale Musik entdeckt, dann kann man sie immer wieder beim Lernen abspielen. Natürlich kann man solche Musik auch selbst auf Band aufnehmen, wenn man ein geeignetes beherrscht. Die Erfahrung zeigt, dass Streichinstrumente wie Cello oder Violine zu den besten Ergebnissen führen. Nur der Takt sollte genau stimmen, da man ja beim Lernen genau im Takt atmen soll.

Die physische Entspannung

Die wichtigste Voraussetzung für optimales Lernen ist der Zustand wirklichen Entspanntseins. Leider hat der Mensch die Fähigkeit, sich zu entspannen, mit zunehmender Zivilisation mehr und mehr verloren und muss sie sich erst mühsam wieder aneignen. Daher muss derjenige, der mit Hilfe dieser Methode lernen will, zunächst in der Lage sein, sich innerhalb weniger Minuten zu entspannen. Ohne diese Voraussetzung ist die Methode in ihrer Wirkung stark beeinträchtigt oder gar aufgehoben.

Um diese Voraussetzung zu gewährleisten, lernen Dr. Losanows Schüler während der ersten vier Tage eines Kurses, wie man sich richtig entspannt. Daraus wird deutlich, welche Bedeutung er diesem Training beimisst. Ich kann Ihnen daher nur empfehlen, nicht aus falschem Ehrgeiz zunächst einmal die Wirkung der Methode ausprobieren zu wollen, bevor Sie gelernt haben, sich wirklich zu entspannen.

Um sich zu entspannen, ist das Entspannungstraining nach Jacobsen* besonders zu empfehlen.

Die Übungen beginnen mit der Entspannung der dominanten Hand, dann geht man über zur Entspannung des dominan-

---

* Douglas A. Bernstein und Thomas D. Borkovec: *Entspannungstraining – Handbuch der progressiven Muskelentspannung*, erschienen im Pfeifler-Verlag, München.

ten Armes, danach zur nicht dominanten Hand und so weiter, bis der ganze Körper, Zone für Zone, völlig entspannt ist. Diese Entspannungsübungen dienen nicht nur dazu, den Körper zu entspannen, sondern der daraus resultierende Entspannungszustand erleichtert auch den Kontakt zum Unterbewusstsein. Dabei dauert diese Übung nur einige Minuten, ist aber in ihren Auswirkungen sehr intensiv. Viele Teilnehmer berichten danach von einem völlig neuen Körpergefühl, oder sie spüren eine so unbändige Kraft in sich, wie sie sie seit ihrer Kindheit nicht mehr erlebt haben.

Sie können diese Entspannungsübungen auch auf Band sprechen, dann brauchen Sie nur mehr während der Übungen das Tonband ablaufen zu lassen und können sicher sein, keine Körperzone zu vergessen. Suchen Sie sich für diese Übungen einen bequemen Platz, wo Sie ungestört sind, und öffnen Sie enge Kleidungsstücke. Konzentrieren Sie sich wirklich auf die jeweilige Körperzone. Nehmen Sie die entstehende Entspannung bewusst wahr.

Der Text Ihrer Entspannungskassette

Legen Sie sich ganz entspannt hin. Lösen Sie alles, was Sie beengt, und machen Sie es sich ganz bequem.

Atmen Sie nun ganz langsam und tief ein, und während Sie ausatmen, spüren Sie, wie sich die Spannung in Ihrem Körper löst. Atmen Sie wieder ganz langsam und tief ein, dann geben Sie sich die Anweisung: »Entspannen!« Entspannen Sie sich und spüren Sie, wie Sie mit jedem Atemzug immer lockerer, immer gelöster werden. Ihre Muskeln und Nerven sind nun ganz locker, ganz gelöst und vollkommen entspannt. Sie fühlen sich wohl.

Und nun spannen Sie einmal ihre Zehen so fest wie möglich an und krümmen Sie sie ganz fest einwärts. Halten Sie diese

Spannung, während Sie ganz langsam bis fünf zählen, dann lassen Sie Ihre Zehen wieder los. Spüren Sie den wohl tuenden Unterschied. Jetzt noch einmal: Anspannen – anspannen – anspannen und – loslassen. Spüren Sie wieder diesen wohl tuenden Unterschied.

Spannen Sie nun die Zehen, die Füße und die Waden an. Machen Sie die entsprechenden Muskeln ganz hart – machen Sie sie ganz hart, aber lassen Sie den übrigen Körper völlig entspannt. Halten Sie diese Spannung, während Sie langsam bis fünf zählen. Langsam bis fünf zählen und – loslassen. Jetzt noch einmal: Anspannen – anspannen – anspannen und – loslassen. Lassen Sie die Spannung los und genießen Sie dieses wohl tuende Gefühl der Entspannung.

Spannen Sie nun die gesamte Beinmuskulatur fest an, und zwar so fest wie möglich. Ganz fest anspannen und langsam bis fünf zählen. Spüren Sie diese starke Anspannung, während Sie langsam bis fünf zählen – und lassen Sie wieder los. Und gleich noch einmal: Anspannen – anspannen – anspannen und – loslassen. Entspannen Sie sich. Lassen Sie alle Muskeln los, einfach entspannen, nachgeben und sich wohl fühlen.

Spannen Sie nun einmal die Gesäßmuskulatur an. Ganz fest anspannen und die Spannung halten, während Sie langsam bis fünf zählen. Langsam bis fünf zählen und – loslassen, ganz locker lassen. Lassen Sie Ihr Gesäß wieder ganz weich werden. Und gleich noch einmal: Anspannen – anspannen – anspannen und – loslassen.

Spannen Sie nun einmal Ihre Kreuz- und Bauchmuskulatur an. Den ganzen Unterkörper fest anspannen. Ganz fest anspannen und langsam bis fünf zählen. Langsam bis fünf zahlen und wieder loslassen. Gleich noch einmal: Anspannen – anspannen – anspannen und – loslassen. Lassen Sie ganz los. Spüren Sie, wie sich alle Muskeln wohl tuend lockern und ganz weich werden. Lassen Sie sich einfach ganz fallen. Lassen Sie sich los und geben Sie sich ganz diesem wohl tuenden Gefühl der Entspannung hin.

Machen Sie nun die Muskeln in Ihrem Oberkörper ganz hart. Ziehen Sie beide Schultern hoch und spannen Sie Brust- und Rückenmuskeln ganz fest an. Ganz fest und langsam bis fünf zählen und wieder loslassen. Und gleich noch einmal: Anspannen – anspannen – anspannen und – loslassen. Lassen Sie wieder los. Atmen Sie aus und spüren Sie, wie alle Muskeln nachgeben und wieder locker werden. Spüren Sie ganz deutlich, wie die Spannung sich löst und eine wohl tuende Entspannung Ihren ganzen Körper erfüllt. Sie fühlen sich wohl.

Nun spannen Sie ganz fest Ihre Arme an, ballen Sie die Fäuste. Ganz fest die Fäuste ballen und die Muskeln in Ihren Armen anspannen. Noch fester – und dann ganz langsam bis fünf zählen. Langsam bis fünf zählen und wieder loslassen. Und gleich noch einmal: Anspannen – anspannen – anspannen und – loslassen. Lassen Sie die Arme ganz einfach locker fallen – einfach fallen lassen.

Zuletzt spannen Sie nun jeden Gesichtsmuskel an, so gut Sie können. Beißen Sie die Zähne aufeinander, kneifen Sie die Augen zusammen und spannen Sie die Kopfhaut an. Halten Sie diese Spannung, während sie langsam bis fünf zählen. Ganz langsam bis fünf zählen. Ganz langsam bis fünf zählen und wieder loslassen. Und gleich noch einmal: Anspannen – anspannen – anspannen und – loslassen. Lassen Sie die Kopfhaut wieder ganz locker werden. Auch die kleinen Muskeln um den Mund und um die Augen – lassen Sie sie los – einfach loslassen – entspannen. Auch die Zunge liegt nun ganz locker im Mund, der Kiefer ist entspannt. Sie sind ganz gelöst und fühlen sich wohl. Spüren Sie, wie dieses Wohlgefühl Ihren ganzen Körper durchströmt. Geben Sie sich ganz diesem wunderbaren Wohlgefühl hin – genießen Sie die Entspannung.

Praktizieren Sie mindestens eine Woche, besser noch vierzehn Tage lang, regelmäßig ein- bis dreimal täglich dieses Programm, und genießen Sie die wohl tuende Entspannung, die sich von Tag zu Tag steigert.

Die psychische Entspannung

Für die psychische Entspannung eignet sich besonders die Technik der Psychokybernetik, die ich in meinem Buch *Geistheilung durch sich selbst** ausführlich beschrieben habe. Ich war überrascht, dass auch in Moskau und Leningrad diese Technik praktiziert wird. Sie beruht auf der Vorstellung von Farben in einer bestimmten Reihenfolge, wodurch eine messbare Veränderung der Hirnstromaktivität bewirkt wird, die von normal etwa zweiundzwanzig Hertz auf etwa zehn Hertz absinkt. Man befindet sich dann im Alphazustand. Die Hirnstromfrequenz von sieben bis vierzehn Hertz spielt sich im Alphabereich ab, die übliche Frequenz von vierzehn bis dreißig Hertz im Betabereich.

Hier wieder der Text, den Sie für Ihre Kassette verwenden sollen:

Atmen Sie tief ein, und während Sie anschließend ausatmen, stellen Sie sich die Zahl Sieben und die Farbe Rot vor. Vertiefen Sie dabei die Entspannung Ihres Kopfes: zunächst der Kopfhaut, dann der Stirn und schließlich der Augenbrauen. Nun entspannen Sie auch das Kinn und die Muskeln um Augen und Mund. Lassen Sie sie los und spüren Sie, wie sich Ihr Gesicht wohl tuend entspannt.

Atmen Sie nun wieder tief ein, und während Sie ausatmen, stellen Sie sich die Zahl Sechs und die Farbe Orange vor. Vertiefen Sie dabei die Entspannung Ihres Oberkörpers – lassen Sie Schultern und Arme ganz bewusst fallen – und entspannen

---

* Erschienen im Goldmann Verlag, München.

Sie dann Ihre Lunge und das Zwerchfell. Sie spüren ganz deutlich, wie die Entspannung Ihres Oberkörpers noch zunimmt und er schließlich ganz gelöst ist.

Atmen Sie dann wieder tief ein, und während Sie ausatmen, stellen Sie sich die Zahl Fünf und die Farbe Gelb vor. Vertiefen Sie dabei die Entspannung Ihres Bauches und Ihrer Beine bis zu den Füßen hinunter. Achten Sie ganz bewusst auf Ihre Gefühle und empfinden Sie deutlich diese wunderbare Entspannung in Ihrem Unterkörper und in den Beinen. Ihr Unterkörper, Ihre Beine und die Füße sind nun völlig locker und entspannt.

Atmen Sie nun noch einmal tief ein, und während Sie ausatmen, stellen Sie sich die Zahl Vier und die Farbe Grün vor. Dabei entspannen Sie sich nun auch geistig. Lassen Sie die Gedanken kommen und gehen, schenken Sie ihnen einfach keine Beachtung mehr, lassen Sie sie vorüberziehen und verwehen: Sie haben für Sie keine Bedeutung, kein Gewicht.

Atmen Sie dann wieder tief ein, und während Sie ausatmen, stellen Sie sich die Zahl Drei und die Farbe Blau vor. Spüren Sie dabei die wohl tuende Entspannung Ihres Geistes. Sie entspannen sich mehr und mehr, die Gedanken verwehen und Sie werden immer ruhiger und ruhiger.

Atmen Sie wieder tief ein, und während Sie ausatmen, stellen Sie sich die Zahl Zwei und die Farbe Lila vor. Sie sind nun geistig absolut ruhig, und es tauchen keine neuen Gedanken mehr auf. Sie spüren eine wunderbare Stille in sich.

Atmen Sie wieder tief ein, und während Sie ausatmen, stellen Sie sich die Zahl Eins und die Farbe Violett vor, die Farbe der Stiefmütterchen. Während Sie dieses tiefdunkle Violett vor Ihrem geistigen Auge sehen, spüren Sie die absolute Stille in sich. Geben Sie sich ganz diesem Gefühl der absoluten Stille in sich hin. Sie sind nun im Innersten Ihres Wesens. Die absolute Stille erfasst Ihr ganzes Sein und füllt Sie völlig aus. Sie selbst werden zu dieser wunderbaren Stille. Sie spüren, wie Sie sich körperlich und geistig erholen und neue Kraft schöpfen. Sie sind ganz entspannt, ganz ruhig, ganz still.

Die Lernsuggestion

Wenn schließlich vollkommene Stille in Sie eingekehrt ist (das ist nun eben der Zustand optimaler Aufnahmefähigkeit), steigern Sie noch einmal mit Hilfe bestimmter Suggestivformeln Ihre Freude und Begeisterung für das Lernen. Das könnte etwa mit den folgenden Worten geschehen, die Sie wiederum Ihrer Kassette einverleiben sollten:

Denken Sie jetzt bitte einmal die folgenden Worte mit – einfach nur mitdenken:

Ich bin vollkommen gelöst, bin mit Begeisterung dabei, und das von mir erwünschte Wissen fliegt mir nur so zu.

Ich konzentriere mich jederzeit ganz leicht auf das, was ich gerade tue, und mein Lernen bereitet mir von Tag zu Tag mehr Freude.

Ich bin vollkommen frei und lerne mit Begeisterung. Jeder Lernschritt steigert meine Freude an der Leistung.

Ich freue mich über die durch die neue Lernmethode bewirkten Fortschritte und ich sehe sofort den praktischen Nutzen des Lernstoffs.

Ich durchdringe den Lernstoff von Tag zu Tag tiefer, und was ich einmal in meinem Gedächtnis gespeichert habe, bleibt dort unauslöschlich erhalten.

Zuversichtlich und harmonisch wende ich die neuen Erkenntnisse in meinem Leben an.

Pause …

Kommen Sie nun langsam wieder zurück. Zählen Sie in Gedanken bis drei, öffnen Sie die Augen und seien Sie hellwach. Sie sind hellwach und fühlen sich ganz frisch und wohl. Sie fühlen sich jetzt ganz frisch und wohl.

Das Geheimnis dieser Erfolgssuggestionen beruht darauf, dass man sich suggeriert, bereits zu haben, was man erst noch erreichen möchte: Der Erfolg liegt also nicht in der Zukunft, sondern ist bereits in der Gegenwart vorweggenommen.

In den USA durchgeführte Versuche haben gezeigt, dass allein aufgrund dieser Erfolgssuggestionen das Lernvermögen der Testpersonen um sechzig Prozent gesteigert wurde. Natürlich sollten Sie den vorgegebenen Text nur als Anregung auffassen und denselben, vorsichtig modifiziert, in Ihrer eigenen, höchstpersönlichen Version auf Band sprechen. Eigene Formulierungen akzeptiert und realisiert das Unterbewusstsein leichter und schneller. Wichtig ist nur, dass die Formulierungen positiv ausfallen, in der Präsensform gehalten sind und keine Verneinung enthalten.

Atmen im Vierertakt

In allen Weisheitsschulen und in allen Zentren mystisch-esoterischen Wissens der Menschheitsgeschichte spielt die Atmung stets eine wichtige Rolle. Denken Sie nur einmal an die Bedeutung der richtigen Atmung für das Yoga. Überzeugend hat das Indra Devi in ihrem Buch *Ein neues Leben durch Yoga* dargetan*. In Indien bezeichnet man einen wirklich großen Menschen mit dem Wort Mahatma, was »großer Atem« bedeutet. Auch im allgemeinen Leben und in der Natur können wir beobachten, dass alle Kurzatmer eine deutlich kürzere Lebensspanne haben als die Langatmer. Der Kurzatmer lebt nicht nur kürzer, er ist auch meistens von Krankheiten geplagt, wogegen der Langatmer in der Regel ein langes Leben in Gesundheit hat. Der Atem spielt in unserem Leben eine entscheidende Rol-

* Erschienen im Ariston Verlag, Genf.

le, ob wir das nun erkennen oder nicht, ob wir das anerkennen oder nicht.

Wir können sechs Wochen leben, ohne zu essen; wir können sechs Tage leben, ohne zu trinken; wir können aber kaum sechs Minuten leben, ohne zu atmen.

Schon daran erkennen wir, wie eng das Leben an Atmung gebunden ist, und natürlich ist es unmöglich, richtig zu leben und dabei falsch zu atmen. Wenn unser Atem in Ordnung ist, sind wir »in Ordnung«; und wenn wir in Ordnung sind, dann atmen wir auch richtig.

Auch für die Entwicklung der Superlernfähigkeit ist die rhythmische Atmung grundlegend; denn rhythmisches Atmen ist einer der einfachsten Wege, zu einem höheren Bewusstsein und zu einer Harmonie von Körper, Seele und Geist zu gelangen. Über den Atemrhythmus teilt sich dieser Rhythmus dem ganzen Körper mit. Das ist eine Erkenntnis, die bei Eingeweihten aller Völker zu finden ist. Die Harmonie von Körper, Seele und Geist lässt die individuellen Kräfte und Fähigkeiten sich frei entfalten, so dass sie ungehindert wirken können.

Auch rein physiologisch gesehen ist klar, dass eine bessere Sauerstoffversorgung des Gehirns zu höherer Lern- und Merkfähigkeit führen muss, denn das Gehirn ist der größte Sauerstoffverbraucher des Organismus. Das Gehirn nimmt bleibenden Schaden, wenn die Sauerstoffzufuhr auch nur für einige wenige Minuten unterbrochen ist. Die richtige Atemtechnik bewirkt daher eine Verlangsamung des psychischen Rhythmus, und daraus wiederum resultiert das so wichtige psycho-physische Gleichgewicht. Es ist leicht verständlich, dass man im Zustand innerer Ausgeglichenheit bedeutend leichter und schneller lernt, als wenn noch innere Widerstände zu überwinden sind.

Die Losanow-Methode betont zwei verschiedene Atemrhythmen:

Die vorbereitende Atmung: Vier Sekunden einatmen, vier Sekunden Pause; vier Sekunden ausatmen, vier Sekunden Pause.

Die Lernatmung: Zwei Sekunden ausatmen, zwei Sekunden einatmen; vier Sekunden Pause.

In der vier Sekunden langen Lernphase atmet man nicht. Sagen Sie sich also ganz einfach: In den Pausen atme ich, wie ich will, in der Lernphase stoppe ich die Atmung. Dazu braucht man nicht etwa die Luft anzuhalten, sondern man atmet ganz einfach vier Sekunden lang nicht. Die Lernphase fällt somit in »atemlose Stille«. Das ist ein ganz natürlicher Vorgang. Denken Sie nur an ein Fußballspiel und den Moment, wenn der Ball vor das Tor gebracht wird. Das ganze Stadion hält für einige Sekunden die Luft an, bis sich das Spiel wieder geklärt hat, und dann geht ein Aufatmen durch das Stadion.

Durch das Lernen und Atmen im Viervierteltakt (sechzig Schläge pro Minute) wird der Atemrhythmus mit dem Ruhepuls (ebenfalls sechzig Schläge pro Minute) synchronisiert. Beim Schnelllernen atmet man also im idealen Rhythmus des langsamen Pulsschlages. Dadurch wird die Konzentration gesteigert und die Sauerstoffversorgung des Gehirns gefördert.

Die vorbereitende Atmung sollten Sie zwei bis drei Minuten vor dem eigentlichen Lernen durchführen, während Sie sich entspannen. Die Lernatmung praktizieren Sie während der ganzen Dauer des Lernens.

Machen Sie es sich also nicht unnötig schwer, sondern achten Sie nur auf den einen wichtigen Punkt. Während der Lernphase, also solange der Lehrer spricht oder während auf der Kassette das Lernprogramm vorgetragen wird, atmen Sie nicht. In den Pausen atmen Sie, wie Sie wollen. Es hat sich auch bewährt, die vorbereitende Atmung während des ganzen Lernvorganges beizubehalten. Das ist für all diejenigen leichter, die ohnehin daran gewöhnt sind, langsam zu atmen.

Die richtige Sprechart

Es ist eine bekannte Tatsache, dass man leicht einschläft, wenn man einem monotonen Vortrag zuhört, zumal wenn dieser Vortrag von gleichmäßiger ruhiger Musik begleitet ist. Damit Sie nun beim Lernen nicht einschlafen, hat Dr. GEORGI LOSANOW drei verschiedene Sprecharten eingeführt, die sich abwechseln:

1. die normale Lautstärke;
2. das Flüstern;
3. den Befehlston.

Sollten Sie wirklich einmal für einen kurzen Moment in Versuchung kommen, in der wunderbaren Entspannung einzunicken, dann werden Sie – spätestens in der dritten Lernphase – durch den Befehlston wieder geweckt; das heißt natürlich: es kommt erst gar nicht dazu, dass Sie einschlafen. Diese Variation der Sprechart macht den Unterricht auch lebendiger, obwohl amerikanische Forscher berichten, dass auch bei gleichmäßigem Sprechen der Lernerfolg gleich bleibt.

Die verschiedenen Sprecharten scheinen also kein unbedingt notwendiger Bestandteil der Methode zu sein. Die Reihenfolge der Sprechlagen spielt überhaupt keine Rolle; ebenso unwichtig ist es, ob Sie versehentlich zweimal in der gleichen Tonlage sprechen. Der Wechsel der Sprechart dient nur dazu, Sie wach zu halten.

Die Erstellung eines Lernprogramms

Jeder Interessierte kann sich sein Lernprogramm selbst zusammenstellen. Auch wenn man zum Beispiel noch kein Wort der Sprache, die man erlernen möchte, kennt, ist dies möglich – wie Versuche gezeigt haben. Man hört sich in diesem Fall die auf Kassette gesprochenen Wörter und Sätze eines normalen

Sprachkurses so lange an, bis man sie einwandfrei selbst sprechen kann.

Lernen kann man auf diese Weise jeden akustisch vermittelbaren Stoff. Eine Lerneinheit dauert acht Sekunden – vier Sekunden Lernphase und vier Sekunden Pause. Eine Minute besteht somit aus siebeneinhalb Lerneinheiten. Ein Lernabschnitt sollte etwa zwanzig bis dreißig Minuten dauern. Für das Erlernen von 70 Vokabeln braucht man in etwa zehn Minuten.

Die Sprechart sollte nach jeder Lerneinheit wechseln. Beginnen Sie also in normaler Sprechlage; danach flüstern Sie mit einschmeichelnder Stimme; schließlich sprechen Sie laut und deutlich im Befehlston. Sie brauchen nicht im Takt der Musik zu sprechen. Besteht eine Lerneinheit nur aus wenigen Elementen, wie es zum Beispiel beim Vokabel lernen der Fall ist, so können Sie ein wenig langsamer sprechen, handelt es sich dagegen um viele Elemente, so sprechen Sie entsprechend schneller. In vier Sekunden kann man bis zu zehn Wörter auf Band sprechen. Achten Sie darauf, dass Ihre Stimme die Musik deutlich übertönt. Das Lernprogramm sollte ohne jegliche Anstrengung leicht verständlich sein.

Ein Tonband von dreißig Minuten Dauer könnte etwa so eingeteilt sein:

- ◇ Drei Minuten einleitende Musik;
- ◇ vierundzwanzig Minuten Lernphase (das entspricht hundertachtzig Lerneinheiten von je acht Sekunden Länge);
- ◇ drei Minuten schnelle Musik zum Abschluss.

Glauben Sie nicht, dass es schwierig oder zeitraubend sei, auf diese Weise eine Kassette zusammenzustellen. Ein Wochenende genügt, um einen ganzen Sprachkurs auf Band zu sprechen. Um bei einer reinen Sprechzeit von vier Sekunden pro Lerneinheit dreitausend Vokabeln einer Fremdsprache auf Band zu sprechen, brauchen Sie – und das wird Sie überraschen und ermutigen – drei Stunden zwanzig Minuten Sprechzeit.

Man kann aber auch den Sprachkurs einfach kopieren, wobei man alle vier Sekunden vier Sekunden Pause macht, das Band also leer laufen lässt. Dabei sollte man nur darauf achten, dass man nicht mitten in einem Wort stoppt. Fast jedes Lernelement lässt sich in vier Sekunden vermitteln.

Sollten Sie Schwierigkeiten mit der Grammatik haben, so gebe ich Ihnen hier ein Beispiel, wie man auch grammatikalische Regeln tonbandgerecht aufbereiten kann. Als Beispiel dient das französische unregelmäßige Verb *aller* = gehen:

Sekunden: 1, 2, 3, 4	*Sekunden: 1, 2, 3, 4*
Pause	Je vais, tu vas, il va – ich gehe, du gehst, er geht.
Pause	Nous allons, vous allez, ils vont – wir gehen, ihr geht, sie gehen.
Pause	Je vais à la fenêtre – ich gehe zum Fenster.
Pause	Tu vas à l'hôpital – du gehst ins Krankenhaus.
Pause	Il va au jardin – er geht in den Garten.
Pause	Nous allons à Paris – Wir fahren nach Paris.
Pause	Vous allez à l'école – ihr geht in die Schule.
Pause	Ils vont à la maison – sie gehen nach Hause.

So einfach lassen sich Fragen der Grammatik in Beispiele kleiden. Grammatische Probleme, die sich nicht in dieser Weise verdeutlichen lassen, erläutert man in Erklärungen, die nach demselben Prinzip – wie vorstehend beschrieben – tonbandgerecht aufbereitet sind. Sie sehen, dass es wirklich ganz einfach ist, ein Lerntonband zu erstellen.

Der Ablauf des Unterrichts

Bei einer Lerndauer von täglich vier Stunden dauert das Erlernen einer Fremdsprache bei Dr. Georgi Losanow dreiundzwanzig bis dreißig Tage.

Bevor Sie mit dem eigentlichen Unterricht beginnen, machen Sie die empfohlenen Entspannungsübungen. Dabei atmen Sie bereits im Rhythmus der vorbereitenden Atmung, also vier Sekunden ein und – nach vier Sekunden Pause – vier Sekunden aus, wonach wieder vier Sekunden Pause folgen. Diese Entspannungsübungen sollten nicht länger als fünf Minuten dauern. Dann beginnt der eigentliche Unterricht, der in vier gleiche Teile gegliedert ist:

1. Sie wiederholen den bereits am Vortag gelernten Stoff anhand Ihres Lehrbuchs und lesen dabei still mit, was auf dem Tonband im Rhythmus des Viervierteltaktes vorgetragen wird. Sie atmen im Rhythmus der *vorbereitenden Atmung*. Dabei wird keine Musik gespielt.
2. Nun legen Sie das Lehrbuch weg; Sie bleiben weiterhin entspannt und hören sich dasselbe Lernprogramm noch einmal mit musikalischer Untermalung an. Sie können wieder dasselbe Tonband verwenden, wenn Sie die Möglichkeit haben, mit einem zweiten Recorder die Musik abzuspielen. Hierbei atmen Sie im Rhythmus der *Lernatmung* und stellen sich den Lernstoff möglichst bildhaft vor.
3. In der dritten Phase des Unterrichts beschäftigen Sie sich mit einer neuen Lektion, wobei Sie wiederum zunächst mitlesen, um sich auch die Orthographie einzuprägen. Dabei atmen Sie im Rhythmus der *vorbereitenden Atmung*. Hierzu wird keine Musik gespielt.
4. In der vierten Phase legen Sie wiederum das Buch beiseite und hören sich die neue Lektion noch einmal mit musikalischer Begleitung an. Dabei atmen Sie in der Art der *Lernatmung* und stellen sich den Lernstoff wieder möglichst bildhaft vor. Lassen Sie ihn wie einen Film vor Ihrem geistigen Auge ablaufen.

Alle vier Tage wiederholen Sie alles, was Sie bis dahin gelernt haben, wobei es sich empfiehlt, Wiederholungstonbänder zu besprechen und darauf zu achten, dass besonders solche Wörter mehrfach verwendet werden, die Ihnen bisher noch Schwierigkeiten bereitet haben. Darüber hinaus sollten Sie Ihre neu erworbenen Kenntnisse während der darauf folgenden Tage möglichst häufig anwenden, damit sie sich festigen können.

Wenn Sie so verfahren, dann haben Sie eine Lernmethode in der Hand, mit deren Hilfe Sie jeden beliebigen Lernstoff in einem Bruchteil der bislang für vergleichbare Aneignung von Wissensstoff benötigten Zeit aufnehmen können. Dabei ist diese Methode inzwischen wissenschaftlich so fundiert, dass kaum noch Fragen offen bleiben. Sie hat allerdings den Nachteil, dass man das jeweilige Lernprogramm zunächst in dem beschriebenen Vier-Sekunden-Rhythmus aufbereiten und die entsprechenden Atem- und Entspannungsübungen beherrschen muss, bevor man mit dem eigentlichen Lernen beginnen kann.

Hier sehe ich die größten Schwierigkeiten, einfach deshalb, weil die meisten von uns zu ungeduldig sind. Wir wollen immer sofort die Ergebnisse sehen, neue Dinge zunächst einmal ausprobieren; und genau das ist in diesem Fall nicht möglich. Wenn Sie sich auf die Anwendung dieser Technik nicht gründlich vorbereiten, dann werden Sie wahrscheinlich nur eine Enttäuschung erleben.

Sollte das auf Sie zutreffen, ist es besser, Sie benutzen eine andere der in diesem Buch dargelegten Techniken, die weniger oder gar keine Vorbereitungen verlangt. Wenn Sie aber die geringe Mühe nicht scheuen und erst beginnen, wenn Sie gelernt haben, sich richtig zu entspannen und in dem beschriebenen Rhythmus zu atmen, und wenn Sie die richtige Musik verwenden, dann haben Sie hier eine Methode, die auf wissenschaftlich fundierte Weise das Lernen auf einen Bruchteil der bisher benötigten Zeit reduziert, die ferner überhaupt nicht anstrengt und außerdem noch Freude bereitet.

Zusammenfassung

1. Mit Hilfe dieser Methode können Sie bei nur vier Stunden Unterricht täglich eine Sprache wie beispielsweise Französisch mit einem Wortschatz von etwa dreitausend Vokabeln innerhalb von dreiundzwanzig Tagen erlernen.
2. Bevor Sie beginnen, sollten Sie die beschriebenen Entspannungsübungen wirklich beherrschen; sonst werden Sie mit dieser Methode keinen Erfolg haben.
3. Als Nebenwirkung der Methode verschwinden vegetative Störungen, die Persönlichkeit entwickelt sich schneller und die Beziehungen zu anderen Menschen verbessern sich. Schüchternheit und Redehemmungen verschwinden ebenso wie Lampenfieber und Prüfungsangst.
4. Die Losanow-Methode besteht im Wesentlichen aus folgenden Faktoren
   - ◇ der richtigen physischen und psychischen Entspannung;
   - ◇ einer motivierenden Lernsuggestion (Affirmation);
   - ◇ der rhythmischen Atmung;
   - ◇ der richtigen Musik;
   - ◇ der variierten Sprechart;
   - ◇ der täglichen Wiederholung und der praktischen Anwendung des Gelernten.
5. Für die musikalische Untermalung eignet sich nur Musik im Viervierteltakt, das heißt, es dürfen nicht mehr als sechzig Takte pro Minute sein. Das Herz schlägt durchschnittlich zweiundsiebzigmal in der Minute und hat die Tendenz, sich in seinem Rhythmus ähnlichen Rhythmen anzupassen; daher bewirkt die Musik im Viervierteltakt eine Verlangsamung des Herzrhythmus.
6. Die Losanow-Methode unterscheidet die *vorbereitende Atmung:* vier Sekunden einatmen, vier Sekunden Pause, vier Sekunden ausatmen, wonach vier Sekunden Pause folgen; und ferner die *Lernatmung:* zwei Sekunden ausatmen, zwei Sekunden einatmen; dann vier Sekunden Pause; beziehungsweise zwei Sekunden einatmen, zwei Sekunden ausatmen, vier Sekunden Pause.
7. Die richtige Sprechart wechselt zwischen normaler Sprechlage, Flüstern und Befehlston. Dieser Wechsel dient nur dazu, den Lernenden wach zu halten.

8. Der Unterricht besteht aus vier gleichwertigen Einheiten:
   - ◇ Vom zweiten Tag an hören Sie sich jeweils zunächst das Tonband vom Vortag an und lesen dabei still mit, was auf der Kassette im Rhythmus des Viervierteltaktes vorgetragen wird. Sie atmen dabei im Rhythmus der vorbereitenden Atmung. Dazu wird keine Musik gespielt.
   - ◇ Dann legen Sie das Lehrbuch weg, Sie bleiben entspannt und hören sich dieselbe Kassette noch einmal mit musikalischer Begleitung an. Sie können dasselbe Tonband verwenden, wenn Sie dazu mit einem zweiten Recorder die Musik einspielen können. In dieser Phase atmen Sie im Rhythmus der Lernatmung und stellen sich den Lehrstoff möglichst bildhaft vor.
   - ◇ In der dritten Phase des Unterrichts lernen Sie eine neue Lektion, wobei Sie zunächst wieder mitlesen, um sich auch die Orthographie einzuprägen. Dabei atmen Sie im Rhythmus der vorbereitenden Atmung. Dazu wird keine Musik gespielt.
   - ◇ In der vierten Phase legen Sie wiederum das Buch beiseite und hören sich noch einmal ganz entspannt mit musikalischer Begleitung die neue Lektion an. Dazu atmen Sie in der Weise der Lernatmung und stellen sich den Lernstoff wieder möglichst bildhaft vor. Lassen Sie die Lektion wie einen Film vor Ihrem geistigen Auge ablaufen.
9. Alle vier Tage sollten Sie den gesamten durchgenommenen Lernstoff wiederholen. Zum Zweck optimaler Wiederholung stellen Sie spezielle Wiederholungsbänder zusammen.

Kapitel 18
Gehirngerechtes Lernen

Mit dem zeitlichen Abstand, den wir heute zur »Revolution« der Suggestopädie haben, können wir feststellen: Sie war eine bedeutsame Vorstufe zu gehirngerechtem, ganzheitlichem und vernetztem Lernen.

Erstmals wurde systematisch das schulische »linkshemisphärische Lernen« (das Lernen nur mit der linken Gehirnhälfte) durchbrochen und intuitiv wichtige Elemente des rechtshemisphärischen Lernens eingebracht:

- ◇ Lernen mit spezifischer Musikbegleitung, Tanzen und Singen,
- ◇ Lernen durch bestimmte Modulation der Sprache, Schwingungen und Rhythmik,
- ◇ Lernen durch Bilder, Veranschaulichungen, Kreativität, Imagination, Einbringen der Fantasie,
- ◇ Lernen durch Spiel und Inszenierungen (der Lernstoff wird in Rollenspielen vermittelt und angeeignet).

Gewaltige Fortschritte der Gehirnforschung in den achtziger und neunziger Jahren ermöglichten es, diese Elemente der Suggestopädie mit den Ergebnissen dieser Forschung zu einem »gehirngerechten Lernen« zu verbinden. Vera F. Birkenbihl hat sich hier im deutschsprachigen Raum besondere Verdienste erworben. Ihre Aufforderung, vom »Gehirnbesitzer« zum »Gehirnbenutzer« zu werden, ist schon sprichwörtlich geworden.

Die Entdeckung des Gehirns

Das visionäre und aufrüttelnde Buch von Marilyn Ferguson »The Brain Revolution« (wörtlich übersetzt: die Gehirnrevolution, deutscher Titel: »Geist und Evolution«) erschien bereits 1973 in Amerika. Eine ähnlich tief greifende Wirkung übte im deutschsprachigen Raum das Buch »Denken, Lernen, Vergessen« von FREDERIC VESTER aus dem Jahre 1975 aus. Es folgte ein Vierteljahrhundert nicht nur ergebnisreicher Gehirnforschung, sondern auch deren Popularisierung und Anwendung im Bereich des Denkens und Lernens.

Lassen Sie uns die wichtigsten und für unser Thema bedeutungsvollsten Erkenntnisse zusammenfassen: Das menschliche Gehirn umfasst in seiner Physiologie drei Evolutionsstufen:

◇ das Reptiliengehirn,
◇ das Frühsäugergehirn (limbisches System) und
◇ das Spätsäugergehirn mit der typisch menschlichen Großhirnrinde (Neocortex).

Das Reptiliengehirn (Hirnstamm und Kleinhirn) ist etwa 500 Millionen Jahre alt und steuert elementare physiologische Funktionen wie Atmung und Puls, ist verantwortlich für motorische Abläufe (Gleichgewicht, Körperhaltung, Bewegung im Raum), hält Sympathikus und Parasympathikus im Gleichgewicht und ist die Kontrollzentrale für reflexhafte Handlungen. Dieses elementare, tief liegende »Überlebensgehirn« ist nach heutigem Kenntnisstand durch Lernen so gut wie nicht zu beeinflussen. Hier findet die elementare Lebenssteuerung statt.

Das »limbische System« (Mittelhirn mit Thalamus, Basalganglien, Hypothalamus und Hypophyse) ist 200 bis 300 Millionen Jahre alt. In diesem Gehirn sind unsere Emotionen zu Hause, etwa Freude und Angst, Lust und Schmerz, Lachen und Weinen. Hier finden auch schon erste Bewusstseinsprozesse statt, die Klassifizierung von Außenweltinformationen wie »Freund – Feind«, »essbar – ungenießbar«.

Ein Großteil dessen, was wir unter »Unterbewusstsein« verstehen, wird von diesem limbischen System gesteuert. Und die

Macht dieses »mittleren« Gehirns über unser tägliches Verhalten wird noch weitgehend unterschätzt. Dieses Gehirn ist bereits sehr lernfähig, doch dieses Lernen entzieht sich weitgehend unserem Bewusstsein und scheint alte Verhaltensmuster gegenüber Veränderungen resistent zu halten: wenn wir zum Beispiel eine schlechte Gewohnheit (wie das Rauchen) aufgeben wollen, aber die »Macht der Gewohnheit« (eingeprägt ins limbische System) uns zur Verzweiflung bringt. Dieser ewige Konflikt zwischen unserem Bewusstsein und dem limbischen System bringt die Volksweisheit in dem Satz zum Ausdruck: »Der Geist ist willig, doch das Fleisch ist schwach.«

Diese unbewusste Arbeitsweise ist von Vorteil, wenn wir eingeübte Lernprozesse einfach automatisieren und dann den »Autopiloten« einschalten können. So können wir »im Schlaf« Fahrrad oder Auto fahren. Wir brauchen nicht mehr nachzudenken, sondern haben Routine entwickelt.

Von Nachteil und in seiner Wirkung nicht zu unterschätzen ist es, wenn wir von außen auf ein bestimmtes Verhalten »konditioniert« (fremdbestimmt) werden, ohne darüber eine bewusste Kontrolle zu haben. In diesen Mechanismen haben es die Werbefachleute bis zur Meisterschaft gebracht.

Das Großhirn (Cortex) wölbt sich wie eine Rinde um die tiefer liegenden Gehirne. Es ist in seiner jüngsten Stufe (Neocortex) erst 1 bis 4 Millionen Jahre alt, also so alt wie die Menschheit, und die bisher letzte Stufe der Gehirnentwicklung. Hier ist die Vernunft, das menschliche Denken, die Sprache und Kommunikation, aber auch Intuition und Vision zu Hause.

Es besteht aus zwei Hemisphären und einem »Balken« , der beide Hemisphären verbindet (Corpus calossum). Auf dieser Großhirnrinde sind verschiedene »Lappen« zu unterscheiden (zum Beispiel der sensorische Cortex, der motorische Cortex), die unterschiedliche Gehirnfunktionen steuern wie die Sensorik (Sinnesorgane) und Motorik (Bewegung).

Das bewusste Lernen (einschließlich des Kurzzeit- und Langzeitgedächtnisses) vollzieht sich vor allem in dieser Großhirnrinde. Indem die Forschung die Funktionsweise des Gehirns zu differenzieren lernte, bekamen auch Lernpsychologie und Lerntheorien viele neue Impulse.

Was ist denn jetzt »gehirngerecht«?

Erstens: Eine der Erkenntnisse der modernen Gehirnforschung ist die Unterscheidung zwischen rechter und linker Gehirnhälfte (Hemisphäre). Dabei scheint die linke Gehirnhälfte eher verantwortlich für Sprache, Logik, Zahl, Folge, Linearität, Analyse zu sein, während die rechte verstärkt Rhythmus, Musik, Bilder, Fantasie, Wachtraum, Farbe, Kreativität und räumliche Dimensionen »verwaltet«. Darunter ist keine rigide Arbeitsteilung zwischen diesen beiden Gehirnhälften zu verstehen, sondern vielmehr Tendenzen, denn das Gehirn funktioniert grundsätzlich »holistisch« (alles ist in jedem Teil) und nicht nach dem »Schubladenprinzip«.

Wenn wir diese Unterscheidung so tendenziell stehen lassen können, dann erweist sich das klassische Lernen in der Schule zu 80 Prozent als »linkshemisphärisches Lernen«, das jedoch kaum das »rechtshemisphärische« fördert. Erste Schlussfolgerung: Ganzheitliches Lernen muss beide Lern-Qualitäten umfassen, beide Gehirnhälften aktivieren und integrativ wie synergetisch miteinander in Einklang bringen.

Das ist nicht nur eine anthropologische, »schöngeistige« Forderung, sondern zur Bewältigung der anstehenden Probleme in unserer Welt von elementarer Bedeutung! Der rasante Wandel in der heutigen Zeit fordert von uns nicht nur rezeptives Lernen (also zum Beispiel, dass wir uns durch das Lernen aus Büchern aneignen, was von anderen schon gedacht wurde), sondern vor allem kreatives Lernen, um selbstständig Probleme lösen und wirklich Neues schaffen zu können. Doch genau das ist die Domäne der rechten Gehirnhälfte! Hier fordert nicht nur die Gehirnforschung, sondern auch das Leben, dass wir umdenken lernen: Es gilt, dem Rechtshemisphärischen seinen Platz einzuräumen und ganzheitlich zu denken, um unsere Kreativität, das Schöpferische in uns zu entfesseln.

Ganzheitliches Lernen bezieht jedoch nicht nur die rechte und linke Gehirnhemisphäre ein, sondern auch die Großhirnrinde und das limbische System, das heißt unser Bewusstsein mit der Gefühlswelt und unseren sozialen Beziehungen. Emotionen und soziale Kontakte sind aus dem Lernen nicht herauszuhalten. Werden sie nicht bewusst und positiv eingesetzt (etwa durch Freude am Lernen und Teamgeist), beeinträchtigen unbewusst negative Gefühle das Lernen (etwa Angst oder Aversionen). Ganzheitliches Lernen fördert und integriert immer auch die »emotionale und soziale Intelligenz«.

Zweitens: Die Gehirnforschung unterscheidet weiterhin verschiedene Gehirnzentren (»Cortex-Lappen«). Dazu gehören drei verschiedene Sprachzentren (die nur in der linken Hemisphäre zu finden sind), Hörzentren, Lesezentren, Sehzentren. Jetzt wissen wir: Das Gehirn ist keine einheitliche Masse, die undifferenziert arbeitet, sondern es wird stets nur der Teil des Gehirns aktuell aktiviert, der auch wirklich genutzt wird. Alles andere liegt brach. Dies ist ein Teil der Erklärung für den bekannten Ausspruch, dass der Mensch nur 10 Prozent seiner Gehirnkapazität wirklich nutzt.

Obwohl das Gehirn natürlich kein Muskel ist, können die einzelnen Gehirnteile doch wie ein Muskel trainiert werden: Was vernachlässigt wird, ist immer schwerer zu aktivieren, was ständig gebraucht wird, arbeitet optimal.

Eine vielleicht überraschende Erkenntnis: Schüler, die während des Unterrichts Kaugummi kauen, beanspruchen mehr Bereiche des Gehirns (nämlich die motorische Cortex durch die Kaubewegungen), das Gehirn wird besser durchblutet und die Schüler lernen besser! Verblüffend und vielleicht auch irritierend – für die Gehirnforschung aber völlig einleuchtend. Kaugummi kauen ist gehirngerecht! (Man kann diesen Effekt zur Aktivierung der motorischen Cortex aber sicher auch auf andere Weise fördern und braucht das Kaugummi-Kauen nicht gleich zur Unterrichtsverpflichtung zu machen.)

Ruhiges Sitzen und die einseitige Nutzung des Gehirns, wie dies klassischerweise in der Schule geschieht, führt zu einer ständigen Unterforderung und Schwächung des Gehirns. Wen wundert es, dass die Kinder von heute einfach nicht mehr ruhig sitzen können, wenn ihre Energie durch einseitiges und starres Lernen nur so geringfügig in Anspruch genommen wird. Da muss sich die nicht beanspruchte Energie doch (häufig explosiv) Ventile suchen! Besser wäre es, die Energie der Kinder durch eine neue Art des Lernens voll und ganz für die Lernprozesse zu nutzen!

Je mehr Energiezentren während des Lernprozesses aktiviert werden, umso besser, nachhaltiger und kreativer ist das Lernen. So wissen wir heute, dass wir nur 20 Prozent von dem speichern, was wir nur hören, aber 90 Prozent von dem, was wir hören, sehen, riechen, anfassen und damit umgehen können (und worüber wir diskutieren und handeln). Je mehr unsere Aktivität beim Lernen gefordert ist, desto besser lernen wir.

Gehirngerechtes Lernen erfordert multisensorisches Lernen, ein Lernen, das möglichst alle »Eingangssinne«, sowie Bewegung und aktives Handeln mit einbezieht.

Drittens: Gerade diese Unterscheidung der Lernkanäle (die unterschiedlichen Sinne) hat auch unterschiedliche Lerntypen erkennbar werden lassen. Wir können unsere Sinne differenzieren in taktil oder kinästhetisch (berühren), gustatorisch (schmecken), olfaktorisch (riechen), auditiv (hören) und visuell (sehen). Es gibt Menschen, die bestimmte Kanäle für das

Lernen bevorzugen, oder allgemeiner: für ihre Kommunikation. Auditive Menschen (»Hör-Menschen«) nehmen die Welt anders wahr als visuelle (»Seh-Menschen«), haptische (»gefühlsorientierte« Menschen), verbale (»Sprech-Menschen«) und kinästhetische Menschen (»Anfass-Menschen«).

Modernes Lernen berücksichtigt diese unterschiedlichen Lerntypen, bietet den Lernstoff so an, dass alle unterschiedlichen Lerntypen den Stoff »auf ihrem Kanal« empfangen können und auf diese Weise ein multisensorisches und nachhaltiges Lernen möglich ist. Übrigens: Auch hier hat die Werbung wieder die Nase vorn. Werbebotschaften werden bewusst so gestaltet, dass sich jeder Typ angesprochen »fühlt«, »Ansprechendes« »zum Sehen« bekommt, die Botschaft für ihn gut »klingt«.

Für den Lernenden selbst gilt, seinen ganz persönlichen Lernstil zu finden und zu kultivieren: Lernen Sie vor allem über abstrakte Begriffe? Prägen Sie sich Inhaltliches besser durch Geschichten, Anekdoten, Märchen, Bilder ein? Können Sie besonders gut beobachten und wahrnehmen und dies reflektieren? Geht bei Ihnen »Probieren über Studieren«? Sind Sie also ein Lernender mittels Basteln und Erfinden? Welche Rolle spielt bei Ihnen die praktische Lebenserfahrung? Müssen Sie alles erst selbst »am eigenen Leib« erfahren? Diese und andere Fragen führen Sie zu Ihrem ganz persönlichen Lernstil.

Viertens: Gehirnforschung hat große Aufklärung darin geleistet, den Zusammenhang von Lernen und Stress zu entschlüsseln. Die Wahrheit lautet: Stress verhindert Lernen. Stress verursacht das, was der Volksmund schon lange als »Brett vor dem Kopf« bezeichnet. Die in Stress-Situationen ausgeschütteten Hormone verhindern das Ausschütten von speziellen Botenstoffen (Neurotransmitter), die chemisch verantwortlich sind für die Informationsübertragung am »synaptischen Spalt« der Nervenzellen. Der Informationsfluss ist ganz einfach unterbrochen. Die »Postboten« haben Zwangsurlaub (beziehungsweise werden kurzfristig als Feuerwehrleute eingesetzt) und so kann die Information nicht mehr ans Ziel transportiert werden.

Das hat aus der Perspektive der Evolution leicht zu erkennende Gründe. Stress war für unsere vorzeitlichen Urahnen immer mit Überlebensgefahr verbunden. In einer Stress-Situation musste der Körper blitzschnell umschalten auf Flucht oder Angriff. Alle Energie musste für die eine oder andere Verhaltensweise bereitgestellt werden, das Denken oder Tagträumen musste zugunsten von Beintätigkeit reflexartig eingestellt werden: ein überaus intelligenter Überlebensmechanismus!

Wie viel künstlichen Stress aber schaffen wir uns heute in der »Zivilisation«, ohne dass unser Leben tatsächlich ernsthaft bedroht ist?! Doch gerade unser »Reptiliengehirn« (das für körperliche Reflexe verantwortliche Kleinhirn) ist nicht in der Lage zu analysieren, ob der Stress lebensbedrohlich ist oder künstlich erzeugt und harmlos. Seine Reaktion ist reflexartig und befiehlt: Stresshormone ausschütten, Denken einstellen, Bewegungsenergie freisetzen! (Wehe, wenn jetzt Bewegung nicht erlaubt ist – das setzt Aggression frei!)

Lernen und Kreativität vollziehen sich aber, wie die Gehirnforschung beeindruckend gezeigt hat, vor allem in stress- und angstfreien Situationen und Räumen. Wie weit ist davon unser Schulsystem entfernt! Die klassische Schulpädagogik könnten wir geradezu als »Stress- oder Angst-Pädagogik« bezeichnen! Das beginnt bei hoffnungslos überfüllten Klassen, die Leistungsorientierung an »Fehlern«, der Wettkampf der Schüler untereinander um die besseren Noten, die Stigmatisierung durch schlechte Noten, den »Abschuss« durch Sitzenbleiben oder den Schulverweis, die Deklassierung in minder angesehene Schulsysteme bis hin zur Sonderschule.

Allgemein: Wenn wir lernen und unsere Kreativität (und die unserer Kinder) entfalten wollen, dann sollten wir vor allen Dingen den Stress in den Griff bekommen, aufhören, »Stressopfer« zu sein. Je mehr wir das Leben in die eigenen Hände nehmen, desto stressfreier und selbstbestimmter können wir es führen – lernen zu leben, dabei liebend und lachend!

Fünftens: Das Gehirn ist kein Organ, das darauf wartet, mit Information und Wissen »gefüttert« zu werden. Es ist nicht zu vergleichen etwa mit einem Eimer, der nur von außen aufgefüllt werden muss.

Das Gehirn ist überaus aktiv, ständig in einem »explorativem Modus«: es will Neues erfahren und erkennen, in unbekannte Regionen vorstoßen, seine Wahrnehmung erweitern, Probleme lösen, Aufgaben bewältigen, Herausforderungen annehmen, über sich hinaus wachsen.

Vielleicht ist das sogar die wichtigste Erkenntnis der Gehirnforschung: wird ihre Bedeutung richtig erkannt, stellt dies eigentlich alles auf den Kopf! Das Gehirn muss nicht zum Lernen motiviert und animiert werden, sondern ist begierig zu lernen, wenn die Lernsituation wirklich »gehirngerecht« ist. »Lernen ist nur dann trocken, langweilig, frustrierend oder schwierig, wenn die Arbeitsweise des Gehirns nicht berücksichtigt wird (was leider in der Schule recht häufig der Fall ist).« (Vera F. Birkenbihl)

Kurz: Das Gehirn ist in der Lage, sich selbst zu motivieren und sich selbst zu steuern. Auch das gehört zum »gehirngerechten Lernen«: die Selbststeuerungsprozesse des Gehirns zu erkennen und zu fördern. Es geht nicht darum, dem Gehirn »beizubringen«, was es zu lernen hat (das weiß es selbst am besten), sondern ihm den Raum und die Bedingungen zu sichern, um sein »Selbstlernen« optimal zu entfalten.

Lernen, gehirngerecht zu lernen, wäre wirklich notwendig. Und es ist wichtiger, die Methoden zu lehren als die Inhalte. Mehr lehren WIE als lehren WAS. So einfach diese Unterscheidung erscheinen mag, in der Praxis umgesetzt würde es unser ganzes Erziehungs- und Bildungssystem revolutionieren.

Dies wäre aber nur eine Konsequenz aus der Revolution in der Gehirnforschung. Doch eine Revolution kommt eben selten allein.

Mind-Fitness mit Brain-Gym, Gehirn-Jogging und Brain-Food

Wenn unser Geist (engl. »mind«) seine wesentliche Steuerzentrale im Gehirn (engl. »brain«) als physiologischem Organ hat, dann ergibt sich schnell die praktische Frage, wie wir nicht nur unseren Körper, sondern auch unseren Geist fit halten können. Was können wir tun, damit unser Gehirn möglichst optimal arbeiten kann, egal welche Aufgaben es zu bewältigen hat.

Was unser körperliches Wohlbefinden betrifft wissen wir, wie wichtig Entspannung, Bewegung und Ernährung sind. Sollte dies auch für das Gehirn zutreffen?

Die beiden amerikanischen Pioniere DR. PAUL und GAIL DENNISON haben 1986 eine Übungsfolge von Bewegungsabläufen entwickelt, genannt *Brain-Gym®*, die überaus einfach und effektiv sind.

Ziel dabei ist, durch bestimmte Bewegungsübungen (»Gymnastik fürs Gehirn«) beide Gehirnhälften, aber auch Ohren, Augen und die beiden Körperhälften energetisch miteinander in Einklang zu bringen, die »Überkreuz-Verdrahtung« des Gehirns zu verbessern (die linke Gehirnhälfte steuert die rechte Körperhälfte usw.). Diese Übungen sind leicht zu erlernen und können ohne große fachliche Hilfe täglich trainiert werden.

Die bekanntesten Brain-Gym-Übungen – bereits für Kinder geeignet – sind:

◇ Überkreuz-Bewegungen: Wir bewegen uns so, dass beide Gehirnhälften aktiviert werden, schwingen etwa den linken Arm und das rechte Bein, abwechselnd die jeweils gegenüberliegenden Extremitäten.

- ◇ Liegende Acht: Vor unserem Gesichtsfeld »malen« wir eine liegende Acht, das Zeichen für Unendlichkeit, und folgen mit dem Zeigefinger der Bewegung (drei Mal mit jeder Hand, dann drei Mal mit beiden zusammen).
- ◇ Elefantenübung: Der Arm wird an die Nase gehalten und verlängert die Nase wie zu einem Rüssel. Damit lassen sich Achten malen oder neu zu erlernende Wörter in die Luft schreiben.
- ◇ Mit Fuß- und Wadenpumpe als Energieübungen werden Akupressurpunkte in den Füßen angeregt, die nun ihrerseits bestimmte Gehirnzentren, etwa das Sprachzentrum, aktivieren.
- ◇ Beim Brain-Gym werden bestimmte »Gehirnknöpfe« gerubbelt, um Energieblockaden zu lösen.

Als die »Hohe Schule« des Brain-Gym könnte man das T'ai Chi bezeichnen (auch als »chinesisches Schattenboxen« bekannt), die sehr anmutige Beherrschung des Körpers, die Vereinigung von Bewegung und Entspannung, Kraft und Ästhetik. Kein Wunder, dass T'ai Chi ein Lebenselixier für das Gehirn ist.

Das in Deutschland von B. Fischer und S. Lehrl entwickelte *Gehirn-Jogging* hat nichts mit körperlicher Bewegung zu tun, sondern ist (fast) reines Denktraining. »Jogging« nannten es Fischer und Lehrl, um die Leichtigkeit dieses Trainings hervorzuheben.

Es geht hier nicht um Denk-Leistungssport für Menschen mit außergewöhnlicher Intelligenz, sondern um eine Trainingsmethode, die für Jung und Alt gleichsam geeignet ist. Sie setzt keine besondere Bildung voraus, weil nicht inhaltliches Wissen abgefragt wird, sondern das Gehirn mit einfachen Mitteln und mit mentalen Operationen in Schwung gebracht wird.

Das Gehirn-Jogging umfasst fünf Phasen:

1. Die Aufwärmübungen: Mit Atem- und Entspannungsübungen werden optimale Bedingungen für das Lernen hergestellt.

2. Das Basistraining: Wie nimmt man Informationen besser auf, speichert, verarbeitet und wendet sie an, kurz: wie meistert man Informationen.
3. Der Merk-Zettel für ein besseres Gedächtnis: Wie prägt man sich Wissenswertes ein, wie erwirbt man Allgemeinbildung.
4. Das Denk-Mal für Kreativität und Denkvermögen: Wie trainiert man Geist und Gedächtnis mit Freude, wie nutzt man Denkstrategien.
5. Das Kopf-Kino für positive Lebensgestaltung: Wie entwickelt man Vorstellungskraft (Imagination) für Harmonie und Gesundheit.

Dieses Programm ist für den aktiven Gebrauch des Gehirns wie regelmäßige Fitness-Übungen für den Körper, denn auch für das Gehirn gilt: Wer rastet, der rostet.

Bei den meisten Menschen ist das Gehirn völlig unterfordert oder nur sehr einseitig ausgelastet, so dass es in Teilfunktionen regelrecht »verkümmern« kann. Gehirn-Jogging hält das Gehirn für alle Aufgaben fit.

Intelligenz kann man essen! Denn auch die Ernährung ist für die Leistungsfähigkeit des Gehirns von großer Bedeutung und *Brain-Food* ist sozusagen »Nahrung für die Intelligenz«.

Dabei geht es darum, drei Fragen zu beantworten:

◇ Wie kann die Leitfähigkeit der Nervenverbindung durch »richtiges Essen« verbessert werden?
◇ Wie kann die Produktion von Botenstoffen (Neurotransmitter), die zuständig sind für die Informationsübertragung, erhöht werden?
◇ Wie kann durch die richtige Ernährung dem Gehirn die notwendige Energie bereitgestellt werden (obwohl das Gehirn nur 2 Prozent der Körpermasse ausmacht, verbraucht es 20 Prozent des Sauerstoffs und sogar 50 Prozent der Glucose!)?

Die richtige Ernährung für das Gehirn bauen wir in drei Stufen auf:

◇ Stufe 1: Vollwertige Ernährung,
◇ Stufe 2: Allgemeine Nahrungsergänzung,
◇ Stufe 3: Nährstoffe speziell für das Gehirn (Brain-Food)

Es macht wenig Sinn, eine »Einstein-Diät« in Betracht zu ziehen, wenn das Fundament, die gesunde Ernährung für den ganzen Körper, noch gar nicht gegeben ist.

Fassen wir die wichtigsten Regeln für eine vollwertige Ernährung (Stufe 1) konzentriert zusammen:

◇ Trinken Sie viel Flüssigkeit:
  Anderthalb bis zwei Liter Flüssigkeit (am besten mineralarmes, stilles Wasser) zusätzlich zur Ernährung reinigt die Körperflüssigkeiten und hält sie »sauber«. Das ist eine wichtige Voraussetzung für den freien Elektronenfluss der Nervenbahnen und erhöht ihre Leitfähigkeit!
◇ Essen Sie abwechslungsreich und in Maßen:
  Sechs kleine Mahlzeiten sind besser als drei große. Essen Sie möglichst selten so viel, dass Sie richtig satt sind. Ein ständig leichtes Hungergefühl zu haben, ist dem dauernden Gefühl der Übersättigung vorzuziehen.
◇ Nehmen Sie genug und intelligent Proteine (Eiweiße) zu sich (etwa 30 Prozent der Gesamtnahrung): Daraus bildet der Körper Aminosäuren, aus denen Neurotransmitter des Gehirns hergestellt werden. Reduzieren Sie tierisches Eiweiß (zum Beispiel Fleisch) zugunsten von pflanzlichem Eiweiß (zum Beispiel Soja, Nüsse).
◇ Ihre Nahrung sollte etwa zu 20 Prozent aus Fetten und zu etwa 50 Prozent aus komplexen Kohlehydraten (Brot, Reis, Nudeln, Kartoffeln) bestehen. Kohlehydrate werden zu Glucose abgebaut, dem Energieträger für die Gehirnleistung.
◇ Gehen Sie zurückhaltend um mit weißem Zucker, Zuckerprodukten (wie Kuchen) und Süßigkeiten. Der Körper ver-

liert mit dem Alter die Stoffwechselkapazität für Zucker. Zucker ist andererseits Treibstoff für das Gehirn. Den direkten Zuckerbedarf, der schnell vom Gehirn aufgenommen werden kann, sollten Sie vor allem durch Obst und Traubenzucker decken.

◇ Ein Teil Ihrer Ernährung sollte aus Rohkost bestehen. Dazu gehören Obst, Gemüse, Salate. Rohkost, das sind Lebensmittel, deren Vitamine nicht durch Kochen oder Einfrieren zerstört wurden.

◇ Achten Sie auf die Säure-Basen-Harmonie.
Ideal wäre es, wenn Ihre Nahrung zu 60 Prozent aus basisch reagierenden Lebensmitteln (Basebildnern) bestünde. Entsäuern Sie auch regelmäßig Ihren Körper.

◇ Meiden Sie Säure bildende »Zivilisationskost«. Dazu gehören die »weißen« Nahrungsmittel: weißer Zucker, weißes Mehl, Salz, weißer Reis. Auch Kaffee und (schwarzer) Tee können den Körper übersäuern. Fleisch ist stark Säure bildend und sollte auch aus diesem Grund zurückhaltend verzehrt werden.

◇ Achten Sie auf die Einnahme von Vitaminen der B-Gruppe. Vitamin B_1 ist z. B. verantwortlich für die Bildung von Acetylcholin, einem wichtigen Neurotransmitter, Vitamin B_6 ist wichtig für die Bildung des Nervenhormons Serotonin, Vitamin B_9 gilt als »Stimmungsmacher für das Gehirn«, Vitamin B_{15} sorgt für die bessere Sauerstoffaufnahmefähigkeit.

◇ Achten Sie auf die Einnahme der Vitamine A, C und E. Diese Vitamine sind Antioxidantien und schützen die Körperzellen vor vorzeitigem Altern.

◇ Meiden Sie Nahrung mit Zusatzstoffen.
Dazu gehören Farbstoffe, Geschmacksverstärker, Konservierungsmittel. Diese Stoffe sind für das Gehirn eher toxisch (giftig) als förderlich.

◇ Meiden Sie Drogen. Dazu können auch Medikamente gehören, Schlafmittel, Tranquilizer, aber auch Nikotin, Kaffee und Alkohol.
◇ Nehmen Sie sich Zeit und kauen Sie ausgiebig. Die gesunde Verdauung beginnt im Mund. Ausreichend eingespeichelt wird die Nahrung besser aufgeschlossen.
◇ Zur gesunden Ernährung gehört auch die Pflege von Tisch- und Esskultur. Wer allein stehend ist und nur sich selbst versorgt, neigt dazu, sich keine besondere Mühe mit der Zubereitung des Essens zu machen, zu Dosen- und Fertignahrung zu greifen und sich Essen aus dem Tiefkühlfach aufzuwärmen.
◇ Ein Nickerchen nach dem Mittagessen wirkt Wunder für die Verdauung und die rasche körperliche und geistige Erfrischung.
◇ Achten Sie auf Ihr Ideal- und Wohlfühlgewicht. Es ist sozusagen der Indikator für eine gesunde Ernährung und Lebensweise.

Wir können heute kaum noch davon ausgehen, dass unsere Nahrungsmittel die Vitalstoffe enthalten, die wir brauchen. Eine systematische Nahrungsergänzung (Stufe 2) ist heute integrierter Bestandteil einer gesunden Ernährung. Wenn vorbeugen besser als heilen ist, erleben wir zur Zeit einen regelrechten »Paradigmenwechsel« von der Reparatur-Medizin zur Vorbeuge-Medizin. Kein Zweifel: eine sinnvolle Nahrungsergänzung ist der zentrale Bestandteil einer solchen präventiven Medizin, die auf einen gesunden Zellstoffwechsel abzielt.

Je unverfälschter diese Nahrungsergänzung aus der Natur kommt (in natürliche Lebensmittelkomplexe eingebunden ist), desto besser kann der Körper sie aufnehmen und desto wirksamer sind sie. Besonders empfehlenswert sind:

◇ Algen (Spirulina), getrocknet und zu kleinen Tabletten gepresst, sind eine ideale Nahrungsergänzung.

◇ Blütenpollen (z. B. unter das Müsli gemischt) enthalten alle wesentlichen Aminosäuren, eine große Bandbreite von Mineralstoffen, einen großen Anteil der wichtigsten Vitamine (insbesondere des B-Komplexes).
◇ Honig mit Gelée Royale.
◇ Genügend Vitamin C (magenschonend als Calciumascorbat).
◇ Das Coenzym Q_{10} als »Zündfunke« für die Energieversorgung.
◇ Darüber hinaus gibt es viele Produkte auf dem Markt, die eine ausgewogene Vitalstoffkombination enthalten.

Achten Sie also vor allem darauf, Vitalstoffmangel (darunter verstehen wir zusammenfassend: Enzyme, Aminosäuren, Vitamine, Mineralstoffe und Spurenelemente) vorzubeugen und den Körper mit ausreichend Vitalstoffen zu versorgen. Überlegen Sie, welche »Missbefindlichkeit«, etwa anhaltende Erschöpfungszustände, auf einen Vitalstoffmangel zurückzuführen sein könnte.

In der dritten Stufe können wir dem Körper dann spezielles »Brain-Food« zuführen. Dazu gehören zunächst einmal ganz normale Lebensmittel, die die Gehirnfunktionen besonders steigern:

◇ Bananen (die »Frucht der Weisen«) verbessern die Konzentration und geistige Leistungsfähigkeit
◇ Brokkoli ist eines der allseitig wirkenden Wundergemüse.
◇ Avocado, reich an Kalium, ist wichtig für die elektrische Leitfähigkeit der Nervenbahnen.
◇ Kichererbsen sind reich an Vitamin B_{15} und damit wichtig für die Energiefreisetzung.
◇ Nüsse (»Studentenfutter«) und Nussmus sind reich an Lezithin mit hohem Neurotransmittergehalt.

Als Nahrungsergänzung – erhältlich in Apotheken, Reformhäusern und Drogeriemärkten – sind als anregend bekannt (ohne die negativen Auswirkungen etwa von Koffein aufzuweisen, das z. B. Angstattacken auslösen kann):

- ◇ Ginko biloba (Extrakt aus den Blättern des Ginkgobaumes) regt das Gehirn an und sorgt für eine bessere Gehirndurchblutung.
- ◇ Ginseng hat eine ausgleichende Wirkung auf das vegetative Nervensystem und den Blutdruck.
- ◇ Johanniskraut wirkt direkt auf das Nervensystem und mindert Stress erzeugende Angst.
- ◇ Kava-Kava wirkt ebenfalls gegen Angstzustände.
- ◇ Cholin hilft Acetylcholin zu produzieren, einen wesentlichen Neurotransmitter.
- ◇ Lezithin besitzt einen hohen Gehalt an Neurotransmittern und fördert die Lernfähigkeit.
- ◇ Phenylalanin wird benötigt zur Herstellung von Noradrenalin als Anreger der Nervenzellen.
- ◇ Ribonukleinsäure (RNA) ist ein wichtiges »Gedächtnismolekül«.

Benutzen Sie bei der Zusammenstellung Ihrer Ernährung (und der Ihrer Kinder) also: Ihr Gehirn!

Strukturieren mit Mind-Mapping

Mind-Maps sind »geistige Karten«, also Bilder, die Informationen gehirnadäquat strukturieren, und Mind-Mapping ist die Herstellung solcher Übersichtsbilder.

Mind-Mapping ist eine ideale Methode, sich Notizen zu komplexen Zusammenhängen zu machen:

- ◇ Zur Planung: Man könnte zum Beispiel eine komplette Rede in der Form eines Mind-Maps vorbereiten, so dass man einerseits frei reden kann, andererseits aber die Rede doch klar strukturiert ist.

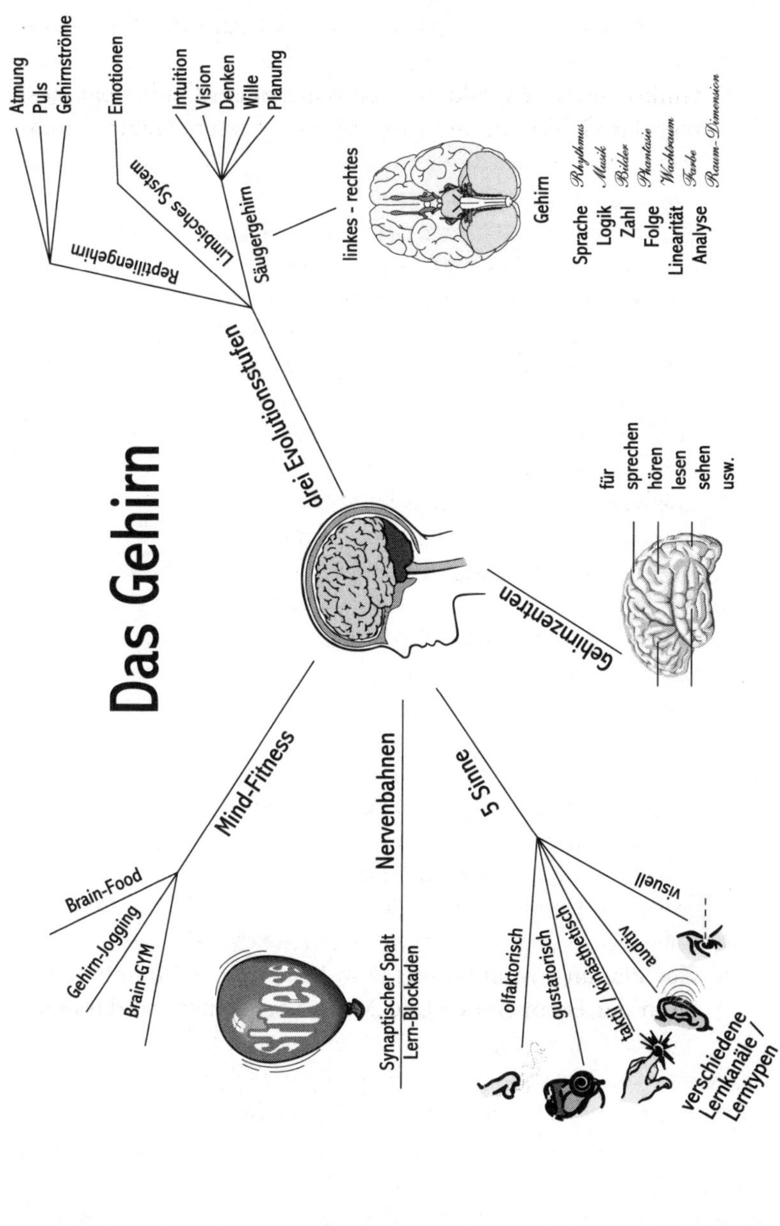
Das Gehirn
drei Evolutionsstufen
Reptiliengehirn
Atmung
Puls
Gehirnströme
Limbisches System
Emotionen
Säugergehirn
Intuition
Vision
Denken
Wille
Planung
linkes - rechtes
Gehirn
Sprache
Logik
Zahl
Folge
Linearität
Analyse
Rhythmus
Musik
Bilder
Phantasie
Wachtraum
Farbe
Raum-Dimension
Gehirnzentren
für
sprechen
hören
lesen
sehen
usw.
5 Sinne
visuell
auditiv
taktil / kinästhetisch
gustatorisch
olfaktorisch
verschiedene Lernkanäle / Lerntypen
Nervenbahnen
Synaptischer Spalt
Lern-Blockaden
stress
Mind-Fitness
Brain-Food
Gehirn-Jogging
Brain-GYM

- ◇ Zur Problemlösung: Alle Faktoren, die das Problem beeinflussen, werden »ins Bild gesetzt« und diese Verbildlichung des Problems kann den Geist für die intuitive Problemlösung öffnen.
- ◇ Zur Zusammenfassung eines Themas, eines Artikels, eines Buches, einer Unterrichtsstunde usw.
- ◇ Zur Gliederung eines komplexeren Zusammenhangs.
- ◇ Für die Kreativität und Ideenfindung.

Lassen Sie uns doch einfach den bisherigen Text dieses Kapitels über gehirngerechtes Lernen in ein Mind-Map zusammenfassen! Das könnte so wie auf Seite 227 aussehen:

An diesem Beispiel lassen sich wesentliche Elemente des Mind-Mapping gut erläutern:

- ◇ Das zentrale Thema steht in der Mitte.
- ◇ Davon zweigen die Unterthemen deutlich ab.
- ◇ Zweige und Verästelungen sind leicht darstellbar.
- ◇ Es werden Schlüsselwörter (meistens Substantive) benutzt.
- ◇ Es wird mit Symbolen, Pfeilen, Farben gearbeitet.

Die Stärke dieser Methode liegt darin, dass:

- ◇ Zusammenhänge nicht linear, sondern komplex und organisch dargestellt werden können,
- ◇ das Mind-Map selbst sprunghaft entfaltet werden kann (ich kann an dem einen Strang und dann an einem ganz anderen »weiterspinnen«),
- ◇ die Gedanken die Form eines Bildes (»Gedankenlandkarte«) annehmen und einprägsam sind,
- ◇ es der Arbeitsweise des vernetzten Denkens und des Gedächtnisses entgegenkommt,
- ◇ links- (analytisches) und rechtshemisphärisches (bildhaftes) Denken integriert sind.

Kurz: Mind-Mapping entspricht der Arbeitsweise des Gehirns auf optimale Weise, bildet es sozusagen ab.

Lernen mit Neurolinguistischem Programmieren (NLP)

NLP hat einen so starken Boom in Therapie, Pädagogik und Management wie kaum ein anderes Denkmodell erfahren, denn es entspricht dem Zeitgeist:

◇ Der Umgang mit dem Computer ermöglicht uns einen entspannten Zugang zu dem Begriff »Programmieren«. Wir vergleichen unser Unterbewusstsein mit einem Computerprogramm, das mit unserer »Sozialisation« entstanden ist. Die Fragestellung ist denkbar einfach: Wie lassen sich in der Vergangenheit entstandene Programmfehler im Gehirn wieder »umprogrammieren«?

◇ Langjährige Therapien (wie die Psychoanalyse) passen nicht so recht in den Zeitgeist des »schnell, schneller, sofort!«. Die Zeit ist reif für effiziente Kurzzeittherapien. NLP ist gerade deshalb von ihren Begründern BANDLER (einem Mathematiker) und GRINDER (einem Linguisten) entwickelt worden, um therapeutische Prozesse möglichst zu verkürzen.

◇ Parallel zur Gehirnforschung (und im Austausch mit ihr) hat sich auch die Linguistik, die Sprachforschung, rasant entwickelt, ist doch der menschliche Geist, unser Bewusstsein eng mit der Entwicklung der Sprache verknüpft. Unser Denken findet sozusagen in unserer Sprache statt. So stellt sich die Frage: Sind unsere (unbewussten) Programme in Sprache kodiert? Was verrät der Gebrauch bestimmter Sprachwendungen über unbewusste Programme des Menschen? Sind diese Programme durch neue Sprachmuster zu verändern, zu »modellieren« (NLP-Jargon)?

Neuro-linguistisches Programmieren zielt also auf die Beziehung zwischen Gehirn (Neuro), Sprache (Linguistik) und ihre bewusste Veränderbarkeit (Programmierung). Dabei geht es um eine verständnisvolle Kommunikation (Therapeut – Klient, Lehrer – Lernender, Führungskraft – Mitarbeiter, allgemein: Kommunikation zwischen Partnern) zur optimalen Entfaltung des menschlichen Potenzials.

Seine wichtigste Anwendung hat NLP in der Therapie erfahren: Es ermöglicht dem Patienten, schnell wieder handlungsfähig zu werden, ohne sich lange mit Kindheitstraumata auseinander setzen zu müssen.

Wird NLP präventiv angewendet, also um Fehlverhalten vorzubeugen und zu vermeiden, wirkt es pädagogisch. NLP hat eine weitgehend eigene Lerntheorie in diesem Zusammenhang entwickelt.

Wesentliche Merkmale der pädagogischen Seite des NLP sind:

- ◇ Alle Menschen haben ein unerschöpfliches Potenzial, eine potenziell einzigartige Genialität.
- ◇ Alle Menschen sind lernfähig, um sich immer mehr diesem eigenen Potenzial zu nähern.
- ◇ Entwicklung findet nach NLP auf unterschiedlichen Ebenen statt, deren man sich immer bewusst sein muss: Umgebung (Orte, Dinge, Menschen, Informationen), Handlungen (Wahrnehmung, Tätigkeit), Fähigkeiten (Interpretationen, Strategien), Einstellungen (Werte, Glaubenssätze) und Sinn (Vision, Mission).
- ◇ NLP hat gegenüber Menschen ein bestimmtes Wahrnehmungsmuster. Menschen werden über ihre bevorzugten Wahrnehmungskanäle eingeteilt: visuelle, auditive, kinästhetische.
- ◇ NLP öffnet die Menschen aber auch für neue Wahrnehmungen und für die Veränderung von Wahrnehmung.
- ◇ Die hohe Schule der Kommunikation liegt darin, die »richtigen Fragen« zu stellen und aufmerksam auf die Antwort zu hören. Fragen sind der Schlüssel zum Verstehen. Verständnis wird im »Spiegeln« (»mirroring«) zum Ausdruck gebracht.

◇ NLP verfügt über das Werkzeug, schnell Vertrauen herzustellen und den Kommunikationspartner da »abzuholen«, wo er steht (»Rapport gewinnen«).
◇ NLP stellt das Instrumentarium zur Verfügung, um Gespräche wirklich zielgerichtet zu führen.
◇ Sehr bekannt ist die Methode des »Umdenkens« im NLP, des »Reframing«. Erfahrungen werden in einem neuen Licht (Rahmen) im positiven Sinne umgedeutet und neu integriert.
◇ NLP stellt, so weit es geht, Win-Win-Situationen her (zum Beispiel in Verhandlungs-Kommunikation), wodurch jeder Beteiligte gewinnt.
◇ Während NLP im therapeutischen Bereich auf Kurzzeit abzielt, versteht es sich im pädagogischen Bereich eher als Langzeitbegleitung. (Wir sprechen ja auch vom »lebenslangen Lernen«.) Unsere ganzen Vorstellungen von »Coaching« sind ohne NLP kaum denkbar. Dabei kann jeder für jeden ein Coach sein, ein Helfer, um optimal zu kommunizieren, Beziehung zu pflegen und Potenziale zu entfalten.

Bewusstsein außerhalb des Gehirns

Zum Abschluss dieses Kapitels einige Hinweise auf die neueste Entwicklung in der Bewusstseinsforschung:

Das Gehirn ist sicherlich das physiologische Pendant des Denkens, des menschlichen Geistes. Ist aber unser Bewusstsein nur im Gehirn »verankert«, ist das Gehirn sozusagen Festplatte, Arbeitsspeicher und Prozessor des menschlichen Geistes?

Neue wissenschaftliche Untersuchungen deuten darauf hin, dass GEIST auch unabhängig von Materie, einem physischen Körper oder Organ organisiert sein kann. Zunächst scheint Bewusstsein und Geist in Feldern organisiert zu sein. Um dies kurz zu verbildlichen: Die magnetische Kraft ist nicht einfach nur eine Eigenschaft eines Magneten. Sie übt ihre Wirkung auch außerhalb des materiellen Trägers, also des Magneten, aus. Magnetismus ist die Eigenschaft des magnetischen Feldes um den Magneten herum.

Das könnte auch die Eigenschaft des menschlichen Geistes sein: Das Gehirn ist dem Magnet vergleichbar der stoffliche Träger, das Bewusstsein jedoch ein Feld um das Gehirn herum. Doch betreffend das menschliche Bewusstsein können wir (in der Hypothese) noch einen Schritt weiter gehen: Der ganze menschliche Körper, jede einzelne Zelle ist »Gehirn«, ein geistiges Schwingungsfeld. Jede Zelle würde so über ein Bewusstseinsfeld verfügen. Das alles umfassende, vollständige Bewusstseinsfeld des Menschen umhüllt ihn in der Form einer Aura, die von manchen, medial veranlagten Menschen auch wahrgenommen werden kann.

Und mehr noch: Nehmen wir als Gedankenspiel an, wir würden ein Magnetfeld von einem Magneten trennen, stellen wir uns also vor, es existiere ein Magnetfeld ganz ohne Magneten – so wäre auch ein Bewusstsein ganz ohne entsprechendes physisches Organ denkbar: Geist und Bewusstsein ganz ohne Körper, Gehirn und Materie, einfach nur ein schwingendes Energiefeld.

Für die Religionen der Welt ist dies zweifelsohne gegeben, denken wir nur an das »Leben nach dem Tod«, das heißt das Fortbestehen des Geistes auch ohne Körper. Doch das Aufregende ist, dass die Bewusstseinsforschung diese alte metaphysische Weisheit in die moderne Wissenschaft zu integrieren beginnt. Und zwar als *Bewusstsein ohne Gehirn.*

Kapitel 19
Lernen fürs Leben

Vielleicht überrascht Sie diese Überschrift etwas. Ging es in den bisherigen Kapiteln denn nicht um das »Lernen fürs Leben«?

Gewiss. Aber das Leben besteht aus mehr als nur der Aneignung von Wissen und Fähigkeiten, dem Auswendiglernen von Fakten, der Ausbildung von Kenntnissen und Können; ist mehr, als »technisch« mit dem Leben zurechtzukommen und unser Überleben beruflich zu sichern. Leben ist vielmehr wert- und sinnvolles Leben in der Erfüllung der zentralen Aufgabe, unsere Lebensbestimmung zu erkennen und auch zum Ausdruck zu bringen.

Vom Wissen zur Weisheit

Gerade die aktuell erlebte Informationsüberflutung zwingt irgendwann alle Lernmethoden in die Knie, die auf das reine Aneignen von Wissen ausgerichtet sind. Auch eine Kunst, »fünf Bücher in einer Stunde« zu lesen, muss da von begrenztem Wert bleiben und bietet keine echte Lösung aus dem Dilemma.

»Wir ertrinken in Wissen, aber dürsten nach Weisheit.« Das ist eine der großen Erkenntnisse in dieser Zeit der Wissens-Explosion. Uns stellt sich nicht nur die Frage, wie wir uns in der Wissensflut noch zurechtfinden, Wesentliches vom Unwesentlichen unterscheiden können, sondern auch, wie wir den Sinn des Ganzen begreifen können, die Weisheit des Lebens, wie sich ein erfülltes und glückliches Leben führen lässt.

Auch Erfüllung, Weisheit und Glück sind erlernbar! Jedoch mit ganz anderen Methoden des Lernens! Und darum geht es jetzt in unserem letzten Kapitel: zu erlernen, ein liebevolles und weises Leben zu führen. Das können auch schon Kinder, sogar ganz besonders, wenn man als Eltern oder Lehrer diese Fähigkeit in den Kindern wahrnimmt und fördert.

Die Rolle der Erziehung und Bildung im 21. Jahrhundert

Sicher haben auch Sie sich schon einmal gefragt, was Sie in den vielen Jahren Ihrer Schulzeit eigentlich gelernt haben. Irgendwann – früher oder später – wachen wir auf und stehen vor der Aufgabe, wirklich zu leben und müssen erkennen, dass uns das niemand beigebracht hat. In der Schule haben wir Lesen, Schreiben, Rechnen und einiges mehr gelernt, unsere Gehirne wurden mit einer Menge Fakten voll gestopft. Aber was wir hätten lernen sollen, ist, wie man das faszinierende Abenteuer Leben erfolgreich meistert. Statt dessen haben wir gelernt, wie viele Einwohner New York hat, wie lang der Nil ist und wie viel Gold in Australien gefördert wird – alles Dinge, die man dann tagtäglich im Leben so dringend braucht … !

Was wir nicht gelernt haben, ist, wie man lebt und sein Leben im wahrsten Sinne des Wortes »führt«:

- ◇ Wie man seinen Körper gesund erhält,
- ◇ wie man den richtigen Beruf und über die Berufung dazu zur Erfüllung findet,
- ◇ wie man den richtigen Partner findet, wie man selbst ein guter Partner wird und miteinander glücklich ist.
- ◇ Wir haben nicht gelernt, wie man seine Probleme löst, besser noch vermeidet, *bevor* sie entstehen,
- ◇ wie man sich seine Wünsche erfüllt und seine Ziele sicher erreicht,
- ◇ wie man immer und in jedem Fall Erfolg hat,
- ◇ sein Leben bewusst gestaltet
- ◇ und auch im Alter jung und vital bleibt.

◇ Wir haben nicht gelernt, wie man zu sich SELBST findet und ein wirklich erfülltes Leben lebt.

Alles das, was Leben wirklich ausmacht, was uns hilft, das Leben selbst bestimmt zu führen, haben wir in der Schule nicht gelernt. Die klassischen Lernmethoden fördern eben nur das »rezeptive« Lernen: das optimal aufzunehmen, was andere uns als »Lernstoff« vorsetzten.

Wir haben nicht einmal gelernt, wie man mit seinem Denkinstrument optimal umgeht und die eigenen faszinierenden Möglichkeiten nutzt, sein Leben bewusst zu gestalten, um zu erreichen, was immer man will, um letztlich aus seinem Leben ein Kunstwerk zu machen – einmalig und erfüllend. Erst dann können wir erkennen, was Leben wirklich bedeutet und dass wir vom Leben alles haben können. Wir müssen nur anfangen, unser Leben wirklich zu »führen«, denn das Leben ist einfach zu wichtig, um es dem Zufall zu überlassen.

Das Leben ist zwar ein Spiel, aber die meisten scheinen die Spielregeln nicht zu kennen. So leben sie gar nicht wirklich, sondern werden gelebt von ihren Vorstellungen, Illusionen und Projektionen. Sie sehen die Welt nicht so, wie sie ist, sondern so, wie sie ihnen erscheint. Sie haben die Augen offen, aber sie sehen nicht. Nur wenige erkennen die Wirklichkeit hinter dem Schein. Doch alle sind in der Lage, die Welt zu erkennen, wie sie wirklich ist, wenn sie lernen, »mit dem Herzen zu sehen«. Dann erkennen sie, dass das Leben ein Spiel ist, das sie einlädt mitzuspielen. Die meisten Menschen aber beenden ihr Leben, ohne je wirklich gelebt zu haben.

Eine Papierschwalbe hält sich zwar auch eine Zeit lang in der Luft. Das ist aber etwas ganz anderes, als der spielerische und leichte Tanz einer wirklich lebendigen Schwalbe am Himmel.

Wir stehen am Beginn eines neuen Zeitalters der Menschheitsgeschichte. Die Zeit ist reif, sich über den reinen Verstandesmenschen hinaus zu entwickeln und als Herzensmenschen endlich »zu Bewusstsein zu kommen«, die in uns schlummernden geistigen Kräfte zu erkennen und zu aktivieren und so unser geistiges Erbe anzutreten.

Es ist Zeit zu erkennen, dass der rational-analytische Verstand die Wertschätzung, die er bekommt, nie wirklich verdient hat, denn auf alle wirklich wichtigen Fragen des Lebens kann er uns keine brauchbaren Antworten geben.

Versuchen Sie einmal, mit diesem Verstand folgende Fragen zu beantworten:

- ◇ Was ist der Sinn meines Lebens?
- ◇ Wer bin ich? (Es geht dabei natürlich nicht um die Daten in Ihrem Personalausweis.)
- ◇ Was ist meine wirkliche Berufung und nicht nur mein Job, um Geld zu verdienen?
- ◇ Wer ist mein Traumpartner?
- ◇ Was muss ich tun, um wirklich glücklich zu sein?

Der Verstand ist mit solchen Fragen hoffnungslos überfordert, sie sind für ihn unbeantwortbar – und deswegen geht er ihnen auch aus dem Weg. Wenn der Verstand das Leben steuert, steuert er es – über kurz oder lang – immer in die Katastrophe. Er versucht zu kontrollieren, dabei geht es um Vertrauen in das Leben. Er versucht zu trennen (analysieren), dabei geht es um Zusammenschluss und Vereinigung. Er bewertet alles, dabei geht es doch darum, alles zu lieben. Er zweifelt an allem und führt damit in die Verzweiflung.

Die entscheidenden Fragen des Lebens sind aber »Herzensfragen«, die nur das Herz beantworten kann. »Was aber ist das Herz?«, fragt verzweifelt der Verstand und ahnt, dass er an der Grenze seines Horizonts angelangt ist.

Uns allen steht ein umfassendes und optimales Werkzeug für eine beherzte Lebensführung – ein Leben aus ganzem Herzen – seit jeher zur Verfügung, nämlich Bewusstsein und Intuition.

Bewusstsein ist weit mehr als unser »Tagesbewusstsein«, das ausreicht, um in unseren verschiedenen Lebenssystemen zu »funktionieren«. Das Bewusstsein (Bewusstheit) steht über allem, erkennt die Wirklichkeit hinter dem Schein, ist beobachtend ohne zu werten (der Verstand wertet ständig). Das Bewusstsein erkennt: Alles ist vollkommen, so wie es ist, es erkennt die Vollkommenheit im Unvollkommenen, erkennt in allem, was uns widerfährt, eine Liebeserklärung des Lebens an uns. Das Leben kann gar nicht anders, als uns zu lieben. Wir müssen dafür nur offen sein.

Das können Sie so nicht erkennen? Genau das meine ich damit, wenn ich sage, »wir müssen zu Bewusstsein kommen«.

Intuition ist ein weiteres wunderbares Werkzeug, dank dessen man komplexe Sachverhalte »intuitiv« wahrnehmen kann. Intuition ist dabei nicht mit Gefühl oder gar Impulsivität zu verwechseln. Intuition ist Wahrnehmung mit dem siebten Sinn. Die Intuition ist nicht mit Gefühlen oder Werturteilen verknüpft, sondern eher als »innere Gewissheit« zu beschreiben (Genaueres dazu finden Sie in meinen beiden Büchern »Super-Intuition« und »Mit Gefühl und Verstand alles erreichen«).

Wir werden in der immer komplexer werdenden Welt ohne diese beiden Instrumente Bewusstsein und Intuition gar nicht mehr auskommen können. Das Herz macht es uns möglich, diese Instrumente zu nutzen.

Hier liegt das größte Versäumnis unseres noch immer nach längst veralteten Kriterien arbeitenden Schulsystems. Die Kinder, die unsere und ihre eigene Zukunft gestalten, werden nicht an ihr geistiges Erbe herangeführt, an ihr wirkliches geistiges Potenzial.

Statt dessen werden sie nach starren Lehrplänen mit Wissensballast voll gestopft, der keine Rücksicht auf die individuelle Entwicklung nimmt und letztlich die natürliche Freude am Lernen zerstört. Das Ganze nennen wir dann stolz »Allgemeinbildung«. Doch es hat weder etwas mit »Allgemeinheit«, noch mit »Bildung« zu tun. Was das Leben wirklich ausmacht, wird in der Schule kaum berührt.

Erfolgreiches Selbstmanagement ist eine lebenslange Aufgabe

Es ist eine großartige Aufgabe, ein Unternehmen erfolgreich zu führen, aber es ist ungleich schwieriger, sich *selbst* erfolgreich zu managen und sein Leben sinnvoll zu führen. Dabei sind *wir* unsere Hauptaufgabe, denn der Grad unserer Gesundheit, unser beruflicher Erfolg, unser Glück oder Unglück in der Partnerschaft, sowie die Erfüllung, die wir im Leben finden, entscheidet die Art unseres Selbstmanagements.

Deshalb ist erfolgreiches Selbstmanagement ein Hauptfach in der Schule der Zukunft. Das Unternehmen SICH SELBST erfolgreich zu managen, ist wohl die faszinierendste Aufgabe im Leben. Wir sollten uns eine erfüllende Zukunft schaffen, denn wir werden den Rest unseres Lebens darin verbringen. Wir alle haben »lebenslänglich«, aber ob Sie dies als Strafe abbüßen oder unter beglückenden Umständen »frohen Herzens genießen«, das können Sie frei bestimmen.

Um das zu erreichen, braucht die Schule der Zukunft besonders sorgfältig ausgebildete Lehrkräfte. Sie sind die geistigen Führer der ihnen anvertrauten Schüler und ihre natürlichen Vorbilder.

Natürlich sollte diese Schule der Zukunft sich selbst ständig in Frage stellen und weiterentwickeln. Auch dieses Schulmodell ist ein ständiger Schöpfungsprozess, der die einzelnen Fächer ständig bewusst zu einem sinnvollen Ganzen verbindet. So wird die Schule in Zukunft zu einem Ort der Selbstfindung und Selbstverwirklichung und die Lehrer und Lehrerinnen zu Freunden jedes Schülers auf dem Weg zu *sich selbst*.

Der Schulabgänger reift auf diese Weise heran zu einem bewussten Menschen, der sich nicht nur intellektuelles Wissen angeeignet, sondern auch gelernt hat, sein Leben aktiv in die Hand zu nehmen und zu gestalten. Er ist in der Lage, seine Probleme als Aufgaben zu erkennen und sie zu lösen. Er erfüllt sich seine Wünsche und erreicht sicher seine Ziele. Er ist ein Mensch, der weiß, wie man ein in jeder Hinsicht erfolgreiches und erfüllendes Leben lebt. Die Schule der Zukunft weckt das Genie, das in *jedem* Menschen schlummert und hilft ihm, sich auf eine höhere Oktave des Menschseins einzuschwingen und so die Menschheit insgesamt auf eine höhere Ebene des Bewusstseins und der geistigen Entwicklung zu führen.

Unsere Kinder sind als Pioniere in ein neues Zeitalter der Menschheitsgeschichte eingetreten. Sie haben sich uns anvertraut, damit wir ihnen helfen, die Menschheit in eine höhere Ebene des Bewusstseins zu führen. Sie erwarten von uns, dass wir ihnen helfen, die lineare, materiell orientierte Verstandesebene zu verlassen und zurückzukehren in die Wirklichkeit hinter dem Schein, in die Wahrnehmung und Intuition ihres wahren Wesens.

Sie werden diese Aufgabe erfüllen, auch wenn wir ihnen nicht dabei helfen, aber es liegt in unserer Hand, die Ersten zu sein, die diesen Schritt tun, um so unseren Kindern zum Vorbild zu werden. Das wird uns helfen, unseren Kindern mit Ehrfurcht und wahrer Liebe zu begegnen und ihnen die Tür in diese Zukunft zu öffnen, sie zu genialen Schöpfern ihres Lebens und zu geistigen Führern der Menschheit der Zukunft zu erziehen.

Mental-Training als Lernmethode für ein selbst bestimmtes Lernen

Ich habe viele Jahre meines Lebens der Frage gewidmet, wie wir es lernen, unser Leben nicht nur erfolgreich, sondern auch erfüllend und glücklich zu leben. Diese Methode nenne ich »Mental-Training«. Es ist sozusagen eine Methode, vom Opfer der Lebensumstände zum Schöpfer des eigenen Lebens zu werden. Oder um es in der Sprache der Lerntheorie auszudrücken: vom rezeptiven und fremdbestimmten Lernen zum explorativen, kreativen und selbst bestimmten Lernen zu kommen.

Durch Mental-Training nehmen wir das Leben in die eigenen Hände, lernen das Leben nicht nur bewusst zu führen, sondern auch als »Lebenskünstler« zu genießen.

Durch Mental-Training können wir lernen:

- ◇ uns zu entspannen, bewusst zu atmen, unseren Körper als »Instrument des Lernens« zu optimieren,
- ◇ uns in einen Zustand »konzentrativer Entspannung« zu versetzen (wie bei dem Genuss eines Konzerts), um unsere Wahrnehmungsfähigkeit zu erweitern und zu erhöhen,
- ◇ unsere alten, überholten Programme zu ändern, unerwünschtes Verhalten »bewusst umzuerleben« (zum Beispiel uns nie wieder zu ärgern),
- ◇ alles, was uns nicht glücklich macht, loszulassen (zum Beispiel Schuldgefühle), den schweren Rucksack der Vergangenheit abzustreifen, in der Leichtigkeit des Lebens zu sein,
- ◇ immer »vom Ziel aus« und nicht zum Ziel hin zu denken, positiv und konstruktiv,
- ◇ uns durch »schöpferische Imagination« in einen erwünschten Zustand zu versetzen und ihn so in das Leben einzubeziehen,
- ◇ in jedem einzelnen Fall Erfolg zu haben, seinen eigenen Lebenserfolg unvermeidlich zu machen,
- ◇ die Macht unseres Glaubens zu erkennen und optimal zu nutzen,
- ◇ unser unerschöpfliches Potenzial für uns wirken zu lassen und zur Entfaltung zu bringen,
- ◇ die drei Kräfte unseres Lebens, das Unterbewusstsein, das

Bewusstsein und das Überbewusstsein (oder: Gefühl – Denken – Intuition) in Einklang miteinander zu bringen, ihre Kräfte in eine Richtung wirken zu lassen,
- ◇ und so unser Potenzial auszuschöpfen, zu leben als der, der wir wirklich sind.

Der Mensch hat gelernt, alles zu beherrschen, Elektrizität, Maschinen, Computer – das Größte wie das Kleinste, aber das Nächstliegende nicht: *sich selbst.*

Mental-Training ist der Universalschlüssel zu Ihrem inneren, geistigen Potenzial. Es hilft Ihnen, Ihre Probleme selbstständig zu lösen, Ihre Wünsche zu erfüllen und Ihre Ziele sicher zu erreichen – und das alles in einem Bruchteil der bisher benötigten Zeit (mehr in meinem Buch »Kraftquelle Mental-Training. Eine umfassende Methode, das Leben selbst zu gestalten«).

Auch als Eltern oder Lehrer sollten wir über diese Universalwerkzeuge verfügen, um unseren Kindern dieses Instrumentarium so früh wie möglich in ihrem Leben mitgeben zu können.

Das »Werkzeug Mensch« optimieren

Zunächst ist es wichtig, dass ich mir bewusst werde, wer ich wirklich bin und in dieser Selbst-Identifikation zu leben. Ich bin nicht die unzähligen Rollen, die ich spiele (oder zu spielen habe), und identifiziere mich damit nicht mehr. Selbst »Frau-Sein«, »Mann-Sein«, »Mutter-Sein«, »Vater-Sein« ist nicht meine wirkliche Selbst-Identifikation. Ich bin mein »wahres Wesen« ohne alle gesellschaftlichen, ja geschlechtlichen Rollen, bin *ich selbst* und lebe aus dieser Identität heraus.

Das heißt aber auch, die natürliche »konzentrative Entspannung« wieder zu erlernen und so im Tun zu ruhen, zu leben in »heiterer Gelassenheit«.

Das bedeutet, vom Sehen zur Wahrnehmung umzuschalten, die eigene intuitive Sensitivität zu entwickeln, zu Bewusstsein zu kommen und bei Bewusstsein zu bleiben, über mich hinauszuwachsen, bei mir *selbst* und meiner Seele anzukommen und dort angekommen zu leben.

Dies heißt letztlich, kontemplativ mit sich selbst zu verschmelzen: Mangelbewusstsein aufzulösen (das und das fehlt mir alles noch – Gesundheit, Geld, der richtige Partner, der richtige Beruf) und ein Wohlstandsbewusstsein auf allen Ebenen zu schaffen (ich lebe immer in Fülle), Hemmungen und Blockaden zu erkennen und aufzulösen, loszulassen, was nicht wirklich glücklich macht und vor allem, das Ärgern zu verlernen. Es heißt auch, ein Chancenbewusstsein zu entwickeln und die Chancen zu erkennen und zu nutzen, die das Leben beständig bietet und sich so »resonanzfähig« für den »wahren Lebenserfolg« zu machen.

Wer morgen nicht von gestern sein will, muss *heute* etwas tun. Zum Beispiel erkennen, dass ich so viel Erfolg verursachen kann, wie ich denken und glauben kann.

Ich kann in jedem Augenblick damit beginnen, zu erkennen, dass ich in *jedem* einzelnen Fall erfolgreich sein kann, denn der Erfolg gehorcht ganz einfachen Gesetzen und sobald ich diese kenne und befolge, ist Erfolg unvermeidlich.

Das heißt auch zu erkennen, dass das Leben ein Spiel ist, bei dem ich nur gewinnen kann, und dass harte Arbeit kein Weg zum Erfolg ist. Denn Erfolg bedeutet mehr als Geld, Besitz, Macht, Überlegenheit, sich durchzusetzen oder Sieg.

Erfolg bedeutet in Wirklichkeit, dass *alles* Tun erfolgreich ist. Zum wahren Erfolg gehört daher auch Gesundheit, Freude, Glück und vor allem Erfüllung, denn Erfolg ohne Erfüllung ist kein Erfolg. Die meisten Menschen sind zu sehr damit beschäftigt, ihren Lebensunterhalt zu verdienen, um noch Zeit zu haben, wirklich zu leben. Viele sorgen so intensiv für ihren Lebensabend, dass sie ihn gar nicht mehr erleben.

Intuition: die neue Art des Lernens

Es ist ein natürlicher Grundinstinkt des Menschen zu lernen, wir nannten es schon »exploratives Lernen«. Eine unserer Grundbegabung ist, das, was getan wird, in totaler Versenkung zu tun. Diese Versenkung ist wie Meditation. Alles, was ich tue, tue ich ganz präsent, ohne mir Gedanken über etwas anderes zu machen, ohne mir überhaupt Gedanken zu machen.

Das kindliche Lernen geschieht noch in einer vollkommenen »konzentrativen Entspannung« und nicht in der Verkrampfung, die wir später fälschlich Konzentration nennen. Vor allem aber geschieht das Lernen noch ganz natürlich in einer unendlichen Liebe zu den Dingen und dem eigenen Tun. Die Schönheit und Ästhetik des eigenen Handelns ist noch eine Selbstverständlichkeit, das Leben ein einziges »Zelebrieren«.

In dieser Phase lernen wir noch ganz natürlich mit allen Sinnen. Doch in der derzeitigen Schule, die hoffentlich bald der Vergangenheit angehört, verlernen wir das natürliche, intuitive, holistische Lernen. Wir gewöhnen uns das einseitige, lineare Lernen an, das nur noch über den Verstand stattfindet und den größten Teil unseres Wesens unberührt lässt.

Die bisherige, traditionelle Art des Lernens ist: Zuhören, auswählen, merken oder aufschreiben, sortieren, bewerten, durcharbeiten und gliedern. Dazu gehört, sich alte Gewohnheiten abzugewöhnen und neue Gewohnheiten anzugewöhnen, sich allmählich umzugewöhnen und es endlich zu tun. Dabei wird vieles vergessen, oder wir wissen es zwar, aber wir tun es nicht, bekommen ein schlechtes Gewissen und fangen vielleicht wieder von vorn an, mit dem gleichen Ergebnis.

Diese Art zu lernen versetzt nur einen kleinen Teil unseres wahren Wesens in Resonanz und wenn wir den Lernstoff nicht ständig wiederholen, wird das meiste, weil unnatürlich, wieder vergessen. Das ist »schulisches Lernen«, das uns das Lernen so vergrault hat, uns von unserem wahren Wesen so entfremdet hat. Wenn Leben in gewissem Sinne Lernen ist, so hat uns die Schule nicht nur das Lernen vergrault, sondern auch das Leben selbst.

Begegnen wir aber der Multidimensionalität unseres wahren Seins und werden wir angehalten »wahrzunehmen«, was wirklich ist, unserer Intuition und dem eigenen Rhythmus zu folgen, dann sind wir wieder bereit für die eigentliche natürliche holistische Art, mit allen Sinnen zu lernen.

Diese intuitive, »neue« Art des Lernens – eigentlich die kindliche – ist viel einfacher und vor allem wirkungsvoller: zuhören ohne zu bewerten, wahrnehmen was ist, im Hier und Jetzt präsent und *da sein,* kurz: zuhören – wahrnehmen – sein.

Die bisherige Art des Lernens findet dann überhaupt nicht mehr statt und alles wird sofort Teil des eigenen Bewusstseins. Wir lernen, ohne zu denken.

Dies mag jetzt überaus paradox und »esoterisch« klingen, das ist es aber ganz und gar nicht. Vergleichen wir einmal »Fremdsprachen-Lernen« nach der alten und neuen Methode:

Bei der alten Methode ging es darum, Vokabeln zu pauken, grammatische Strukturen zu lernen, Texte zu lesen und zu übersetzen. Am Ende hatten die Schüler jahrelang eine Fremdsprache »gelernt«, etwas *über* die Sprache gelernt, konnten sie aber nicht *sprechen!* Dafür aber hatten sie eine Aversion gegen Fremdsprachen »erlernt«!

Und dann fragten sich Sprachwissenschaftler, wie denn eigentlich Kinder ihre Muttersprache lernen. Das hat doch offensichtlich nichts mit Vokabelnpauken, Grammatiklernen und Textelesen zu tun. Kinder erlernen ihre Muttersprache ganz intuitiv und in einem kommunikativen Zusammenhang. Nachdem das erforscht war, konnte auch das Erlernen von Fremdsprachen revolutioniert werden. Und die modernen Methoden, eine Fremdsprache zu lernen, knüpfen jetzt ganz an diese kindliche Form des kommunikativen und situativen Spracherwerbs an (siehe auch unser Kapitel zur Suggestopädie) – das Lernen wird »kinderleicht«.

Wenn wir intuitiv aus dem Bewusstsein leben oder besser noch *als* Bewusstsein, sind wir stets auf dem neuesten Stand. Es gibt nichts zu lernen, nichts zu üben und nichts wird vergessen. Der Lernprozess findet nicht mehr im Verstand statt, sondern im Bewusstsein, mit Hilfe aller Sinne, nicht nur der physischen, in ständiger Wahrnehmung der jeweiligen Energie.

Das so Gelernte prägt sich nicht nur einem Teil des Verstandes ein, sondern wird Teil unseres Bewusstseins und damit unseres Lebens. Wir werden dann schon in der Schule lernen, uns in das »morphogenetische Informationsfeld des Allbewusstseins« (RUPERT SHELDRAKE) einzuschalten, um jede gewünschte Information dort abzurufen. Das geschieht nicht über den Verstand, der das gar nicht könnte, sondern über das Bewusstsein und zwar in »Punktzeit«. Wir treten ein in die Wahrnehmung, machen uns die gewünschte Information bewusst und haben im gleichen Augenblick die Antwort oder Lösung.

Wir brauchen das so Wahrgenommene nur noch unserem Verstand »verständlich« zu machen und sind umfassend informiert.

Schon Plato wusste: Alles Lernen ist ein Sich-Erinnern. Was die Weisheit des Lebens angeht, wissen wir alles. Wir müssen uns nur daran »erinnern«, uns mit diesem Allwissen wieder in Verbindung setzen.

Nur so werden wir in der Lage sein, der Explosion des Wissens zu folgen und mit der sich immer schneller vollziehenden Entwicklung Schritt zu halten. Mit den veralteten, traditionellen Lernmethoden ist das nicht möglich.

Es ist daher für jeden unumgänglich, unseren Verstand zu überschreiten, »zu Bewusstsein« zu kommen und ständig holistisch und in Punktzeit wahrzunehmen. So wird die eigentliche, geistige Intelligenz gefördert und die Schüler werden fähig, selbstständig, ganzheitlich zu denken und zu handeln.

Der natürliche Lehrplan der »Schule der Zukunft«

Bevor wir die Schule besuchen, haben wir schon Sehen, Hören und Sprechen gelernt. Nun ist es an der Zeit, das alles noch einmal auf einer höheren Ebene, der Ebene des Bewusstseins zu lernen, die Wirklichkeit hinter dem Schein zu erkennen, mit dem Herzen zu hören und so auch das zu hören, was der andere gar nicht gesagt, aber gemeint hat, und zu lernen, wirklich etwas zu sagen, wenn wir sprechen.

Dann lernen wir Lesen, Schreiben und Rechnen und das später auch auf einer höheren Ebene – das heißt, die für uns wichtigen Informationen zu finden und zu erkennen. Zu erkennen, ob eine Information richtig ist oder nicht, oder inwieweit sie richtig ist. Ja sogar zu lesen, was gar nicht dasteht, aber dastehen sollte. Wir lernen, erfolgreich ein Buch zu schreiben, vorausgesetzt, wir haben wirklich etwas zu sagen und wir lernen auch, mit dem Unerwarteten zu rechnen und es zu meistern.

Wir werden in der Schule der Zukunft zudem vorbereitet auf die Zeit, die wir Pubertät nennen, in der uns Körper und Geist mit neuen Aufgaben konfrontieren. Wir lernen, »in Lösungen« zu denken und Probleme als Aufgaben zu erkennen. Wir lernen, einen Beruf zu wählen, der unsere Berufung ist und damit der Weg zur Erfüllung.

Wir schaffen uns Klarheit über unsere Ziele und erfahren, dass man Erfolgreichsein erlernen kann, so wie man eine Fremdsprache lernt. Wir lernen den zu uns passenden Partner zu finden, zu erkennen und selbst ein guter Partner zu sein – auch uns selbst gegenüber. In der Partnerschaft lernen wir zu lieben, auch uns selbst. Wir lernen wirklich zuzuhören, Kommunikation und Menschenkenntnis. Wir lernen den richtigen Umgang mit Geld und Zeit, und etwas, das die meisten Menschen sonst ein Leben lang nicht lernen: wie man das Ärgern verlernt und seinen natürlichen Humor entwickelt, denn das Leben meistert man lächelnd oder überhaupt nicht. Wir lernen den Umgang mit Krankheit, die »Botschaft unseres Körpers« zu verstehen und zu befolgen und damit den Weg zu Gesundheit und letztlich zum Heil-sein. Wir lernen, Energien zu »lesen« und vielleicht auch, dem anderen die Wünsche von den Augen abzulesen.

Und so lesen wir letztlich im Buch der Schöpfung. Wir lernen, unsere außersinnlichen Kräfte zu aktivieren und sowohl *in*, wie *aus der Intuition* zu leben. Wir lernen, was es wirklich bedeutet, Mutter oder Vater zu werden und was es heißt, Erzieher zu sein, nämlich miteinander einzutreten in das Abenteuer, sich zu entdecken.

Wir lernen in dieser Schule der Zukunft, die in der Gegenwart so dringend gebraucht wird, auch den Umgang mit Lebenskrisen: loszulassen, was uns nicht wirklich glücklich macht und sich von der Freude führen zu lassen. Wir lernen den Umgang mit dem Alter und erkennen das Alter, lange bevor wir selbst alt sind, als Chance, weise zu werden und in der Jugend damit zu beginnen. Wir werden schon in der Schule auf die wichtigste Prüfung vorbereitet, vor der wir alle einmal stehen werden, den Tod, und lernen den Tod als Krönung des Lebens zu erkennen und bewusst dieses Tor zu durchschreiten. Letztlich lernen wir, die Welt ein bisschen besser zurückzulassen, als wir sie vorgefunden haben.

Das alles erfordert eine ganz neue Art des Lernens, denn die wichtigste Voraussetzung für eine neue Art der Schule ist eine veränderte Art des Lernens selbst. Nicht nur, was wir zu lernen haben (in wessen Interesse?) ist wichtig, sondern wie wir unser Leben selbst bestimmt meistern: lernend, liebend und lachend.

Nachwort

Die Erstauflage dieses Buches liegt knapp 20 Jahre zurück, meine ersten Studien zum Thema über 30 Jahre. Das Buch hat wie ein Kompendium für Sie, liebe Leserinnen und Leser, viele neue Trends in »die Kunst des mühelosen Lernens« aufgenommen.

Heute ist erkennbar: Das »neue Lernen« hat sich explosionsartig entfaltet, und es sind gewisse Hauptströmungen erkennbar. Das Buch kann immer weniger auf die einzelnen Strömungen im Detail eingehen, sondern immer mehr nur hinweisenden Charakter haben.

Auch in der überarbeiteten und aktualisierten Neuauflage musste ich auf die Darstellung der ganz neuen Lerntechnologien der Mind-Machines, des interaktiven Lernens mit der CD-Rom und des e-learnings im Internet verzichten.

Doch meine eigene Aufgabe sehe ich weniger darin, als »Chronist« oder »Biograf« des neuen Lernens zu wirken, sondern als aktiver Wegbereiter für ein lebensorientiertes Lernen.

Hier halte ich die Ausbildung von Menschen zu »Lebensberatern« (Life-Coaches) für eine ganz dringliche Aufgabe, der ich mich mit ganzer Seele widme. Das ist Lernen fürs Leben in der Praxis. Wir vernetzen unsere ausgebildeten Lebensberater zur »Lebensschule« (im Internet zu finden unter: www.lebensschule.com).

Wenn Sie genauere Informationen über die Ausbildung von Lebensberatern durch mich und den Aufbau der Lebensschule wünschen, wenden Sie sich bitte an:

Internationale Akademie der Wissenschaften (IAW),
St. Markusgasse 11, FL-9490 Vaduz
Tel. (00423) 2 33 12 12 / Fax: (00423) 2 33 12 14
Internet: www.iadw.com / email: go@iadw.com

Literaturhinweise

AESCHBACHER, Felix: *Die Kraft der Intuition. Die geistigen Erfolgsgesetze.* Universitas, München 2000.

ARBINGER, Roland: *Gedächtnis.* Wissenschaftliche Buchgesellschaft, Darmstadt 1984.

BIRKENBIHL, Vera: *Stroh im Kopf? Gebrauchsanweisung fürs Gehirn.* 34. Auflage, mvg, Landsberg, 1994.
–: *Stichwort Schule – Trotz Schule lernen!*, 11. Auflage, mvg, Landsberg, 1997.

BRAUN, Roman: *NLP für Chefs und alle, die es werden wollen.* Wirtschaftsverlag Ueberreuter, Wien/Frankfurt 2000.

BROTHERS, Joyce und EAGAN, P. F.: *In zehn Tagen zum vollkommenen Gedächtnis.* Heyne, München 1992.
–: *In zehn Tagen zum vollkommenen Gedächtnis.* 2 Praxiskassetten. 3. Auflage, Ariston, Kreuzlingen/München 1994.

CARROLL, Lee und TOBER, Jan: *Die Indigo-Kinder. Eltern aufgepasst … Die Kinder von morgen sind da!* KOHA Edition, Burgrain 2000.

CORBETT, Margaret D.: *Besser sehen.* 6. Auflage, Ariston, Kreuzlingen/München 1995.

DECKER, Franz: *Mind-Fitness, Mentalgestaltung und Mentalberatung.* Verlag Bruno Martin, Südergellersen 1992.
–: *Die neuen Methoden des Lernens und der Veränderung.* Lexika, München/Lichtenau 1996.

DENNISON, Paul E. und Gail: *Brain Gym.* 8. Auflage, VAK, Freiburg 1996.

DERESKEY, Ladislaus S.: *Gedächtnis bis ins Alter.* 3. Auflage, Ariston, Kreuzlingen/München 1984.

DEVI, Indra: *Yoga für Sie.* 10. Auflage, Ariston, Kreuzlingen/München 1993.

EBERLEIN, Gisela: *Autogenes Training.* Springer, Berlin 1987.

EBERLEIN, Michael: *Brain Power – Kraftquellen fürs Gehirn.* Verlag Gesundheit, Berlin/München 2000.

ECCLES, John C. und ROBINSON, Daniel N.: *Das Wunder des Menschseins – Gehirn und Geist.* Piper, München 1985.

EGGETSBERGER, Gerhard H. und EDER, Karl-Heinz: *Das neue Kopftraining für Sieger.* Neuauflage, Orac, Wien 1996.

FERGUSON, Marilyn: *Geist und Evolution.* Deutscher Taschenbuchverlag, München 1986.

FISCHER, Bernd (Hg.): *Gehirn-Jogging. So bringen Sie Ihr Gedächtnis in Schwung. Kopftraining nach der Fischer-Lehrl-Methode.* Mosaik, München, 1992.

FLORIN, Irmela: *Entspannung – Desensibilisierung.* Kohlhammer, Stuttgart 1978.

GOLEMAN, Daniel: *Emotionale Intelligenz.* 5. Auflage, Deutscher Taschenbuchverlag, München 1997.

JAGER, Berend: *Das intuitive Kind.* Aurum, Braunschweig 1999.

HÄUSEL, Hans-Georg: *Think Limbic! Die Macht des Unterbewussten verstehen und nutzen für Motivation, Marketing und Management.* Haufe, Freiburg/München 2000.

HUNT, Morton: *Das Universum in uns. Neues Wissen vom menschlichen Denken.* Piper, München 1984.

MURPHY, Joseph: *Die Macht Ihres Unterbewusstseins.* 57. Auflage, Ariston, Kreuzlingen/München 1996.
–: *Die unendliche Quelle Ihrer Kraft.* 8. Auflage, Ariston, Kreuzlingen/München 1995.
–: *Wahrheiten, die Ihr Leben verändern.* 6. Auflage, Ariston, Kreuzlingen/München 1993.

OBERLIN, Urs-Peter: *Ihr Sieg über den Stress.* Ariston, Kreuzlingen/München, 1981.

O'CONNOR, Josef und SEYMOUR, John: *Neurolinguistisches Programmieren: Gelungene Kommunikation und persönliche Entfaltung.* 8. Auflage, VAK, Freiburg 1998.

POPPER, Karl R. und ECCLES, John C.: *Das Ich und sein Gehirn.* 7. Auflage, Piper, München 2000.

ROBERTS, Jane: *Das Seth-Material.* Neuauflage, Ariston, Kreuzlingen/München 2000.
–: *Die Natur der persönlichen Realität.* 4. Auflage, Ariston, Kreuzlingen/München 1991.

RYZL, Milan: *Das große Handbuch der Parapsychologie*. Band I bis III. Ariston, Kreuzlingen/München 1992.

SCHRÄDER-NAEF, Regina D.: *Rationeller lernen lernen*. 17. Auflage, Beltz, Weinheim 1992.

SCHULTZ, I. H.: *Übungsheft für das Autogene Training*. 23. Auflage, Trias, Stuttgart 2000.

SHELDRAKE, Rupert: *Das schöpferische Universum. Die Theorie des morphogenetischen Feldes*. Ullstein, München 1993.
–: *Das Gedächtnis der Natur*. Piper, München 1996.

STEINER, Verena: *Exploratives Lernen*. Pendo, Zürich 2000.

SVANTESSON, Ingmar: *Mind Mapping und Gedächtnistraining*. 5. Auflage, Gabal, Bremen 1998.

TEPPERWEIN, Kurt: *Die hohe Schule der Hypnose – Fremdhypnose, Selbsthypnose*. 12. Auflage, Ariston, Kreuzlingen/München 1998.
–: *Geistheilung durch sich selbst*. Goldmann, München 1999.
–: *Kraftquelle Mentaltraining – Eine umfassende Methode, das Leben selbst zu gestalten*. Goldmann, München 1995.
–: *Kraftquelle Mentaltraining*. 2 Praxiskassetten. 6. Auflage, Hugendubel, München 2000.
–: *Super-Intuition. So entwickeln Sie Ihre verborgenen geistigen Fähigkeiten*. 2. Auflage, mvg, Landsberg 1997.
–: *Sind Sie sauer? Gesund durch Entsäuerung*. Internationale Akademie der Wissenschaften, Vaduz 1999.
–: *Mit Gefühl und Verstand alles erreichen. Das neue Mental-Training*. mvg, Landsberg, 2000.

TIETZE, Henry: *Das große Buch der Imagination und Symboldeutung*. Ariston, Kreuzlingen/München 1983.

WINTER, Arthur und Ruth: *Die Einstein-Diät. Richtige Ernährung zur Steigerung der Gehirnleistung und Intelligenz*. Heyne, München 1994.

VESTER, Frederic: *Denken, Lernen, Vergessen*. Deutscher Taschenbuch Verlag, München 1998.

ZIELKE, Wolfgang: *Schneller lesen, intensiver lesen, besser behalten*. 4. Auflage, mvg, München 1991.
–: *Schneller lesen selbst trainiert*. 13. Auflage, mvg, München 1988.

Register

Prof. Dr. phil. Kurt Tepperwein persönlich erleben

Wünschen Sie tiefer in das Buchthema einzusteigen oder die Möglichkeit zu nutzen, Prof. Kurt Tepperwein einmal live zu erleben? Die Internationale Akademie der Wissenschaften bietet Ihnen die folgenden Seminare und Ausbildungen an:

Seminare:

◇ Die mentale Hypnose
◇ Heile Dich selbst
◇ Perlen der Weisheit
◇ Erfolgreiche Praxisführung
◇ Erfolg-reich-sein
◇ Märchenhaft leben
◇ Optimales Selbstmanagement
◇ Der Tepperwein-Prozess
◇ Ferienakademie

Ausbildungen (Direkt- und Heimstudienlehrgänge):

◇ Dipl. LebensberaterIn
◇ Dipl. Mental-TrainerIn
◇ Dipl. Erfolgs-TrainerIn
◇ Dipl. Intuitions-TrainerIn
◇ Dipl. Bewusstseins-TrainerIn
◇ Dipl. Partnerschafts-BeraterIn

Gesamtprogramme:

◇ Gesamtseminar- und Ausbildungsprogramm der IAW
◇ Neuheiten der Bücher-, Audio- und Videoprogramme von Kurt Tepperwein

Sie erhalten Ihre gewünschten Informationen selbstverständlich kostenlos und unverbindlich bei:

Internationale Akademie
der Wissenschaften (IAW)
St. Markusgasse 11, FL-9490 Vaduz (Liechtenstein)
Tel. (0 04 23) 2 33 12 12, Fax (0 04 23) 2 33 12 14
Internet: www.IAW.li

Beratungssekretariat
in Deutschland:
Tel. und Fax (0049) 911 699247

Dazu ein persönliches Geschenk: für Ihre Anfrage bedanken wir uns mit der 20-seitigen Broschüre von Prof. K. Tepperwein »Praktisches Wissen kurz gefasst.«

GOLDMANN

Das Gesamtverzeichnis aller lieferbaren Titel erhalten Sie im Buchhandel oder direkt beim Verlag.
Nähere Informationen über unser Programm erhalten Sie auch im Internet unter:
www.goldmann-verlag.de

★

Taschenbuch-Bestseller zu Taschenbuchpreisen
– Monat für Monat interessante und fesselnde Titel –

★

Literatur deutschsprachiger und internationaler Autoren

★

Unterhaltung, Kriminalromane, Thriller
und Historische Romane

★

Aktuelle Sachbücher, Ratgeber, Handbücher und Nachschlagewerke

★

Bücher zu Politik, Gesellschaft, Naturwissenschaft und Umwelt

★

Das Neueste aus den Bereichen
Esoterik, Persönliches Wachstum und Ganzheitliches Heilen

★

Klassiker mit Anmerkungen, Anthologien und Lesebücher

★

Kalender und Popbiographien

★

Die ganze Welt des Taschenbuchs

★

Goldmann Verlag • Neumarkter Str. 28 • 81673 München

Bitte senden Sie mir das neue kostenlose Gesamtverzeichnis

Name: ____________________

Straße: ____________________

PLZ / Ort: ____________________